ESD拠点としての自然学校

持続可能な社会づくりに果たす自然学校の役割

監修
立教大学ESD研究センター

編著
阿部 治・川嶋 直

みくに出版

国や自治体、企業といった多様な主体によって取り組まれるようになってきたこと、さらに持続可能な社会への変革を促す基点、まさにチェンジエージェントとしての機能を果たす自然学校の役割が見えてきた。

国連ESDの10年のユネスコによる最終会合は、2014年に岡山、名古屋で開催されることが決定したが、残念ながら、ESDという言葉は未だ日本では普及していない。しかし、自然学校の事例に見られるように、我が国には優良なESDの事例が多く存在する。このため、立教大学で行った2度にわたる自然学校シンポジウムの成果をまとめつつ、ESDの視点から自然学校の果たす役割を明示し、今後の我が国のESD並びに自然学校の発展、ひいては持続可能な社会の構築に寄与することを目的に本書を刊行する。

本書を参考に、自然体験や伝統文化の体験といった教育活動はもちろん、地域を元気にする持続可能な社会づくりとしての自然学校の運動が全国に広がることを期待している。

なお、本書は3編で構成されている。第1編では、日本の自然学校の主導者の面々により、自然学校の基本から今日的な役割までを簡潔にまとめていただいた。第2編は、2010年3月に開催した「自然学校は地球を救う」シンポジウム、第3編は、2011年3月に開催された「自然学校宣言2011」シンポジウムの報告書を中心に構成した。また資料編として「2010年自然学校全国調査」の分析と報告書（抜粋）を掲載した。

編者を代表して
立教大学ESD研究センター長　阿部　治

出版にあたって

立教大学ESD研究センター　CSRチーム主幹　川嶋　直

　2010年、2011年いずれも3月2日に「自然学校」をキーワードに立教大学で開催されたシンポジウムの報告書を合冊し、それに現在日本の自然学校を代表する実践者と立教大学ESD研究センターの研究者が「ESD拠点としての自然学校」としての位置付けを明確にしたのがこの本です。

おことわり
　編集の都合で2010年のシンポジウム並びに2011年のシンポジウムの報告書の全ての再録となっていない部分があります。（この本に載せられなかったものは以下です。）
　　　　　2011年シンポジウム「中央省庁が見る自然学校」の報告
　　　　　2011年シンポジウム「特定非営利活動法人ECOPLUS」の報告
　　　　　　（同団体が2010年のシンポジウムでも報告しているため）
　　　　　2010年・2011年の各報告者のパワーポイント画面の一部
　　　　　2010年・2011年のパネルディスカッションでの各パネリストのフリップボード（各発言の前に見出しの形で掲載した）
　　　　　自然学校全国調査報告の各種グラフ（約40画面）

・上記が削除されていない2010年・2011年のシンポジウムの報告書は「立教大学ESD研究センター」のホームページ（http://www.rikkyo.ac.jp/research/laboratory/ESD）から、自然学校全国調査報告は「NPO法人日本エコツーリズムセンター」のホームページ（http://www.ecotourism-center.jp/）からそれぞれダウンロードすることが出来ます。
・なおシンポジウム報告者の肩書は当時のものです

目次

はじめに ……………………………………………………… 阿部　治　　1
出版にあたって ……………………………………………… 川嶋　直　　3

第1編　自然学校とESD　その定義と特徴、変遷 ……………… 7

ESG拠点としての自然学校 ………………………………… 阿部　治　　8
自然学校とは ………………………………………………… 岡島　成行　17
自然学校における教育と学びの手法 ……………………… 佐々木豊志　21
都市型自然学校の現状と展望 ……………………………… 佐藤　初雄　26
社会的企業としての自然学校 ……………………………… 西村　仁志　32
地域のスモールビジネスとしての自然学校 ……………… 高木　晴光　37
CSR×ESDから見た自然学校 ……………………………… 川嶋　直　　42
「自然学校」事業の推進と地域づくり …………………… 山口　久臣　47
災害に向き合う自然学校 …………………………………… 広瀬　敏通　51

第2編　自然学校は地域を救う　シンポジウム（2010年3月）……… 57

開催趣旨 ……………………………………………………… 阿部　治　　58
開催概要 ……………………………………………………………………… 60
第1部　かみえちご山里ファン倶楽部 ……… 関原　剛／岩片　克己　62
　　　　質疑応答
第2部　グリーンウッド自然体験教育センター
　　　　　……………………………………… 辻　英之／横前　明　　84
　　　　質疑応答
第3部　大杉谷自然学校 ……………………… 大西かおり／寺添　幸男　103
　　　　質疑応答
第4部　TAPPO南魚沼やまとくらしの学校 … 高野　孝子／小野塚彰一　122
　　　　質疑応答
第5部　おぢかアイランドツーリズム協会 ……………… 高砂　樹史　136
　　　　質疑応答

第6部　パネルディスカッション ……………………………………… 148
5つの自然学校の紹介（当日配布資料）……………………………… 163

第3編　自然学校宣言2011　シンポジウム（2011年3月）……… 189
開催趣旨 …………………………………………………… 阿部　　治　190
開催概要 ……………………………………………………………… 192
第1部　企業が取り組む自然学校
　　湯浅　　隆（東京電力自然学校）………………………………… 194
　　山田　俊行（トヨタ白川郷自然學校）…………………………… 205
　　藤木　勇光（J-POWERエコ×エネ体験プロジェクト）………… 213
　　落合　　真（ろうきん森の学校）………………………………… 221
　　パネルディスカッション（第1部）……………………………… 226
第2部　自然学校類型化の試み
　　坂元　英俊（財団法人阿蘇地域振興デザインセンター）……… 231
　　大武　圭介（ホールアース自然学校）…………………………… 240
　　飯田　　洋（NPO法人千葉自然学校）…………………………… 247
　　パネルディスカッション（第2部）……………………………… 252
第3部　自然学校これからの可能性
　　パネルディスカッション（第3部）……………………………… 258
自然学校宣言2011　宣言文 ………………………………………… 268
「自然学校宣言2011　シンポジウム」を振り返って ……… 岡島　成行　270

資料編　自然学校全国調査2010 ………………………………… 273
2010年　自然学校全国調査　分析と考察 ………………… 広瀬　敏通　274
第5回自然学校全国調査2010　調査報告書（抜粋）……………… 282

あとがき ……………………………………………………… 川嶋　　直　308

第1編

自然学校とESD
その定義と特徴、変遷

ESD拠点としての自然学校

阿部　治
(立教大学教授、同ESD研究センター長)
(日本環境教育学会長)

はじめに

　私たちの暮らすこの日本は少子高齢化により、農山漁村はもちろん地方都市においてすらも過疎化が進行し、限界集落の増加と集落の消滅を引き起こしている。この過疎化に伴って放棄された田畑は荒れ、一部残った耕作地においてもイノシシやシカなどの獣害におびえ、田畑や山林の国土保全機能や里山の生物多様性が失われつつある。同時に、近年の経済格差の拡大や無縁化社会の進行などにより、自殺率は世界でも屈指の高率を維持し、子どもたちに目を向けるならば、未来に希望を抱かず生きる力に乏しいという、持続可能性の視点からは極めてゆゆしき事態にあるといえる。このような国内事情と共に気候変動やグローバリゼーションの進行に伴う金融不安などといった世界共通の課題の中で、持続不可能性の進行に抗して、持続可能な社会に向けた活動が少なからず展開されている。

　自然学校の活動もその一つである。我が国の自然学校は地域のNGO/NPOなどによる自然体験活動から、宿泊滞在型の大規模な自然学校まで実に多様である。これらの活動は巻末の自然学校調査で俯瞰でき、また個々の活動例は第2、第3編におさめられた日本を代表する自然学校の事例をご覧いただければ理解できる。当初はIターンで中山間地に居を定めた若者たちが始めた主として自然体験活動や第一次産業の体験活動に端を発する自然学校が、都市域から子どもや利用客を呼び寄せ、過疎に悩む地域の再生センターやスモールビジネス、地域内の新たな関係性の構築を担う社会的企業としての役割を担うようになってきた。これらの取り組みの視点や具体的事例は、第1編の他の論稿や第2、第3編の事例を参照していただきたい。

　本稿では、このような背景を前提に、近年、取り組みが始められたESD（Education for Sustainable Development、持続可能な開発のための教

育）の動きが自然学校とどのように関わりがあるのか、さらに自然学校はESDの拠点としての機能を有しているのかについて、ESDや環境教育、持続可能な地域づくりにつながるいくつかの動きを紹介しながら、論考するものである。

ESDとは何か

　ESDは「持続可能な開発」を基調とした社会、つまり持続可能な社会を担う人づくりとして1980年代後半以降、特に地球サミット（1992）での行動計画（『アジェンダ21』の教育の項目である第36章）を契機に国連などを中心に取り組みが推進されてきた。その後、2002年のヨハネスブルグでの国連持続可能な開発サミットでの日本のNGOと政府による国連「持続可能な開発のための教育の10年」の提唱（同年末の国連総会で決議され、2005年から開始）によってユネスコを主導機関として、国際的に推進されている。

　健全な自然環境を土台に人々の暮らしや経済活動、社会があることから、これらの環境・社会・経済を統合的かつ総合的にとらえ、持続可能な社会の実現に向けて行動できる人を育てるのがESDだ。他の言い方をすれば、現在の人と自然、人と人、人と社会のつながり（関係性）ではもはや私たちもこの社会も持続しない、ではどのようなつながり（関係性）なら持続するのだろうか、その新たな（別の）つながりや関係性を想像し、想像したつながり（関係性）を創造する力（筆者は2つのソウゾウリョクと呼んでいる）を育むのがESDなのである。

　別の言葉で表すならば、持続可能性に関わる多様な主題（環境や経済、社会、文化など）を人と人とのつながりや、他地域・世界とのつながりの中で、統合的・総合的にとらえ、互いに学びあうプロセスをESDということもできる。ESDの考え方が登場してきたことによって持続可能な社会や持続可能性に関わる人づくりでありながら、これまで個別に取り組まれてきた環境教育、開発教育、人権教育、平和教育、福祉教育、多文化理解教育などの課題教育が共に連携するようになってきた。またESDの名の下に環境や福祉、教育、子育てなど多分野のしかもNGO/NPO、行政、事業者など多様なステークホルダーが、持続可能な地域づくりに向けて連携する動きも見られるようになってきた。これらの意味でESDは持続可能性に関わる多様なステーク

ホルダーをつなぐ装置としても機能している。

3つの公正と3つのアプローチ

現在のみでなく未来をも含めた持続可能な社会の視点には世代内の公正、世代間の公正、種間の公正の3つが重要である。世代内の公正は同じ時間と空間を共有しながら、経済的格差や平和、人権、ジェンダー、あるいは今の日本でいえば放射性物質などによって安全や安心が損なわれている人々がいること。そしてこれらの抑圧された人々の数を減らすことが世代内の公正である。世代間の公正は地球温暖化や生物多様性の減少、再生不可能資源の枯渇など現世代のつけが将来世代にまわってしまうことを防ぐことであり、将来世代が生きていくための選択肢を奪わない範囲内で現世代が自らの必要物を満たすことである。種間の公正とは、現在、数多くの生物種の一つにすぎない私たち人類が生きていくために他の生物種を絶滅に追いやっているが、生物多様性（がもたらしてくれる生態系サービス）があることで人類が生存できることを自覚し、他の生物種や自然に配慮し、畏敬の念を抱き生活することである。

これら3つの公正をESDの学びの特徴である参加体験型学習や対話と協働、文化と知恵の再評価などの手法を通じてアクションへと具体化をはかることをモデル化したのが図1である。ESDは持続可能な社会という価値を広めていく活動であり、そのためには環境問題や社会問題など現在の世界に対す

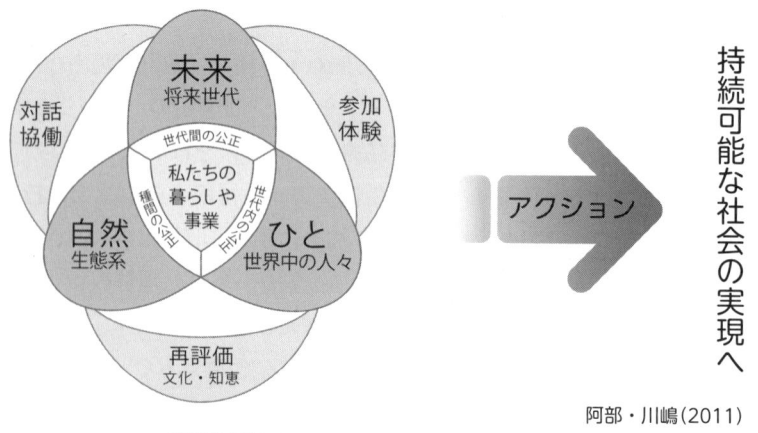

阿部・川嶋(2011)

図1　ESDの3つの公正×3つのアプローチ

る正しい認識をベースに他者に対する豊かな感性や共感、先人の知恵や文化への真摯な向かい合いが必要なのである。

環境教育とESD

　自然環境（自然と関わる文化なども含めて）への理解と関心を高め、自然環境を保全していく態度や技能、行動力を育んでいくことが国際的な環境教育の共通理解といえる。そしてこの環境教育の土台に自然体験による感性の育成がある。しかし、深刻な公害問題を経験した我が国においては、公害教育を通じて自然環境（人と自然）のみではなく社会環境（人と人、人と社会）についても思いを巡らせる環境教育が取り組まれてきており、3R（リデュース、リユース、リサイクル）に代表される資源循環を意図した環境教育も展開されている。この意味では、日本の環境教育は自然と人だけでなく、人と人、人と社会との関係（つながり）に対する総合的な教育であり、ESDという側面を持っていたといえる。しかしながら、我が国においても、主として自然や環境問題を扱う教育として環境教育はこれまで存在してきた。

　いうまでもなく環境教育やESDが目指す持続可能な社会の土台は健全な自然環境である。これらは物質の循環と生物の多様性の2つに整理することができる。身近なゴミ問題や自然保護の問題から地球温暖化、水、食料といった諸問題は人間生活が地球上に本来備わっていた循環のシステムや生物多様性を破壊していることから生じている。そして健全な自然環境が損なわれることによって、私たちの生活・社会は不安定となる。また紛争や戦争などで社会が不安定になることが自然環境を悪化させることにもなる。経済活動は自然環境という資源を持続的に利用し、私たちの福利を発展させ、安心・安全な生活を追求する手段である。しかし、現在はコントロールを逸脱した経済活動がしばしばその源である自然環境を破壊し、社会をも破壊している。持続可能な開発の主要な要素である環境、経済、社会（文化を含む）の関係をこれらの視点から整理したのが図2である。

　環境・経済・社会というトータルの視点（各々のつながりを明らかにし統合的・総合的に見る視点）から、持続可能な社会を担う人づくりを行うのがESDであるが、持続可能な社会の土台が健全な自然環境であることから、自然環境の保全に主として取り組む環境教育はESDの土台にあるといえる。

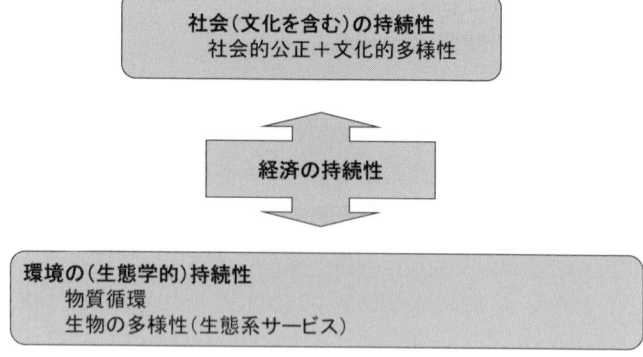

阿部(2010)

図2　持続可能な社会における環境・経済・社会の構造

持続可能な開発と内発的発展、ESD

　「持続可能な開発」は、1900年代初頭に用いられたコンサベーション（自然資源の持続的利用を意味する英語、今日では保全と訳されている）や1970年代に展開されるサステナビリティ（持続可能性）に関連する概念等の影響を受けて、国連の報告書を契機に国際的に広がった考え方である。「将来世代の選択肢を奪わない範囲内で現世代のニーズをも満足させる」という考えは、しかし、使用する人によって解釈が異なるという問題も指摘されている。実は我が国においても、内発的発展論という言葉で地域内の様々な資源（自然、歴史、文化、人材など）を活用し、地域内で持続的に循環させることで経済活動や教育、福祉、医療などを充実させようとする考えが鶴見和子（1996）らによって提唱されている。本稿では、紙面の都合で持続可能な開発と内発的発展論について十分な考察を行うことはできないが、極めて類似した考えであることがわかる。しかも内発的発展論の方が、日本の社会の中で考えられたものであるだけに具体的である。

　持続可能な開発のアプローチとして、まずは生活の場である地域（コミュニティ）からのアプローチと地球温暖化や貿易、平和といった国際的な視点からのアプローチの2つの方向性を持つことが重要である。いわゆる「地球規模で考えて足元から行動しよう（Think Globally, Act Locally）」であり、地域と世界の視点を合わせたグローカルGlocalという視点である。地域（コ

ミュニティ）に最も身近な生活者（当事者）として関わることができ、持続可能な地域の総体が持続可能な世界であるとの視点は極めて重要である。もちろん地球的諸問題の解決に向けた働きかけを地域の視点から行うことも重要であることはいうまでもない。あくまでも相対的な問題である。

　地域からの取り組みを行う際には、地域の資源（自然資源や歴史、文化、人材など）を活用することが重要であり、中でも第一次産業や農林産物の利用など自然資本の持続的利用と地域の人的ネットワーク（社会関係資本）の活性化と活用は持続可能な地域づくりにとって極めて重要である。この過程で先人の知恵や伝承の再評価・活用を行うことも可能となり、通常私たちが使用している通貨のみでなく、贈答や物々交換を含む一種の地域通貨とも呼べる伝統的村落社会の暮らしを再現することもできる。

　そしてこの地域の資源や素材を発見し、自らの地域に対して誇りを取り戻す有効な手法の一つが地元学である。無いものねだりでなく有るもの探しという地元学のスローガンは住民による地域への誇りを回復し、地域愛も高めていく点で地域づくりのベースといえる。

ESD拠点としての自然学校

　これまで見てきたESDや持続可能性に関わる取り組みの視点は、ESDが紹介される以前から日常的に自然学校の取り組みの中に取り入れられてきた。例えば、図3は、我が国における関係性改善に向けた様々な取り組みを俯瞰したものである。自然系、生活系、地球系に大別されたこれらの活動は、90年代後半以降、相互に近づき、新たに総合系という重なりを生じるようになってきた。これは持続可能な開発や持続可能性、持続可能な社会といった概念が浸透するにつれて、アプローチ（切り口）が異なるだけで、目的は持続可能な社会（あるいは3つの公正の確立）の構築であり、これは共通の目的であることに気づいたからに他ならない。当初、地域における自然体験学習を土台にしていた自然学校は、このような時代の変化の中で総合系の中心に近づいてきたのである。

　自然学校の個々の動きに精通している読者の方々にとっては、くどいと思われるかもしれないが、ESDと自然学校の重なりをあえて記述するとすれば、以下のようにまとめることができる。

ESD拠点としての自然学校

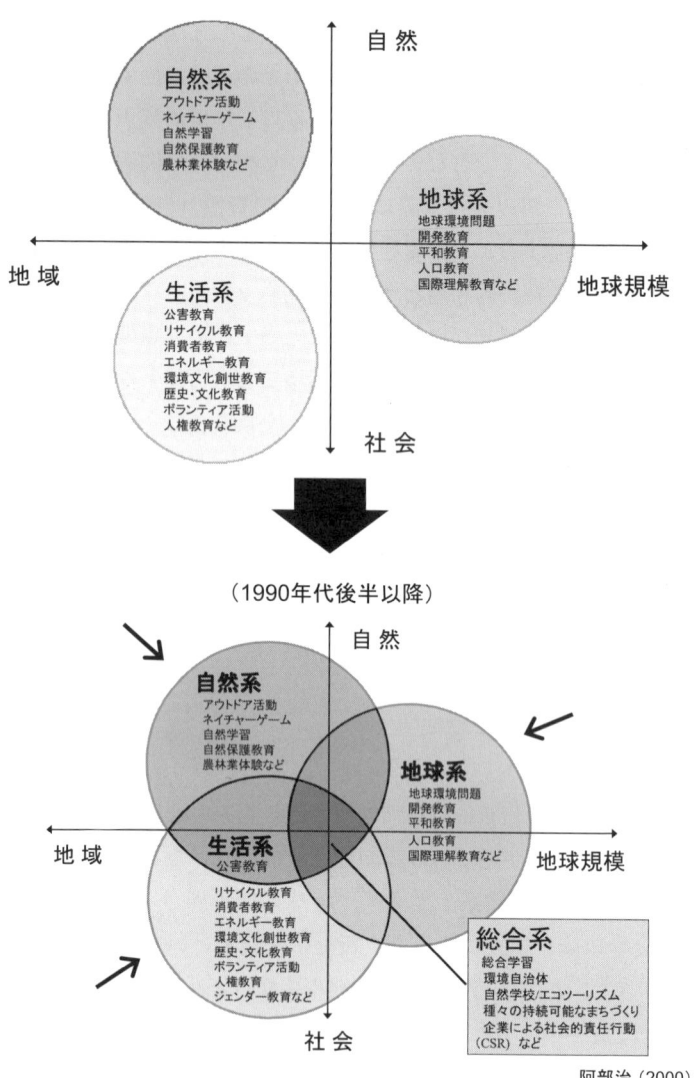

図3　ESDとしての総合系環境教育の登場

　自然学校の取り組みは多岐にわたっているが、地域をベースに地域の自然や文化、歴史、人材などをつながり（関係性）の視点から、統合的・総合的に扱う事例が多い。このような活動は地域の高齢者を指導者とするなど先人の知恵に学ぶ活動も含んでいる。地域の知恵は農林産物の持続的利用などを

含んでおり、耕作放棄地の再利用や里山の復活など、自然環境の保全に極めて有効な活動となっている。そしてこれらのプログラムの参加者や指導者をつなぎ、地域の内と外の多様な主体をつなぐハブとしての役割を自然学校に持たせることとなっている。テーマとなる素材や資源を見つける過程で地域住民との地元学によるあるもの探しなどを通じて、地域共同体の再構築に寄与している事例も見られる。特に生物多様性や地域文化の発見など、結果として地域資源の再評価などを通じて地域の人々の誇りを取り戻し、住民間（都市農村交流も含めて）に新たな関係性を生み出し、地域福祉にも役立ち経済の活性化にもつながっている。

　これらの自然学校のテーマやプログラムは、人と自然、人と人、人と社会のつながり（関係性）の再構築を地域の持続可能性の要素をつなぐことで具体化しているととらえることができる。

　自然学校の手法は、ESDの学びの手法である参加体験型の学習を基本にすえており、同時に、前述した対話・協働、知恵の再評価といった手法も用いている。自然学校の場は基本的には地域であるが、国内の他地域や海外との連携・協働プログラムの実施など、エコツーリズムやグリーンツーリズム、アジアとの連携などを通じて、地域の多様性を尊重しながらも地球環境問題や多文化理解をはかるグローカルな取り組みを行っている。また、自然学校が地域におけるスモールビジネスの場として地元住民の雇用や農林産物などの消費に重要な役割を発揮している事例も多い。「村」の集落ビジネスにもなりえるこれらの自然学校はまさに内発的発展や持続可能な開発の具体化であり、しかも持続可能な地域づくりの拠点という一種の社会的企業としての役割をも有しているといえる。

　ESD拠点としての自然学校は、持続可能な社会やサステナビリティというビジョンをかかげ、様々な資源・素材を有機的（統合的・総合的）につなぎ合わせることで、人づくりを事業化し、社会・経済的にも地域の自立性を高めることに貢献できる施設である。しかも、ハード面においても環境共生型の施設である場合、それ自体が教育素材となる。

おわりに

　冒頭でも述べたように複雑に絡み合った様々な問題によって我が国はもは

や持続できなくなりつつある。このような状況にあるからこそ私たちが住んでいる地域や日本の自然、歴史、文化、さらには人とのつながりなどを他国や未来の人々との関係も含めて再確認することが必要ではないだろうか。このためにESDは最も適した手法の一つである。図4で示すように、ESDの学びの手法によって得た社会に参画する力や共に生きる力などによって、閉塞感や無力感から脱却し、誇りや効力感、達成感を回復し元気になっていくのがESDである。本書で紹介されている自然学校の活動はまさにこのESDのプロセスを実践しているといえる。そしてこれらの活動は経済的豊かさを幸福の尺度としてきたこれまでの生き方、価値観を変えもう一つの「豊かさ」による（持続可能な）社会の展望を切り開くことにつながる。このことこそ、ESD拠点としての自然学校が果たす最大の役割かもしれない。

　国連ESDの10年は、残りわずかであるが私たちが元気になり、持続可能な社会や世界をめざすチャンスに他ならない。この好機を生かさない手はない。

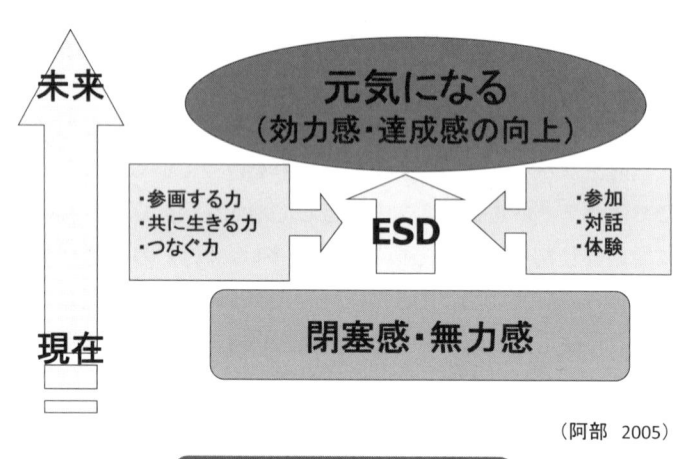

（阿部　2005）

図4　ESDの10年が実現すること

参考文献
阿部治・川嶋直（2011）『次世代CSRとESD』、ぎょうせい
関満博・松永桂子（編）（2010）『「村」の集落ビジネス』、新評論
鶴見和子（1996）『内発的発展論の展開』、筑摩書房
生方秀紀・神田房行・大森亨（編）（2010）『ESDをつくる』、ミネルヴァ書房
結城登美雄（2009）『地元学からの出発』、農文協

自然学校とは

岡島　成行
（公益社団法人日本環境教育フォーラム　理事長）

はじめに

　日本には、教養や実務の習得のためにお金を払って英語やフランス語を習ったり源氏物語を勉強したりカメラの技術を教わったりするカルチャーセンターや大学のエクステンションスクールなどがある。これに対し、ハイキングや川遊び、釣り、星空観察など自然の中で楽しく過ごす方法を有料で教えてくれるところが自然学校である。カルチャーセンターなどが主に都市部にあるのに対し、自然学校は山や海の近くにあり比較的過疎地に多い。

　都市部におけるカルチャーセンターは生徒も多く一般によく知られた存在だが、自然学校はまだそれほどの知名度はない。自然の中で楽しく遊ぶこと自体が今の日本では忘れられているからかもしれない。

　しかし、今の日本ほど自然体験が必要な国はない。子どもたちの自然離れが進み、感性はかなり鈍ってきている。親も自然を忘れ、日常の仕事に忙殺されている。物質的には豊かさを謳歌しているが、不景気、少子高齢化、過疎、年金不安、自殺などという言葉があふれ、落ち着かない。豊かな四季に恵まれ、山海の食べ物にあふれている国に生まれた幸せを知らず、いたずらにお金を追いかける姿を鏡に映してみなければならない。その鏡は、日本の美しい自然なのである。自然学校をさらに増やし、国民のだれもが手軽に安く安全に自然の中で遊べる状況を作りださなくてはならない。

自然学校の流れ

　自然学校という言葉は日本独特のものであるようだ。アウトドア活動が盛んなアメリカでは環境保護団体やキャンプ協会などが自然体験全般を教えているが、カヌーやクライミング、自然観察など専門的な分野を教える施設も古くからあり、「自然学校」とひとくくりにする言葉は存在しない。自然学

校という言葉は、1980年代に日本にアメリカ型の自然体験施設を作ろうと活動を始めた人たちが作った言葉ではないかと思う。

　日本ではそれ以前からYMCAやボーイスカウトなど青少年団体やキャンプ協会、レクリエーション協会といった団体がキャンプ活動を通じて自然体験活動を推進していた。国公立の少年自然の家、青年の家といった施設も多く存在していた。大学でも野外教育という概念で研究が進められていた。しかしほとんどはボランティアや出向が主であり、その活動を職業にする、すなわちプロとして自然体験に関わる人は少なかった。

　これに対し、1980年代に有料で自然体験を教え、それで経営を成り立たせていこうという若者たちが現れた。以前から同様の活動を行っていた団体や研究者からは軽く見られていたが、旧来の団体の多くが体育という限られた分野に縛られる傾向にあったのに比べ、この若者たちは環境保護や自然観察、芸術、国際的活動など幅の広い分野と自然体験とを結びつけていった。彼らが作りだした言葉が「自然学校」だったのである。

　時代が流れて自然学校は大きく成長した。80年代には10指にも満たなかった自然学校が2011年には3,700もの数に増えた。この間、青少年団体と自然学校グループとの交流が盛んになり、同じようなことをしているのだから「一緒に活動をしよう」ということになった。また「統一の指導者制度を作ろう」という気運も高まり、2000年5月に自然体験活動推進協議会（CONE）が成立した。その流れがさらに加速し、2011年には、全国27カ所にある国立青少年自然の家と青少年交流の家を統括する独立行政法人青少年教育振興機構とCONEとの間で指導者制度の統一化が進み、2012年度から実施されることになった。

指導者制度

　自然学校を展開するうえで最も大事なことは安全の確保であろう。自然は美しいが危険でもある。自然災害はもちろん、里山、里海にも危険は潜んでいる。せっかくの楽しみも事故に出会っては意味がなくなる。

　安全の確保はひとえに指導者の資質による。しかし指導者の育成は自然学校の裁量に任されている。学校のトップの経験知からだけ練り上げられた指導者養成方法には欠陥があり、視野が狭くなる可能性があり、そのままでは

必ず事故が起こる。

そんな考えから、自然学校の経営者などが協力して日本環境教育フォーラム（JEEF）がプロ指導者養成制度を作った。2012年度で13期となり、約110名の指導者を輩出している。同様にCONEの指導者制度ができ（図1）、2012年度からの新たな指導者制度へと発展してきている。

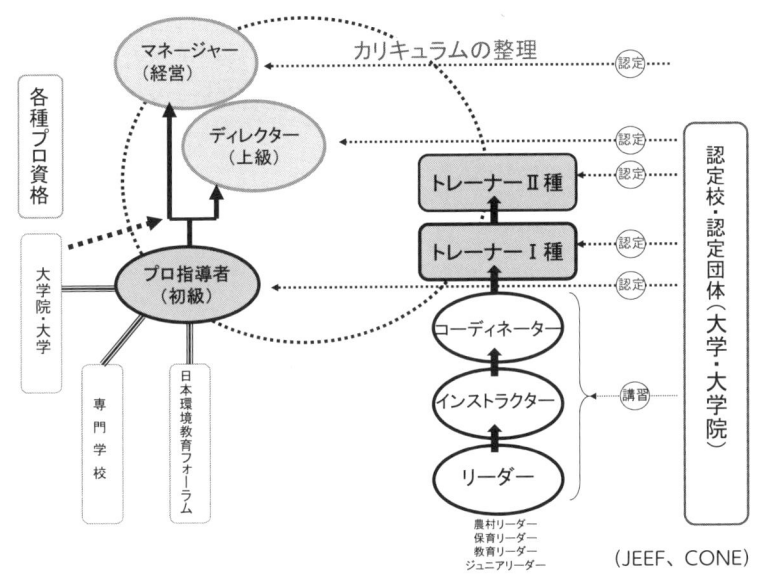

図1　自然体験指導者制度

図の左側がいわゆるプロ養成であり、右側がCONE主導の指導者制度となっている。プロ養成の方ではスキーや山岳ガイドなどのプロ指導者との連携を図り、CONEの方は青少年教育振興機構との連携を図っている。両者とも大学等の研究機関との連携を深めている。

しかしまだ整理されておらず、完成形には遠い。今後さらに検討、改良を加え、誰もが納得できる統一した指導者制度に仕上げていかなくてはならない。

指導者制度が確立すれば、自然学校の格付けのようなものができるであろう。一定の基準を設け、その基準を満たした団体がクラス別に認定されれば、一般の人たちは安心するし、学校は社会的な信用を得る。同時に安全性が増すだろう。

おわりに

　日本の自然学校をめぐる動きはまだ続く。そして近い将来には誰もが気軽に楽しめるような社会的なシステムが完成することだろう。

　21世紀には環境問題が人類の大きな課題となるが、その改善策として環境教育は最も有力な手段だと思われる。自然体験は環境教育の基礎であり、だれもが経験しておくべき課題であろう。さらに、自然体験は人格形成をもつかさどる。特に幼少期の子どもたちにとっては必要不可欠なものである。

　日本の将来を考えるにつけ、自然学校の役割と責任はますます大きなものになっていくと思うのである。

自然学校における教育と学びの手法

佐々木豊志
(くりこま高原自然学校 代表)

自然学校という学びの場

「自然学校と普通の学校は何が違うのですか？」こんな質問をよく聞く。この章のテーマである、自然学校における〝教育〟と〝学びの手法〟について解説することでより明確になると思う。

自然学校は〝学校〟と名がついているので広義の意味では〝教育の場〟であり〝学ぶ場〟であると言える。全国にある自然学校の教育の特色や学びの手法は、自然学校によってそれぞれ異なっているが、自然学校が実践している〝教育〟というと〝野外教育〟〝環境教育〟〝冒険教育〟〝食育・木育〟〝療育〟などと呼ばれる教育の領域が挙げられる。そして多くの自然学校が取り入れている学びの手法が「体験から学ぶ」という〝体験学習法〟と呼ばれる手法だ。そして、それは学校の教室の中だけの学びではなく、自然の中での体験や地域での活動の体験にある。体験を通じて目の前の状況を受け止めて、考え、感じて、判断して、行動に起こすという、体験による学びによって行動が変容することを目指している。

冒険教育と体験学習法

自然学校の教育の意義をお伝えするために〝くりこま高原自然学校〟が取り組んでいる〝冒険教育〟と〝体験学習法〟を挙げたいと思う。冒険教育では〝冒険〟を（図1）のように定義している。

冒険体験とは、未知、危険を伴う、不慣れ、予測が難しい、精神的に不安、ハラハラ・ドキドキ、結果が保障されていない、成功するのか失敗するのかわからない、などという状態を体験することである。冒険の反対の状態をCゾーン（Comfortable）と呼んでいる。知っていること、安全であること、安心できる、快適な状態、楽な気持ちで安定している、予測もつき対応がで

自然学校における教育と学びの手法

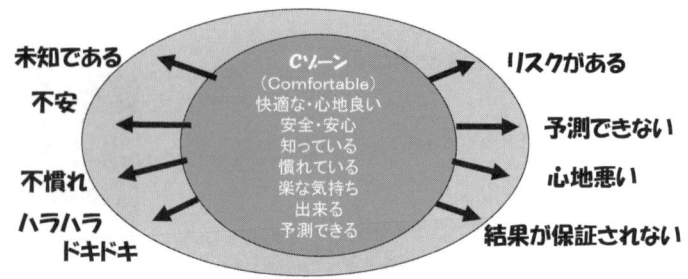

【引用出典参考資料】難波克己 2006年 玉川大学学術研究所紀要第12号、107-114
佐々木豊志2006年加筆

図1　冒険とは、Cゾーンを越えること

きる状態を指す。このCゾーンから出ることを冒険体験と定義している。子どもたちは、Cゾーンが小さいと言える。経験が少ない子どもは、何十年も様々な経験をしてきた大人と比べてCゾーンは小さいものだ。私はこのCゾーンが広く大きくなることを成長と考えている。子どもは日々の遊びの場で小さな冒険体験を繰り返し、Cゾーンを少しずつ広げている。

　冒険体験でもっとも大切に考えていることが、〝自発的行為〟である。自分で考え自分で判断し自分の意志で行動を起こすことだ。冒険者は自分の意志で自発的に冒険に挑戦してきたのである。

　冒険体験から学ぶためには、体験学習法という学びの方法を理解する必要がある。単なる体験活動を指して体験学習と言っている例も少なくないが、体験を通じて深い学びにするためには、（図2）のように学びの循環過程を経なければならない。

　体験をしただけではなく、体験をした後に振り返る作業をする。体験を振り返りその時に何が起こったのか事実を挙げ、そしてなぜそのようになったのか分析し、そして、新しい方法を生み次の体験へ生かす。このように最初の体験から循環の過程を経て次の体験へつながることが大切なのである。特に対立や失敗した時は学びのチャンスになる。この体験学習を諦めずに続けることで失敗が失敗でなくなり、いつか成功へ導かれるのである。

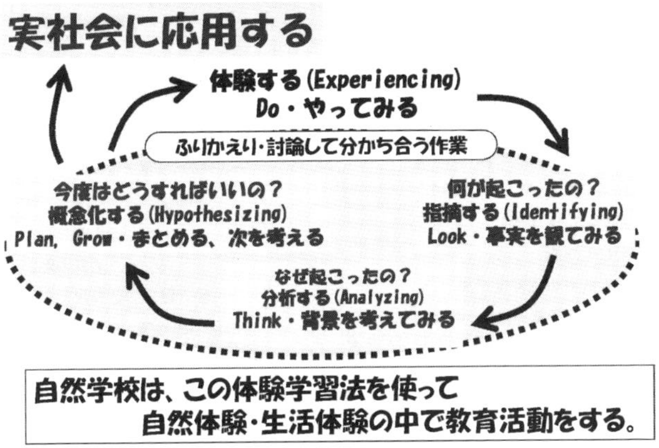

第1編 自然学校とESD　その定義と特徴、変遷

図2 体験学習法の循環過程

（図中）
実社会に応用する
体験する(Experiencing) Do・やってみる
ふりかえり・討論して分かち合う作業
今度はどうすればいいの？ 概念化する(Hypothesizing) Plan, Grow・まとめる、次を考える
何が起こったの？ 指摘する(Identifying) Look・事実を見てみる
なぜ起こったの？ 分析する(Analyzing) Think・背景を考えてみる
自然学校は、この体験学習法を使って自然体験・生活体験の中で教育活動をする。

形式知と暗黙知

　自然学校と普通の学校の違いを説明するもう一つの答えをあるシンポジウムで見つけた。教育関連の学会ではなくビジネス関連の会合であった。それは、一橋大学の野中郁次郎教授らが示した「知的創造企業」の理論で解説していたもので、企業が持つ知的財産やノウハウなど所謂〝知〟というものは、（図3）のように二種類あると言っている。

　一つは「形式知」、もう一つは「暗黙知」である。「形式知」は、文字や記号、図などに書き落とすことができるもので、マニュアルや教科書などの知だ。「暗黙知」は文字や記号に書き落とすことができない知、あるいは、マニュアル化していない知である。この「形式知」「暗黙知」から、自然学校の説明をするために整理をしてみた。

　昔は、世の中には「暗黙知」しかなかったと思う。暗黙知は一人ひとりが持つ概念化する力でそれぞれの腑に落として持っている「知」で、反対に「形式知」は、共有するために生まれた「知」と言える。産業革命以後ヨーロッパでは、様々な知識や技術が生まれた。大学ではそれらの知識をラテン語で形式知化した。したがって、ヨーロッパの大学はラテン語ができる一部の貴族階級の子弟が学ぶ場となり、新しい知識を獲得した人間が時代のリーダーになる学歴偏重の世界だった。ラテン教育が「エリート教育」と呼ばれる所以である。

【暗黙知】体験学習で獲得	【形式知】概念学習で学ぶ
言葉や図では表現できない知識	文字や記号・図で表現できる知識
経験や訓練で培われたスキル	社会的な知識・客観的な知識
物事の見方・考え方・雰囲気	理論的に習得できる知識
アナログ的（実務）	デジタル的（倫理）
現在の知識	過去の知識
個人能力の依存度が高い	個人能力の依存度が低い
EX）人間国宝の技能。勘・読み・五感。言葉で学ばなくても視覚的・体感的に覚えることで伝達される「職人技」	EX）自然科学の知識。マニュアル・手順書著作物・ノウハウ書・教科書

佐々木豊志：2006年
参考資料：野中郁次郎 「知的創造企業」・セキモデルから

図3

　1850年ごろ、このラテン教育に異を唱えた人が現れた。オランダ人のグロントビーである。彼は、ラテン語で共有される形式知を詰め込んで覚えることが評価の基準であった当時の教育を「死の教育」と酷評し、形式知をどれだけ覚えたのかという、競争によってたくさん覚えた人間が優秀だと評価されるラテン教育に対して、競争がない教育を提唱し〝フォルケ・ホイ・スコーレ〟という学校を造った。グロントビーが唱えた教育は、競争がない教育で〝対話〟を重視した学びの方法だった。詰め込んで覚える知識の量を競うのではなく、対話を通じて自身の考えを伝え、相手の考えを聞き、対話から自身の学びにつなげるという教育である。

　形式知をインプットする教育とアウトプットできる暗黙知をたくさん身に付ける教育の二つがあり、形式知は概念学習を中心として学び、暗黙知は体験学習のみからしか学べない知だと思う。

自然学校と公の学校の違い

　自然学校は、体験学習法（体験教育）を中心に自然体験活動のプロセスから学び、心、感性、体で〝考える〟ことを求める場面が多い。言葉や図では表現できない、体験によって培われたスキルや物事の見方・考え方という暗黙知を学ぶところなのである。一方、公の学校は、概念学習法（教科教育）を中心に概念化された知識をより多く〝覚える〟ことを求める場面が多い。

言葉や図に表現できる知識、社会的な知識・客観的な知識、理論的に習得できる知識を教科書にある形式知を中心に学ぶのである。自然学校と公の学校の違いはここにあると思う。

　主体性を重視している冒険体験、体験学習の学びの循環過程を持って行われる自然学校の教育は「生きる力」を育むという意義も持っていることがわかる。様々な自然体験活動を通じて、青少年が主体的にCゾーンから踏み出せる、失敗しても体験学習法で失敗から学ぶことが出来る体質になることが重要だと考えている。自分を取り巻く社会の状況を受け止めて、結果が保障されなくても、自分の意志でその課題に取り組むことが出来る姿勢、そしてそれが仮に失敗してうまく行かなくても、うまく行かなかった課題を見つけ、再び取り組むこと。このような姿勢が身に付くために、自然学校の教育の意義があると思う。

インプットとアウトプット

　自然学校の教育と学びの手法は「教える」・「覚える」という特殊化された教科目を持ったカリキュラムによる学校ではなく、グロントビーの〝フォルケ・ホイ・スコーレ〟や世界一自由な学校と言われる合衆国の〝サドベリーバレー校〟に近い気がする。体験学習では覚えることではなく主体的に〝考える〟ことを求められるので、アウトプットするときの〝考える〟という行為が重要になるのだ。

都市型自然学校の現状と展望

佐藤　初雄
（国際自然大学校　理事長）

都市型自然学校とは

　自然学校のイメージはどんなものだろうか。「自然豊かな場所で、宿泊可能な施設があり、隣接してフィールドがある。専門的な指導者がいて、楽しく安全なプログラムを提供してくれる組織・団体」とこんな感じではないだろうか。

　したがって、多くの自然学校は、農山村地域にあるということになるわけであるが、実際には、多くの自然学校が都市にも存在している。前述のイメージでいくと、施設や専用のフィールドを持っていないだけである。後のことは、農山村地域にある自然学校と同じである。

　それでは、どんなプログラムあるいは、事業を展開しているのだろうか。

　都市型自然学校の特徴とも言えるが対象者を幼児から小学生にしているところが多い。実際には、土、日曜日に身近な山や海、川などに日帰りで連れていくプログラムだ。もっと近場であれば、都市公園や水族館や動物園などでもプログラムを行うことがある。また、日帰りだけではなく、1泊や2泊で行われることもある。こうしたプログラムを毎月1回、年間を通じて行うプログラムが主流である。このほかにも、長期休暇である夏休み、冬休み、春休みには3～5泊程度のプログラムが行われている。中には、さらに1～2週間の長期にわたる事業も行われている。

　大人を対象者にして事業を展開しているところもあるが、基本は子どもを対象としているところと同じように、身近な自然に連れていくもので、海、山、川での活動が行われている。

　さらに、最近では、60歳以上のシニア層を対象にした事業も行われるようになった。子ども対象の事業と同じような考え方ではあるが、大きく違うところは、プログラムが平日行われることと、毎月2回の活動があることで

ある。こうしたこれまでにはない対象者に向けた事業の展開も都市型自然学校の新しい取り組みだと考えられる。

組織体制

　これは、都市型自然学校に限ったことではないのでここで改めて言うことではないが、自然学校を名乗り、事業を行うためには許可は一切必要ない。つまり、法律的な縛りはなく、誰でもが設立できるもので、また前述したイメージのすべての条件をクリアしなければならないというものでもない。その意味で、運営組織母体も実に様々である。全くの個人でしかも、一人で自然学校を名乗っているところもある。任意団体、有限会社、株式会社や特定非営利活動法人などもある。また、最近では、一般社団法人なども出てきている。このように、実に多種多様である。さらに、このほかにも、自然学校を主目的に設立された法人以外の大手企業の一事業として行われるものや社会貢献事業として行われるものもある。

　こうした組織を支える常勤職員数を見ると、圧倒的に5人以下のところが多く、中には0というところもかなり存在している。社会的に見ると、自然学校の業界はまだまだということが言える。それでは、指導者をどうしているかといえば、幼児や子どもを対象にしていることが特徴の都市型自然学校では、ボランティアスタッフによる運営をしている。事業規模にもよるが、多いところでは、100名、200名を抱えるところもあり、その多くは大学生によって支えられている。もちろん、多くの社会人スタッフがいることも事実である。

(詳しくは、「資料編　自然学校全国調査」を参照)

都市型自然学校の役割

　子どもを対象として事業を展開している自然学校の役割は、まずは、とにもかくにも、自然体験活動の機会の提供に他ならない。今どきの子どもの社会環境は大きく変化し、子ども社会の喪失が指摘されてから久しい。「三間」がない。つまり、三つの間ということで、時間、空間、仲間である。今の子どもは、習い事などで、遊ぶ時間がない。また、都市化が進み、子どもたちが自由に遊べる場所、空間がない。そして、遊び仲間がいない、ということ

である。

　この子ども社会が無くなってしまったことで、様々な弊害が子どもの成長を歪めてしまっている。その結果、今どきの若者の社会性のなさが社会問題になっている。この一つの原因が子どもの外遊びの減少に起因していると言われている。

　そこで、こうした社会問題の一助になればと、多くの都市型自然学校が子どもを対象に事業を展開している。また、外遊びの意味の多くは、自然とのふれあいである。こうした経験も全くと言っていいほど欠落している。子どもの頃の体験がないために、その結果、自然環境に対する理解や保全の必要性といったことへの認識の薄さや実際の保全活動への参加といったことにまで影響を及ぼしている。その意味では、今の大人である私たちが、是が非でも今の子どもたちに自然体験活動の機会を提供することは義務である。

　理想的には、子ども同士が自ら進んで体験することであるが、これは全くの絵に描いた餅のごとくである。また本来であれば、彼らの親がこうした体験の機会を提供することは義務であると言えるが、これも現実的にはかなり難しいことである。そこで、自然学校がその役割を担い、家庭ではできない、学校ではできない、また、地域社会でもできないことを行っている訳である。

　大人を対象にした事業を展開している自然学校については、様々な役割があるとは思うが、やはり何と言っても、日常の仕事や生活からの解放であろう。つまり、ストレス発散の機会と言える。現代社会の特に、都市生活者にはとても大きなストレスが日常的にかかり、ややもすると、それが慢性化し、病へと進むこともしばしばである。そうしたストレスから解放されることは大きな意味のあることである。

　また、別の観点として、現代社会を動かしている大人に環境保全への理解、さらには、実際の行動を起こしてもらうための環境教育としての事業を展開しているところもある。さらに、別の観点では、特に、若い大学生に対して、ボランティアとして社会参加をしてもらうための機会を提供しているとも言える。こうした若者たちにとっては、そのための技術や理論を学ぶ機会にもなり、今日的な社会問題の理解やその解決のための行動を起こしてもらうことにも繋がっていると言える。

　大人の中でも、中高年者を対象に事業展開している自然学校は、現在の日

本の社会現象の一つとしてどんどんとその数を増やしている中高年者の生きがいづくりの機会を提供していると言える。中高年者が生き生きと元気に生きることは、これからの高齢者社会にとってとても大きなテーマと考えられる。

こうしたことへの一助として自然学校は役割を担っている。

さらには、障がい者、外国人、企業人といった対象にも様々な事業も行われるようになってきている。

自然学校運営上の課題

組織団体の状況が異なるので一概に言うことは難しいが、いくつか考えられることを挙げてみたい。
・脆弱な組織体制、特に、経営的基盤が脆弱である。
・プログラム開発力の不足
・人材の発掘および養成が十分でない。
・広報力の不足
・社会に対する認知不足
等がある。

自然学校という存在は、社会的にはまだ十分に認識されていない。まだまだ、運動体としての認識で、とても産業とは呼ぶことができないレベルである。考え方によっては、別に、産業化することが目的ではないので、それはそれでいいのだが、しかし、より質のいい事業やよりタイムリーな事業を展開していくためには、やはり、産業となるくらいの広がりや社会的認知、経済的な自立といったことは必要である。そうすることによって、複雑化し、山ほどある社会問題の一つでも解決できることに繋がっていくことだろう。

前述した課題について、各組織団体が解決するために全力を挙げることは当然だが、一方で、一つの組織団体では解決できない、あるいは連携した方が解決しやすいこともある。今後はそうした観点で行動していくことが望まれる。

展望

都市型自然学校の役割は、複雑化し、多様化する都市社会の社会的課題を解決することであるがなかなかすぐには難しい。だからと言って諦めるもの

でもない。これまでのように何か具体的に行動することであり、その結果が何らかの解決に向けた一助になることを期待している。そのためには、先に述べた組織内外の課題の解決の上で、更なる方向性を意識し、行動していくことが求められる。

そこで、都市型自然学校のこれからの方向性や展望について述べてみたい。

当然のことであるが、各自然学校がこれまで行ってきた様々な事業を継続的にまた発展的に行っていくことは最低限のことである。今行っている事業は、いつまでやれば終わりというものではない。これは、やり続けなければならないもので、終わりのないものである。特に、子どもたちのための事業はますますその重要性が求められてきている。

こうしたことを前提にして更なる展開としていくつかのことを挙げてみよう。

●対象者の拡大

これまでに行ってきた対象者に加えて、例えば、幼児、シニア、外国人、障がい者、企業人などこれまでに関わったことのない対象者にプログラムを提供することだ。

●異分野との連携による新しい事業展開

もちろん、異分野だけに限らず、同分野でも構わないが、まだまだこうした点は、未着手でもっと知恵を働かせて様々な分野に提案をすることでより多くの人々に機会を提供することが必要だ。

●地方の自然学校との連携

都市にはたくさんの人々が生活している。こうした人々に、我々の仲間である地方にある自然学校に参加する機会を提供することで、地方の自然学校の活性化に繋がることが期待できる。

●都市における社会的課題の解決のための活動の展開

地方にある自然学校同様にその地域にある問題のために活動する。これは、なかなか難しいことではあるが、その地域が生き生きとすることがいずれは日本のためになることを信じ、まずは、問題を発見し、何らかの行動を起こすことから始めたい。

さらに、東京周辺の自然学校ならば、国の行政、政治などにも直接的な提

案がしやすい環境にあるので、こうした点での活動も展開したい。今後は、先の震災、原発事故にともなう関連の社会問題にも何らかの行動を起こしていきたいと思う。

社会的企業としての自然学校
～ソーシャル・イノベーションの潮流を手がかりに

西村　仁志
（環境共育事務所カラーズ）

ソーシャル・イノベーションの担い手「社会的企業」

　2000年代以降、社会的問題の解決をめざす革新的な取り組みのプロセスである「ソーシャル・イノベーション＝Social Innovation」が注目され、世界的潮流となりつつある。「イノベーション[i]」は新しいアイデアを具体的な商品やサービスとして市場に送り出し、社会や経済に変革をもたらすものとして、主に企業活動サイドから議論されてきたのであるが、1990年代後半、そして21世紀に入って「ソーシャル・イノベーション」に注目がなされ、その実践や議論が活発化してきた[ii]。その背景としては社会における行政、市民、企業の役割や「営利／非営利」をめぐる大きな変化が挙げられるだろう。

　まず「世界規模で様々な問題が持ち上がっているにもかかわらず、政府だけに任せておいたのでは、必ずしも効果的な解決が期待できないということもわかってきた。[iii]」と指摘されるように、従来の行政（政府）セクターでは扱いきれない問題が増えてきたことである。地球環境問題や南北問題など国境をまたぐ問題は一国の政府だけでは対応が難しく、また地域の社会的弱者のきめ細かな支援なども行政には不向きだ。

　また市民（NPO）セクターは、住民運動やまちづくり運動などを前史とし、1990年代のボランティアやNPOへの注目を経て、2000年以後の社会的ニーズに対応する多様な市民活動の登場、「新しい公共」の担い手として注目されるようになってきた。様々な活動がボランティアや市民からの会費・寄付をベースに進められてきたものの、活動の継続性や専門性の充実という点で常に不安定要因を抱えてきたのである。こうして市民セクターにおいても継続性の担保や雇用を生みだすために営利ビジネスの可能性が注目されてきた。教育、小規模金融、飲食、物販、自然エネルギーなど、その領域は幅広く拡がり続け、非営利と営利の二つの「動力」を兼ね備えた「ハイブリッド化」

が進展していると見られるのである。
　さらには企業セクターにも大きな変化が起こりつつある。企業の社会的責任の範囲が大きく拡大するとともに、自ら社会問題の解決に乗り出すビジネスも登場し、ここでもビジネスと社会貢献の「ハイブリッド化」が進んでいるといえる。
　こうして営利／非営利の境界、市民／企業の境界は曖昧化の傾向を見せている。「非営利＝Non Profit」や「非政府＝Non Government」という整理にとどまらない、市民や企業の自由な公益活動が拡大してきたというのが、世界的な大きな潮流である。そして、この「ソーシャル・イノベーション」の担い手として注目されているのが「社会企業家[iv]＝Social Entrepreneurs」やその事業「社会的企業＝Social Enterprise」であり、彼らは社会福祉、環境、教育など様々な分野で新しいアイデアのもと、社会に斬新なインパクトを与え始めている。このような潮流をふまえ、筆者はソーシャル・イノベーションを「社会において発生する諸問題を見出し、自らの関心と思い（マインド）に基づいた解決策として独創的な事業手法（ツール）を開発し、その具体的展開を通じて人と社会との関係へ働きかけ（スキル）、新しい社会的価値を創造していくこと。[v]」と定義づけた。ここではソーシャル・イノベーションの必須の三要素として「マインド（思い）」、「ツール（手段）」、「スキル（活動展開技術）」を挙げ、自然学校にはこの三つが備わっていることを次節以降にて述べよう。

「自然学校」と「社会的企業」

　さて、日本における「自然学校」の成立過程は、こうした「ソーシャル・イノベーション」が注目される以前に始まり、自然学校が「社会的企業」として位置付けられたり、整理されることはなかった。ところが近年、自然学校は社会問題解決と持続可能な社会の実現に向けた取り組みであるという社会的な評価と期待がなされるようになってきており、こうした見方と相互の関係はさらに進展していくものと考えられる。
　日本における自然学校は1980年代に一部の先駆者によって日本各地に設立され始め、1987年には自然体験型の環境教育の重要性に共感した岡島成行、川嶋直、瀬田信哉らによって、全国の関係者に呼びかけられたネットワー

ク集会「清里フォーラム」が開催される。その後、この集会は「清里環境教育フォーラム」として5年間続けられ、広瀬敏通、佐藤初雄など現在の自然学校運動の中心的な担い手同士が出会うこととなる。ここでの議論が図書「日本型環境教育の提案[vi]」の出版へと結実したことで、さらに社会的な関心が喚起され、「日本環境教育フォーラム」の設立へと繋がった。そして1990年代の教育改革の動向をにらみつつ、1996年シンポジウム「自然学校宣言」において初めて「自然学校」というモデルが提示されたのである。その後、自然学校は、子どもたちへの教育のあり方の問い直しの必要性、悪化しつつある地球環境をはじめとする人類社会の持続可能性への危機感、地方の過疎化と都会への人口集中という社会状況を背景とする「マインド＝思い」をもとに日本各地で実践が広がってゆく。

　自然学校は、日本において独自の発展を遂げ、各地で「社会的企業」として成立してきた。自然学校が生み出した新しい社会的価値としては、各地の自然学校による実践が地域の持続可能性を高め、地域を担う人づくりに貢献していること、その他にもエコツーリズム、自然災害への救援と復興活動、企業のCSR、そして人々の多様な働き方・生き方の道を拓くなど多くの分野にわたっている。これらはソーシャル・イノベーションとしての新しいアイデアであり、これまでになかった社会的価値の創造であるととらえることができる。

社会的企業「自然学校」の拡大のプロセス

　このような自然学校運動の拡大プロセスについて、筆者は「実践コミュニティ」（Communities of Practice）という概念を用いて着目した。「実践コミュニティ」とはアメリカの文化人類学者のエティエンヌ・ウェンガーらによって定義された「あるテーマに関する関心や問題、熱意などを共有し、その分野の知識や技能を、持続的な相互交流を通じていく人々の集団[vii]」である。「清里フォーラム」から始まる自然学校運動の始動期、関係者たちは「日本型の環境教育の確立」のために最初の5年間での議論をまとめて出版するという「文書化」を目指していた。自然の中での体験をベースとした環境教育の方法論、環境教育施設、学校での環境教育の取り組み、環境教育を活かした地域活性化、人材育成、事業化などの課題について、地理的ギャップを

越えて議論を継続させてきたのである。

　関係者たちはまず「自然学校運動」を通じて実践者のネットワークを形成し、交流を通じて「マインド」の社会性と未来性志向を強めるとともに、「スキル」の交換による充実をはかってきた。個別の自然学校と実践コミュニティとしての自然学校運動とが、ソーシャル・イノベーションの創出と波及のプロセスにおいて「学習」と「適用」を繰り返していく「二重編み型」ソーシャル・イノベーションのプロセスの構造（図１）を描き、相互補完的・相互触発的にソーシャル・イノベーションを加速させてきたのである。

　自然学校現場を担う関係者はプログラム開発手法を習得し、日本の自然フィールドや気候風土、実際の参加対象者に相応しい「日本型」のプログラムの開発を進め、また「清里ミーティング」をはじめとする各地におけるネットワーク集会、出版、また研修会等を通じてこうしたノウハウを共有化することにつとめていったのである。これらのスキルは汎用性が高く、自然学校関係者は異なる領域の人々からもこれらを学び合い、共有してきた。とりわけ「企画とプロデュース」のスキルについては、これに基づいて数多くの自然学校が事業、プログラム、アクティビティ（活動）を開発し、そして新しい組織をも生みだしていく基盤を形成してきた。また「ファシリテーション」のスキルは人々の集まりにミッションをもたらし、また相互学習の機会と場を創出させることを可能にしたといえる。

　個人経営や小規模な自然学校であっても、自然学校運動のネットワーク（実

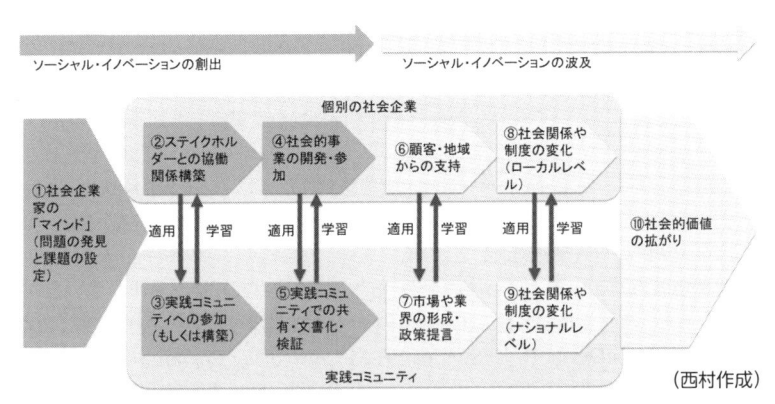

図１　「二重編み型」ソーシャル・イノベーションのプロセスモデル

践コミュニティ）において知識を共有化し、専門性を高め、地域における問題解決能力を高めることができたのは、このような実践的な学びの共同体という関係性が自然学校運動の始動期から意識的に形成されてきたからだといえる。このプラットフォームをベースにしながら個別の自然学校は自然体験活動の事業化を通じてプロフェッショナルとしての専門性・職能を確立し、それによって自然体験活動をソーシャル・イノベーションの「ツール」として活用することを可能にしたのである。

　2011年3月11日の東日本大震災以来、被災地からの復興への願いと「地球市民セクター」からの広汎な関心に基づく社会的課題領域と共感の広がりは、自然学校にさらなる社会的ミッションをもたらしている。「実践コミュニティ」のさらなる拡大強化と、学びと適用の二重編みによるソーシャル・イノベーションの創発が大いに期待されているのである。

注：

i 「イノベーション ＝Innovation」を著書『経済発展の理論』の中ではじめて提唱した経済学者のシュムペーターは「イノベーションとは経済活動の中で生産手段や資源、そして労働力などを今までとは異なる仕方で『新結合』すること」であると定義している。

ii 筆者は1993年に開業した個人商店型自然学校「環境共育事務所カラーズ」の実践と2006年10月から2011年9月の5年間、同志社大学大学院総合政策科学研究科教員として研究をする中でこの「ソーシャル・イノベーション」の概念、潮流と出会い、自然学校との関連や接近について関心をもつことになったのである。

iii Bornstein, David *How to change the world : social entrepreneurs and the power of new ideas*, Oxford University Press, 2004

iv 「社会的な業を起こす」ところに着目した「社会起業家」という言い方をされることも多いが、起業の後、継続した社会的ビジネスへと発展するケースや、既存の企業が社会的なビジネスを展開していくものも含め、本稿では「社会企業家」という表記を用いることとしたい。

v 西村仁志「ソーシャル・イノベーション実践研究のための『マインド』、『ツール』、『スキル』――実践から研究へと繋げていくために――」（『同志社政策科学研究』第11巻1号、同志社大学大学院総合政策科学会、2009年）

vi 清里環境教育フォーラム実行委員会編『日本型環境教育の「提案」』小学館、1992年。のちに改訂版として日本環境教育フォーラム編著『日本型環境教育の提案』小学館、2002年

vii Wenger. E, McDermott. R, Snyder W. M *Cultivating Communities of Practice*, Harvard Business School Press, 2002（野村恭彦 監修　櫻井祐子訳「コミュニティ・オブ・プラクティス　ナレッジ社会の新たな知識形態の実践」翔泳社、2002年）

地域のスモールビジネスとしての自然学校

高木　晴光
（NPO法人ねおす　理事長）

黒松内ぶなの森自然学校の活動とその背景

　1999年4月、落葉広葉樹・ブナの北限の町、道南・黒松内町に、民間社会教育組織「ぶなの森自然学校」が、国、町、（社）日本環境教育フォーラム、NPO法人ねおす、の支援のもとに開校した。農村地帯にある、町の生涯学習館（元作開小学校）を拠点に、「環境・自然体験学習プログラム事業」、「人材の育成事業」、「地域交流促進事業」の3つを主要事業とし、常勤職員4～5名体制にて運営を続けている。設立当初から地域行政と協働し、地域資源（自然、産業、地域に住む人々）を活かしたエコツアーの実践、子どもたちの自然・生活体験活動、学校教育への関わり、独自の人材育成や他の人材養成機関との連携を進め、上記の事業に関わるプログラム開発能力やその実行ノウハウを蓄積してきた。

　一方、社会情勢の大きな変化による閉塞状況に対し、自然学校に新たな役割を求める期待が地域から出ていることを実感している。日本の農山漁村における少子高齢化は歯止めがかからない。そこへ、TPPという日本の第一次産業を揺るがす大問題が現れて来た。今や地方の小さな町村は存亡の危機に立たされている。ひいては都市住民へも影響をもたらす国家の危機にもつながる事態がすでに始まっている。黒松内ぶなの森自然学校は、「自然・環境」「教育」をキーワードに、都市の人々を迎える交流事業を進めてきたが、「地域と共に…」というコンセプトを加えた。都市のニーズに合わせた活動ではなく、地域内から農山漁村の魅力を発信し、地域自らが育てる内発的な繁栄に貢献できる事業体としての転換を進めている。ここ数年の事業では、援農、小さな産直所運営支援、移住者支援、高齢者や町内の子どもたちへのプログラムの実施を行い、地域社会の独自性を活かし、自然豊かな農山漁村全体を学びのフィールドとし、「教育」と「交流」が連動した、自然体験・産業体験・

生活体験の大きな仕組みづくり＝地域・エコツーリズム（ねおすツーリズム）づくりを試行錯誤している。

農山漁村の社会的価値を高める

　これまでの自然学校は、自然体験型環境教育の実践の現場づくりという「運動性、啓発性」が強かった。そこで行われるプログラム、人材育成の資源として、あるいは舞台として農山漁村を位置付け、都市生活者の学びの場としての性格が強く表に出た経営がなされている。しかし、地域側の繁栄に貢献する視点が薄かったように思う。長らく田舎に住み、過疎地の少子高齢化の現実を目の当たりにし田舎から都市を眺めていると、田舎の価値を認識する。都市生活者は、自らの生活の基盤が農山漁村地域にあることを普段は認識することがない。食料品は、自宅からわずか数分の距離にあるスーパーの棚に並んでいる。私たちの命の源となるエネルギーは、田舎から供給されていることを忘れがちである。

　農山漁村地域の存在の意義を見直し、社会的価値を高めることが今や必要で、そのことが過疎地＝農山漁村地域の活力再生につながる。しかし、農山漁村に住み暮らす人々は、地域が本来持っている価値、それを伝える教育力に自信をなくしているようにも思える。例えば、自然学校にやってくる都会生活者はトラクターの勇壮な姿に感嘆する。広大な牧草地で刈られた草を巨大なロールにする機械作業から感じることは大きい。大地の中で作業をする農業者から声をかけられた時には、実は大きな感動を味わい、体全体で農業を感じ取っている。地域の教育力は、積み重なる体験により培われた深い存在感のあるものだ。また、都市に比較して隣近所の人々とのコミュニティ性が色濃く残る。農家、行政、商店、学校とお互いに顔の見える関係性の中で地域住民は暮らしている。

　農山漁村地域に立地する自然学校の役割は、こうした地域に本来ある懐深い教育力、コミュニティ性を資源として、地域に住み暮らす人たちの協力を得て、来訪者にも地域の当事者にも第一次産業地域の価値を再認識するプログラムを提供することにある。

地域のスモールビジネスとしての自然学校

　自然学校は非営利性が高くとも「ヒト、モノ、カネ、情報」を経営資源とする仕事である。それは商店サイズのスモールビジネス、あるいはファミリービジネスとも言えるだろう。その経営の特徴の第一は、人々が交流できる場を創り出す手法を知っていることにある。また、地域に既存する集客ルート以外に都市との接点を持っていることにある。第二は、学びある交流の場を創り出すことによって若い人材を集めることができることにある。

　ぶなの森自然学校は、自然豊かな第一次産業地域に立脚した自然体験・地域産業体験型学習プログラムを開発、実行することにより、それらに関わる人々（プログラムの参加者、実施者、地域住民）が相互に影響を与え合いながら自ら育つ「相互学習」を促進する「交流拠点」と「交流の仕組み」を創造すべく活動を展開している。つまり、交流の拠点と仕組みを整備することにより、より多様な人々が、自然学校に関わりを持つことができるようになり、複合的かつ交錯的な「交流」が広がり、プログラム開発の更なるシステム的な発展が期待できると考えている。つまり、経営資源を使って、「交流」というビジネスを生み出す社会的起業である。

モデルとする、「繁栄ある地域」とは何か

　未来を生きるのは若者や子どもたちである。そして人間が生きるためには様々な能力が必要である。その総合力とも言える「生きる力」は体験の積み重ねから身につくものである。しかし、現代の若者や子どもたちは、日常の生活空間の中で多様な人に関わることや、多様な生き物や環境に出会う機会がとても少なく限られた狭い中で生活をしている。特に子どもは、交友関係や活動範囲が極端に狭くなり、姿自体が町から見えなくなってきている。これは少子化だけが原因ではない。家庭や地域社会そのものが変わり、大人たちが隣近所や他者と関わることが薄らいでいることも大いに関係している。人々が関わり合える地域には、おのずと子どもの歓声や笑顔があるはずだ。子どもたちを安心して養育・教育できる町こそが、今後求められる「繁栄ある町」として成長してゆくのではないだろうか。これは、未来を担う若者にも言えることだ。自らの成長、自らの未来の生き方に大いに参考になる「学び」がある地域が若者には必要だ。一生懸命に大地や海や森と格闘しながら

働く人たち、心を癒す美しい自然、それらに若者が出会うことにより気づかされることは大きい。また心やすらげる地域を人々は欲している。「繁栄ある地域」とは、「抱える社会問題の解決へ立ち向かう活力源」がある地域である。この活力源と成りえるのが自然学校である。そして、それを継続的に展開するためにはビジネスという経営視点が必要である。

「交流・学び」というビジネス手法

　都会では、社会の仕組みが若者には分かりにくい。一方、地域は過疎地とは言え、役場、商店、農家、金融、消防、福祉施設、病院、学校等、社会生活を営むに必要な機能を当然に有する。つまり若い人材に、社会の様々な仕事・地域のいろいろな役割を担う人物に、いとも簡単に出会わせることが小さな地域では可能である。この畑でAさんが作ったものが、ここでBさんにより加工され、あそこでCさんによって売られている。必要があれば、役場の産業課長にも町長にも話を聞くことができる。すなわち、若者が社会の中で体験的に研修を積める環境がある。相手の顔が見える中で、あらゆる相談相手に出会わせることができ、交流プログラムを企画し創り出すことができる地域資源と潜在力があるのだ。自然ばかりでなく、社会（福祉、行政、学校、産業構造など）をしっかり体験的に知ることが可能なのである。

　環境教育には、「地球規模的に考え、足元から行動する」というスローガンがあるが、小さな地域から見ると、本来は逆の学び方が分かりやすいことに気づかされる。つまり、地域社会に住み・暮らしながら、「地域のことをしっかりと考えながら、地球規模的な行動ができる人づくり We think locally, act globally!」という姿勢が実は必要なのではないか。人が健全で心豊かな暮らしを営むためには、まず、自らが地域社会でのあり方を問い、自らが地域社会で相互扶助の役割を担えるようになることが基本である。そのうえで、地球規模な考え方をすべきである。自然学校をひとつのビジネスモデルと考えてもこの視点ははずせない。自然学校の経営は地域の経営資源を使い、①交流事業を生み出すことができる人材養成を行いつつ、②地域内、地域内外の様々な人々が交流する多様な仕組みを創り出す。つまり、自然学校のビジネスモデルは、地域の資源を使った人材養成と交流事業創出が事業推進の両輪となる。

新しいコミュニティづくり

　これまで、国がコントロールし全国同質な社会を目指していた成長経済時代は終焉であろう。これは、国が公共を取り仕切り地域開発し国民と国土を護る施策から転じ、地域の独自性が問われる厳しくも新しい時代への突入を意味する。しかし、地域の独自性はそう簡単に生まれるものではない。東日本大震災を機に「絆」という言葉がクローズアップされた。これは既存コミュニティが自然災害によって分断され改めて地域コミュニティの在り方が問われていること、被災地以外からの支援と結び付きの重要性が見直されていることによる。自然学校はこれまでの地域になかった機能である。そして地域外から来訪・移住する人々の拠点ともなり、地域とのつながりを生み出す「場」である。持続的な自然学校経営には、地域の独自性あるコミュニティの再生に貢献するという目標を掲げ、自然学校そのものも「人と人」が寄り添いつつ生活できるコミュニティモデルとしたい。独自性あるコミュニティを育むためには、これまでの基盤となる自然体験活動は第一義としても、地域行政とも協働し、産業、福祉、教育など地域への関わりを深めてゆく必要がある。

　そのためには、まず地域を改めて見直すことが大切である。そして、自らの生き方、暮らし方に誇りを持つ必要がある。自然学校を運営する者が幸せに感じていなければ、交流ビジネスを創造することはできない。

CSR×ESDから見た自然学校

川嶋 直
(立教大学ESD研究センター　CSRチーム主幹)
(財団法人キープ協会環境教育事業部　シニアアドバイザー)

全国の自然学校の成立と役割

　1980年代に自然体験の拠点として「ホールアース自然学校＝静岡県、国際自然大学校＝東京都、キープ協会環境教育事業部＝山梨県」などの自然学校が生まれ、1990年代半ばからは上記に加えて地域振興の拠点としての意味をより濃く持つような自然学校として「くりこま高原自然学校＝宮城県、北海道自然体験学校（現：ねおす）＝北海道、野外教育研究所＝熊本県、大杉谷自然学校＝三重県」などが生まれ、さらに90年代後半から2000年代に入ると地域振興を一段と目的意識化した「グリーンウッド自然体験教育センター＝長野県、かみえちご山里ファン倶楽部＝新潟県、おぢかアイランドツーリズム協会＝長崎県、TAPPO南魚沼やまとくらしの学校＝新潟県」など自然学校と名乗らない自然学校も各地に生まれてきた。そして2011年3月11日の大震災が起きた。1995年の阪神・淡路大震災の復興ボランティア活動時から、各地の自然学校の野外生活力とコミュニケーション力が災害救援に大きな力を発揮することは実証されていたが、今回はさらに大きな規模で全国の自然学校ネットワークが「RQ市民災害救援センター」の元に結集し成果を上げることとなった。このことについては、本書の広瀬敏通さんの稿（P.51を参照）に詳しいが、災害復興から地域復興に向けた新たな地域拠点としても、宮城県内をはじめとした各地で新たな自然学校の働きが始まろうとしている。これこそ地域の「ESD拠点としての自然学校」という新たな姿そのものではないだろうか。

次世代CSRにおけるサステナビリティ教育指針

　立教大学ESD研究センターCSRチームでは「ESD×CSR」というイメージを生み出しながら、企業と企業人

のためのESDガイドラインの整理を2009年頃から進めて来た。「〜感性と直観を重視した次世代CSRを目指して〜」と題されたそのガイドラインの前文（理念）が以下だ。

「グローバル化が進み、また、あらゆるものごとが複雑に関係しあった世界に生きる私たちは、私たちの暮らしや企業活動が、自然環境や世界の人々、そして未来にも大きな影響を与えていることを深く自覚します。持続可能な社会の実現に向けて、人や組織を活かしながら、社会はもとより自然界も健全に保たれるようなビジネスを追求します。私たちの暮らしや企業活動が、世界の課題とつながっていることに気づき、そこから新たな発想を生むために、論理的思考だけでなく、社会的課題への「感性」と「直観」を大切にします。サステナビリティに真正面から取り組む次世代CSRとして、ESD（持続可能な開発のための教育）を活用した企業人教育に取り組みます。」

このガイドラインでは、企業の事業や全てのステークホルダーたちの暮らしが以下の3つの視点で公正であるかどうかを問い直すことを説いている。3つの公正とは「世代内の公正」「世代間の公正」「種間の公正」を言う（P.10を参照）。また、こうした問いをあらゆるステークホルダーと共に考える方法として3つのアプローチ手法を提示している。その手法とは「対話と協働」「参加体験型の学び」「文化と知恵の再評価」だ。こうした根源的な問い直しをベースに、直面する様々な社会的課題に対して企業として積極的なアクションを起こすことで「危機をチャンスに」と提案している。

センターでは上記ガイドラインをベースにした企業内教育プログラムの具体的な提案を2012年2月発表に向けて作成している。一般向けのプログラム体験会と数社での実際の企業内教育の機会を経て、約3時間の室内研修プログラムを複数案考えた。このプログラムは上記ガイドラインに沿った形で組み立てられている。それは参加体験型であり、対話を重視し、それぞれの組織の文化や知恵を尊重する（各組織に合わせてカスタマイズする）プログラムとなっている。

参加体験型の学びの普及拠点となった自然学校

「自然学校という場で参加体験型の学び方はより成長した」と言っても過言ではないだろう。室内での学びではシミュレーションに留まる様々な学び

のテーマを、より現実的な体験を積極的に学びの機会に取り込んできた自然学校が参加体験型の学びの牽引車となることは容易に理解できる。

1997年～2002年の6年間に文部科学省が全国の国立青少年教育施設を会場に59回にわたって開催した「野外教育企画担当者セミナー」(3泊4日の宿泊集合研修)には、講師陣として全国の自然学校の指導者たち30数名が集まった。北海道から九州までの各自然学校を運営する指導者がこれだけの規模で集まることが出来たのは、1980年代後半から始まったいくつかの環境教育や野外教育のネットワーキングの成果と言えるだろう。そのネットワークとは「日本環境教育フォーラム」「自然体験活動推進協議会」「日本環境教育学会」「日本野外教育学会」などだ。

この6年間のセミナーでは、「それぞれ流」で体験的な学びの実践を行ってきた各地の自然学校の指導者たちが講師陣として30数名集まり、「それぞれ流」をひとつのセミナーとしての「教育手法」に整理して行かねばならなかった。このセミナー開始までの数年間、上記ネットワーク作りの過程で教育手法の大まかな相互理解はしてきているものの、実際に一緒に仕事をする機会がそれぞれ全員とあった訳ではなく、まさに各セミナー毎に4～6人ずつユニットになった講師陣が、参加者(お客様)を目の前にした真剣勝負からひとつずつ確認するという方法を採って行かざるを得なかった。その結果、全く驚くことにほとんどの自然学校が、所謂体験学習法の学習循環過程に基づく教育手法を実践し、参加者とのコミュニケーションも、参加型であり対話型であり、それぞれの地域毎のポテンシャルを尊重し活かしたプログラムを実施していることを確認するに至ったのであった。この教育手法は後に立教大学ESD研究センターが提示した「次世代CSRにおけるサステナビリティ教育指針」の3つのアプローチ(「対話と協働」「参加体験型の学び」「文化と知恵の再評価」)そのものなのであった。

体験学習法の学習循環過程とPDCA

全国の自然学校の教育手法が集まってみたらほとんど同じ「体験学習法の学習循環過程」を用いていたということを書いた。体験学習法の学習循環過程とは、まず参加者(学習者)が同じ体験をして(DO)、その体験を一人になって振り返り・言語化し(LOOK)、同じ体験をした数人で振り返りを

わかち合い・話し合い（THINK）、最後に指導者が振り返りで出てきた話題から一般化出来ることを整理して伝える・次の体験に向けて成長する（GROW）というプロセスによる学びを、PDCAサイクル同様にグルグル回しながら得て行こうという考え方だ。自然学校での全ての体験がこのサイクルで回すべしということではない。このサイクルはほんの30分のプログラムでもひとまわりするし、3泊4日全体でひとまわりする。同時にすべてのサイクルで振り返りを書くわけではなく、指導者からのメッセージを届けずに所謂オープンエンドで終える時間帯もある。

　体験学習と言いながら、ただ体験（DO）だけ行って、あとのLOOK・THINK・GROWを行わない「体験だけ学習」が多く見受けられるが、これは実にもったいないことで、せっかくの学びの種をみすみす捨ててしまっていることになる。全国の自然学校の指導者たちがこの学習循環過程をベースにした参加体験型の学びにたどり着いたのは必然性のあることで、自然の中での体験を学びに結び付けて行く手法と、学び手にとって納得感の高い学びに結び付けて行くための試行錯誤が、日本全国ほぼ同時期にこの学習循環過程的な手法として各自然学校で行われていたのだ。

　自然学校では「参加体験型」と同時に「学習者中心の学びの場のデザインを大切にする」という特徴を持っている。これは企業が製品・サービスの質的向上を考えるときに、ユーザー目線からのフィードバックをPDCAのC（評価）として常に意識しているということと相通じるところがある。それに反して我が国の公教育の多くが「ここまでは覚えてもらわなくては困る」というような「教える側」の事情で教育内容を決めている。一方、自然学校などで行われている教育内容＆手法は、学習者中心に「学ぶ側」の事情を考慮してデザインされている。別の言い方をすれば、学び手の心の動きに寄り添った形で無理のない筋書き（プログラム・デザイン）を考えて、学習者自らが体験し、気付き、発見するというプロセスをデザインするように心がけているのだ。

「自然学校でESD×CSR」がこれからの課題

　残念なことに2012年春現在、企業のCSRとESDが具体的な形で結び付いている例は少ない。さらにその学びが自然学校という場を使ってというケー

スはまだほとんど見ることが出来ない。しかし、各地の自然学校を舞台に多くの企業人教育が行われている。こうした例の多くは今のところ「自然体験」「環境教育」という切り口からの学びではあるが、これらが「ESD×CSR」の学びの場に転換してゆく可能性は大いにあると感じている。

　立教大学ESD研究センターが2011年に発表した「ガイドライン」をベースにした企業人対象のプログラム案（室内・3時間）を2012年春に提案する。このプログラムをベースにした「野外・1～2泊程度」の自然学校でのESD×CSRプログラムの開発が待たれる。この開発のために多くの企業と自然学校がチャレンジされることを期待する。

「自然学校」事業の推進と地域づくり
── 地域づくりの拠点としての自然学校の役割

山口　久臣
（野外教育研究所IOE）

　2010年度に実施された第5回目の「自然学校全国調査」の結果により、全国に約3,700の自然学校があり、うち最も多かったのが断トツで沖縄県（全体の約1割の約360）で、さらに九州8県で約650の自然学校の存在が分かった。

　私たちにとっての「自然学校」のコンセプト＆ミッション（目的と使命）とは何か!?
　これは時代と社会の変化に伴い少しずつ変わって来ている。
　我々が事業を始めた頃（1980年代から1990年代の前半ぐらい）は、野外教育の事業化、野外塾、アウトドアの専門化等などをコンセプト＆ミッションと考えていた。しかし、この10年ほどは、圧倒的に地域づくりの一つの拠点としての自然学校であり、地域づくりの具体的な手法としての自然学校というように変化して来ている。そこで、このようなねらいの変化や状況を踏まえて、本テーマについてのとらえ方の提案と今後への展望という視点で述べさせていただきたい。

地域づくりとは!?
　まずは、そもそも"地域づくり"とは何か!?　私は次ページのように説明している。
　"地域の元気化"とは、文字どおり地域の人たちのネットワーク（＝網の目状の関係性とつながり）が、広く、深く、大きく、活発になり、いろいろな催しや活動等が地域の人たちの手により企画され、その熱意と元気によって実行されて行くことであり、それにより地域が活性化して行くことである。そして何よりもその地域の人たちが、その地域を好きで愛して誇りを持って

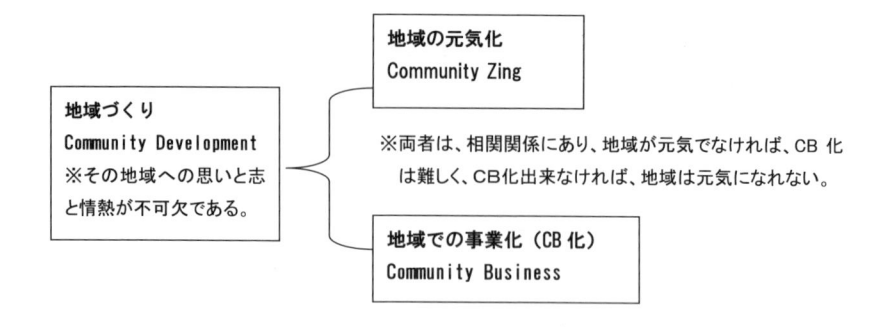

```
┌─────────────────┐      ┌─────────────────────┐
│ 地域づくり       │ ───→ │ 地域の元気化         │
│ Community       │      │ Community Zing      │
│ Development     │      └─────────────────────┘
│ ※その地域への    │ ※両者は、相関関係にあり、地域が元気でなければ、CB
│ 思いと志と情熱が │  化は難しく、CB化出来なければ、地域は元気になれない。
│ 不可欠である。   │
│                 │ ───→ ┌─────────────────────┐
│                 │      │ 地域での事業化（CB化）│
└─────────────────┘      │ Community Business  │
                         └─────────────────────┘
```

暮らしていることである。

　次に、地域での事業化＝コミュニティ・ビジネス（CB）とは、何か!?

　これは、その地域の資源や素材を活用して、その地域の課題、問題を解決して行くことをビジネス化、事業化することである。

　ということは、その地域の資源や素材に気付くほどに、その地域に課題、問題があるほどに、"ビジネス・チャンス"があるということになる。

　コミュニティ・ビジネスとは、あくまでも公益を追求するビジネス・事業である。そして、地域づくりの具体的な手法の一つなのである。

　そして、その特徴は、

・地域経済（地域の経済活動に貢献すること）を支える事業、ビジネスである（Social Economy）
・世界経済、グローバル経済に翻弄されない経済である

ということなのである。

　故に、それは地域におけるその地域のサイズに合った、小規模なビジネスということになる。

　そして、そのコミュニティ・ビジネス（CB）を行う、地域づくりを目指した事業を企画・経営・実践して行く事業体、組織体を"社会的企業（Social Enterprise）"と呼ぶ。

　つまり、そういった意味で、自然学校事業こそ、コミュニティ・ビジネスそのものであり、「自然学校」事業を経営する組織こそ、具現化した"社会的企業（Social Enterprise）"なのである。ということは、「自然学校」事業が盛んになることは、地域づくりに大いに寄与することになるのだ。

「自然学校」の機能や役割、使命についてのいくつかの提案及び、今後への展望について
○「自然学校」のガイドライン
　1．自然と文化をテーマにした体験活動プログラムがあること。
　2．生活体験プログラムがあること。(食育、農、生産、創造、宿泊、遊び、勤労体験、生活訓練　等)
　3．心身の癒し（ヒーリング、リラクゼーション）と健康の場であること。
　4．教育的活動であること。(環境教育、野外教育、食育、文化教育、災害教育、地球共感教育、ESD　等)
　5．"Eco"（EcologyとEconomy）が両立・調和して行く"環境地域づくり"の実践と具現化であること。
　6．生命の系、つながり、大切さを学ぶ場であること。
　7．「自然学校」事業を経営して行くためのあらゆるノウハウがあること。
○「自然学校」の条件
　1．コンセプト＆ミッション（理念、目的と社会的な使命）が明確であること。
　2．特に自然体験活動、文化体験活動のプログラムや体験学習プログラムが商品化されていること。
　3．教育的な理念や趣旨（野外教育、環境教育　他ESD等）が明確であること。
　4．地域社会経済（Social Economy）に貢献出来ていること。
　5．プロデューサー、マネージャー、コーディネーター等の専従スタッフがいること。
　6．多種多彩多様な方法による広報活動、情報の発信を恒常的に行っていること。
　7．ホームグランドとしてのフィールドやテーマを持っていること。
　8．総合的な安全対策（リスク・マネジメント）への対応体制を整備していること。
　9．社会的な活動へのしくみが出来ていること。
　10．その地域の資源や素材を活用して、その地域の課題・問題を解決して行くことをビジネス化・事業化していること。（コミュニティ・ビジ

ネス（CB）、ソーシャル・ビジネス（SB））
11. 公益を追求することと地域の課題解決を目指した社会的企業（Social Enterprise）であること。
12. 経済的な収支のバランスが取れた"経営"が行われていること。

　以上述べたように「自然学校」は、決して大規模なものではなく地域で小規模分散化したものであるべきで、その地域に根差し地域と共にあること、地域的なスケールであることを本分とすべきものである。
　日本が全国的に少子高齢化、過疎化して行く時代になって来た今日、その地域の地域づくりの具体的なビジョンと夢を実践し具現化して行ける拠点を目指して行くことこそが自然学校の大きな展望であり、使命であるといえよう。

災害に向き合う自然学校

広瀬　敏通
（一般社団RQ災害教育センター　代表、日本エコツーリズムセンター　代表理事）

　2011年3月2日、立教大学で「自然学校宣言2011」シンポジウムが全国の自然学校関係者を集めて開催された。この集まりは、2010自然学校全国調査委員会（調査統括：広瀬敏通）作成の厖大な調査結果を報告することで、2011年初頭の日本の自然学校の実像を明らかにする目的で開かれた。百有余に及ぶ調査項目の中でひときわ目を引いたのが、自然学校のテーマの項だった。

　過去14年に4回行われた全国調査では、いずれも自然学校のテーマは「青少年育成・環境教育・自然保護（保全）」の3つに集約され、以後、不動の3大テーマとして知られてきた。しかし今回、これまで上位に見られなかった「地域振興（再生）」が最上位テーマに初めて登場したのだ。この大きな変化は、3,700校に及ぶ日本の自然学校が、過疎地や中山間地に根を下ろして活動するケースが急増した結果、地域の衰退に直面することになり、自然学校自身のミッションや活動目的を地域の再生に置くようになったからと思われる。

　このシンポジウムから9日後、東日本大震災が勃発した。

震災に即応した自然学校

　3月13日に現地調査を行ってエコセン災害救援本部（のちのRQ市民災害救援センター）を立ち上げた私は、17日に東京の日本エコツーリズムセンター事務所のあるビルで、第1回救援会議を開催した。この場に集まったのは60団体に及ぶ自然学校や環境教育のネットワークのメンバーだった。呼びかけをした日本エコツーリズムセンターも全国の地域の現場で活躍する人や団体のネットワーク組織だ。

　かつて阪神・淡路大震災が勃発したその日、私は東京の自然学校関係の仲間に呼び掛けて集まってもらい、その場で神戸に急行することを決めたが、

当時はまだ自然学校が災害救援に動くことに躊躇や違和感があった時代だった。私は一人でも行くつもりだったが、同行を申し出たのは、当時まだ東京で会社員だった佐々木豊志氏だったことは奇縁というしかない。彼は東日本大震災ではRQ市民災害救援センターの東北本部長を担ってくれ、私と二人三脚の体制を作った。

中越地震でも私は自分の組織であるホールアース自然学校を率いて現場に急行した。

『震度7の烈震を記録した川口町に通じる道はどれもが破壊されていて、文字通り陸の孤島となって一週間目の10月29日、ホールアース自然学校の救援チームは川口町に「救援非常車両」として入ることが出来た。ろくな情報も入らない中で、とりあえず明日からボランティアセンターを立ち上げることを確認し、すぐに阪神の震災でも活躍した頑丈なホールアース自然学校の災害用本部テントを設営。テーブル、椅子、備品一式、長期戦に備えた食料、工具類、救急薬品箱、野営用具などもすべて持参の資材を並べた。11月末日までを活動期間と想定した私たちは、他からの調達がなくともしばらくは持ちこたえられる体制を構えた。』(「災害時に役立つ自然学校2005年2月―ホールアース自然学校著作集」)

こうした災害救援に即応できる体制は神戸の教訓で得たものだった。ホールアース自然学校は、神戸後すぐに自然学校の全建屋を強度の耐震建築で建て直し、深井戸や地下貯水槽、備蓄など地域の救援拠点として生まれ変わった。自然学校こそが、災害時、非常時に活躍できる、自然学校の日々の活動やトレーニングはこうした事態のときにこそ役立つものだ、その思いは中国四川地震跡地に自然学校を作るという日中共同の計画に結実している。

日本は災害大国

日本は、世界の400分の1の陸地面積の国土に、世界で発生しているM6以上の大地震の約4分の1が集中している。さらに世界にある約1500の活火山のうち、108火山が日本にある。これに加えて毎年の台風襲来、集中豪雨などによる土砂災害、水害が日常化している。このような国はきわめて珍しい存在だ。日本は小さな国土だが災害では大国と言ってもいい。

平均的な日本人なら一生に一度以上、何らかの大きな災害の当事者になる

のがこの国だ。

　そんな国に暮らす人々は何故、災害だらけの土地を離れなかったのだろう。今回の東日本大震災の被災地で身内を亡くした幾人もの被災者の口から『津波は恐ろしいが、憎む気にはなれない。自然現象だからね』という意外な言葉を聞いた。津波を一世代のうちで2回も体験する地域だ。

　だが、津波が数十年に一度襲うこの海岸沿いの土地は同時に、津波がもたらした肥沃な土地でもある。リアスの沿岸は津波後に漁獲高が飛躍的に上がるともいう。土砂崩れは川を堰き止め、湖を作り出し、火山の噴火は温泉や地熱を産み出し、豊富な湧水が湧き、降灰がなだらかな暮らしやすい大地と森、ミネラルたっぷりの土壌を形成する。日本の自然とその景観は災害の賜物と言っていい。

　日本人のDNAには災害の悲惨に負けない楽天的で前向きな自然観がある。

防災と災害教育

　災害への備えとしての防火訓練や避難訓練は少なくとも江戸時代から繰り返し行われてきた。現代では耐震工事やライフラインの確保、自主防災の取り組みから災害ボランティアコーディネーターの養成まで、防災活動は行政や自治会、企業などで多岐に亘り、取り組まれている。

　防災とは災害が起きないようにする総合的な取り組みであり、減災は発生し得る災害被害を最小にするための取り組みとされ、特に被災時の弱点となる箇所へ対策を集中化することで被害の総和を減らすとされている。それぞれに今後とも日本社会ではきわめて重要な社会的活動だ。しかし、その二つに共通しているのは、被災前に重点を置いた対策であり、あるいは被災後の復旧に防災、減災を盛り込んだ対策がとられることである。

　防災教育や体験型の防災教育の大きな弱点は、現場を持たないことにある。言うまでもなく、現場はテーマを問わず、強い学びを生み出す場となるし、気付きの場となることはよく知られている。現場を持たない防災教育の限界を超えるものとして考えられているのが災害教育という概念だ。

　災害教育とは、現場が持つ教育力、学ぶ力に着目した考え方である。阪神・淡路大震災で活動したボランティアの若者たちが被災地から戻ってくると、ひとまわり人間的に成長しているというケースが多く見られ、これを当時、

- **防災教育**：行政、自治体、各団体単位で取り組む
  　　　　　災害予防活動とそのための教育
- **体験型防災教育**：防災教育が主にシュミレーション学習で
  　　　　　　　あることに対して、より効果を高めるため
  　　　　　　　の体験学習法を使った考え方
- **災害教育**：災害現場の学ぶ力を最大限活かした人格的成長
  　　　　　を伴う教育法

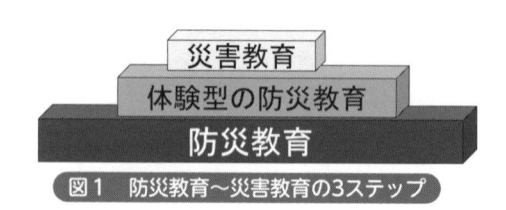

図1　防災教育〜災害教育の3ステップ

　神戸市東灘小学校のボランティアセンターを運営していた広瀬が『災害教育』と名づけたものである。その後の災害地でも繰り返し同様の効果が多く見られている。

　防災教育と体験型防災教育、災害教育の概念と関係は図1のとおりである。

　東日本大震災で結成された一般社団RQ災害教育センターは、災害教育を『被災地で被災者、ボランティア、訪問者らが、被災地や被災者の窮状に接して抱く共感や貢献の感情を、人格的成長の資源として捉え、教育体系に位置付けるための取り組み』と定義し、災害ボランティア活動はじめ、被災地との関わりを通して得られる学びをヒューマンで災害に強い社会形成に不可欠なものとした。

　災害教育として見られる学びの仕組みを偶然の所産にせず、必然化、普遍化することにより、災害大国である日本の減災や防災への取り組みにおおいに役立つと私は考えている。

　災害ボランティアや被災者本人が被災地での活動を通して社会的な貢献に積極的に取り組むことにより、人格的な成長が生まれるだけではない。被災地（応援）ツアーや青少年の修学旅行、教育旅行への参加などにより、災害被災地や被災者に直接触れる体験を持つことで、そこから得られる強烈なインパクトを伴った「私も何かしなければ」「私でも役に立てる」という貢献の意識の醸成が、その人の社会参加をポジティブに変えていくと期待される。

被災地の現場に身を置くこと自体により、対社会や対人的に人間的な幅が生まれてくることを実感することになる。

災害をポジティブに捉える

　絶望や悲惨、怒りといったネガティブな要素とつなげて語られやすい災害だが、実際には『絆』をはじめ、『仲間』『心の友』といった言葉がおびただしく生まれる場でもある。こうしたポジティブなキーワードは、災害から立ち直る意欲や希望をもたらし、被災者と被災地の復興に大きな力となる。災害ボランティアにもっとも求められるのは『笑顔と挨拶』だと言い続けたRQ市民災害救援センターの「合い言葉」こそがそのものであり、多くの被災者から『被災後はじめて笑えた』『ボランティアさんの笑顔が生きる望みをもたらしてくれた』との声も寄せられた。これはまさに自然学校の特質とも言えることだ。

　自然学校に身を置いたものであれば誰でもすぐに納得するものは、どのような状況下でも次の動きを作り出す前向きな行動を生み出す力だろう。災害大国に住む者として、災害に対する前向きな見方、考え方を持ち続けることは必須であり、いつの日か、再び悲惨な災害に襲われたときに力強く立ち上がるための最初の武器でもある。日本に3,700校の自然学校が生まれたことは大事件だが、災害大国であることを思えば、日本中の各小学校区に1つの地区住民が運営する自然学校があり、各中学校区または高校区に1つ程度の専門性を持つ自然学校があることを望みたい。

　今、宮城県北部に出来たRQのボラセンがそれぞれに自然学校化しつつあることは必然だと言えるだろう。

第2編

自然学校は地域を救う
〜ESD（地域を元気にする）拠点として期待される自然学校〜

2010年3月2日
於：立教大学
シンポジウム報告書（抜粋）

開催趣旨

立教大学 ESD 研究センター長　阿部　治

　ESD（Education for Sustainable Development＝持続可能な開発のための教育）は、持続可能な社会づくりに向けた、様々な知識や知恵、技術、そして実行力などを兼ね備えた人々を育む教育や学びのことです。ESDは、知識の習得を中心とした伝統的な学校教育とは異なり、参加体験型をベースとしたその学びはコミュニケーション力や批判力など、自覚的な市民として「生きる力」に結びつく能力をも育む学びです。

　立教大学ESD研究センターは、日本国内はもとより、アジア・太平洋地域を含むフィールドを対象に、高等教育や企業などをも対象として、広く、ESDの実践的研究を進めています。そして、これらの研究の成果や研究を通じてできたネットワークなどを生かしながら、とかく難しくとらえられがちなESDを目に見える形で、広く一般の方々に提示しようとする活動をEco-Opera（エコオペラ）として行ってきました。本シンポジウムもこのエコオペラの一環です。

　本日は、ESD拠点としての自然学校を扱っています。自然学校はこの20年ほどの間に、わが国の環境教育の一つの大きな流れとして発展・定着してきました。私自身、この間、この自然学校の発展を目の当たりにしてきた当事者として、自然学校の活動に関わってきましたが、その過程で、自然学校が果たしている特異的な役割に気付くようになりました。というのは、日本がお手本とした自然体験活動を中心とした米国の自然学校とは異なり、もちろん、自然体験活動は行うのですが、そればかりでなく日本では、持続可能な地域づくりの拠点として機能するようになってきたことです。すなわち、ESDの拠点として、自然学校が機能しているということです。この動きを米国の自然学校や環境教育の関係者に伝えると、皆さん、一様に驚かれます。アジアにも同様な活動を展開しているところが無いわけではありませんが、この日本の自然学校の運動は持続可能性の追求が一般化した現在において、国際的にみても非常に価値が高い活動であるといえます。今後、日本から発

信をしていったならば、必ずや注目されるのでないかと思います。
　本日は、5つの自然学校の方々から、取り組みについてお話をお聞きするとともに、自然学校や地域づくりに造詣の深い専門家の方々のコメントをいただきながら、わが国における自然学校の意味や価値を皆様とともに探りたいと思います。おそらく、本日の発表にあるように、自然学校の型は一つではなく、ミッションや地域によって、非常に幅広いものとなっています。しかし、そのベースには、地域の生態系サービス、すなわち、自然（資源）が持っている様々な価値をしっかりと確認し、自然という源が存在しているから人間も生存できるという、自然界の理（ことわり）を各自然学校が持っているのではないかと推測しています。食料資源として、あるいは癒される源として、さらには文化として、これらを含めたいろいろな自然とのかかわりの中で、人間は生きており、このような自然資源の持続的利用を通じて、人々の生活は豊かになってきたのです。
　今回、日本各地の自然学校とその地域とが、持続可能な地域づくりに向けて、現在どのような協働活動を行ってきているのか、その実例を紹介していただきます。その活動を通して、自然学校がESDの地域における拠点としての役割を期待されていることを確認したいと思います。また、各地の自然学校が、その地域への影響にとどまらず、地域外（日本・海外）への影響を及ぼす存在になっていることも確認できるのではないかと思います。さらに、キーワードとして「つなぐ」と「再生する」をあげたいと思います。つなぐものとしては「地域と地域外（日本各地、アジア各地など）」「高齢者の知恵と若者（子ども）たち」「集落と行政」などであり、再生は、「地域の誇り」や「地域の価値」であり、「地域の元気」などです。このような役割を自然学校が果たしていることも確認できるのではないかと思います。
　このように、ESDとしての自然学校は、今その役割が、非常に明確になってきています。今回のシンポジウムを通して、ESDとしての自然学校の価値がより一層明確になることを願っています。

2010年3月

開 催 概 要

▶主催
立教大学

▶会場
立教大学池袋キャンパス太刀川記念館3F多目的ホール

▶日時
2010年3月2日（火）14時～18時

▶共催
立教大学ESD研究センター

▶5つの自然学校からの報告

第1部
関原　剛
（NPO法人かみえちご山里ファン倶楽部　専務理事）

岩片　克己
（白山神社宮司、NPO法人かみえちご山里ファン倶楽部　理事）

第2部
辻　英之
（NPO法人グリーンウッド自然体験教育センター　代表理事）

横前　明
（泰阜村役場総務課村づくり振興係　係長）

第3部
大西かおり
（NPO法人大杉谷自然学校　校長）

寺添　幸男
（大台町役場大杉谷出張所　所長）

第4部
高野　孝子
（NPO法人ECOPLUS　代表理事／TAPPO南魚沼やまとくらしの学校）

小野塚彰一
（清水地区活性化委員会　委員）

第5部
高砂　樹史
（NPO法人おぢかアイランドツーリズム協会　専務理事）

▶専門家を交えてのパネルディスカッション

ESDの専門家 = 阿部　治
（立教大学大学院異文化コミュニケーション研究科教授、ESD研究センター長）

自然学校ネットワークの専門家 = 広瀬　敏通
（NPO法人日本エコツーリズムセンター　代表理事）

全国の地域再生、実例の研究者 = 鹿熊　勤
（フリージャーナリスト）

川嶋　直
（立教大学大学院異文化コミュニケーション研究科特任教授、ESD研究センターCSRチーム　主幹）

▶当日配布資料「5つの自然学校の紹介」

制作：大浦　佳代
（フリーライター、フォトグラファー）

本事業は、立教大学「Eco Opera!」事業として開催されました。Eco Opera!は、地球環境の保全・環境教育に取り組む産公学が連携し、市民との関わりの中で活動を広めていくことを目的としたプログラムで、ESD研究センターが企画監修を行っています。

第1部　かみえちご山里ファン倶楽部

環境教育から生存共学へ
（ひとつの村落から村落集合体へ）

関原　剛
（NPO法人かみえちご山里ファン倶楽部　専務理事）

生存技術は総合性の場

　NPO法人かみえちご山里ファン倶楽部は2002年に設立され、常勤スタッフ8〜9名、会員は現在340〜350名、年間予算約4,500万円で運営しています。地勢は、新潟県上越市の西部を流れる桑取川の源流から日本海河口までの17kmを含む豪雪地帯の中山間地であり、川に沿った形で十数カ所の集落があり、総称して桑取谷と呼んでいます。山文化・海文化が混交しており、土地との交感が非常に大事であると考えているため、この土地の「水の巡り」を活動の主幹としています。

　我々は「守る・深める・創造する」を活動理念としています。まず「守る」とは、千年続いた「口伝」の生存技術を調べ、記録し、復元することです。次に「深める」とは、それらの技術をノスタルジアで博物館化せず、新たな位置付けの中で、合理的なものとして再評価することです。そして「創造する」とは、それらの地域資源を既存のまま使うのではなく、新たな組み合わせにより新しい価値を創造することです。

　また、資源調査をする時に大切なことがいくつかあります。①具体の事実を調べ情緒的な思い込みを排除すること、②人と人との関係性を最優先すること、③結論誘導や理想の押し付けをしないこと、④「口伝」を可能な限り記録すること、⑤復元・実施することで新たな価値と意味を創造すること、です。

　受託事業としては、「上越市地球環境学校」を運営しています。これは、プログラムが具体の自然や村のありようと絶対に乖離しないよう、村も都市も共に学ぶという「生存共学」をキーワードとした体験型学習施設です。村の生存技術とは、区分けや縦割りによる分断ではなく総合性の場です。人間

が出会い、コミュニケーションの場をどう維持するかが、市の受託事業であったとしても貫かなくてはならない要素なのです。

以前、「〜体験」という事業で田舎がテーマパーク化され、人々が疲弊したという前例があったため、現在は自己責任で使える技術を真剣に学ぶ場としての「学校」としました。ここでは娯楽提供をするのではなく、参加者の生存技術のスキルアップを目的としています。また、お年寄りたちが畑や田んぼを続けられなくなって「中止されるものづくり」を「始めるものづくり」で引きつぐということも目的としています。

インターンシップの受け入れでは、個人の「リアル」を重視しています。個人が「リアル」でない人は、他者を「リアル」に想定できないからです。コミュニティ理解のためには、まず「自己をリアルに感覚すること」が大切であると考えています。その上での他者との共存であり、共同体の感覚が空虚ではなくなることにつながります。この一点だけちゃんとしていれば、学生たちは自動的に自分で学んでいきます。

「ムラ」という場で人は何を回復できるのか？　考えられる要素として、一つ目には都市での五感縮小があります。村では自然が人間に総合化を要求しますが、都市ではシェルター内での部分機能として視聴覚だけが増大していきます。二つ目には生存に関わる言語コードの回復があります。生存に関わる言語コードとは、まず言葉以前の自然経験が十分にあり、それが発声によって圧縮され、書き言葉で象徴化されたあと、その文字を読んだ人が脳内の解凍ソフトを使い、その文字から再び自然経験を立体化させることです。現代では、言語化以前の自然経験が圧倒的に欠落しているため、この解凍ソフトが非常に貧弱です。これを取り戻すのも"ムラ"の機能であると考えています。生活者としての言語コードを持っていれば、同じように話は通じますが、現代では独立した言語秩序の存在する場が横行しています。村落では、生活者としての言語コードが優先されるため、共通言語の取り戻しには大変適した場所と言えます。

このように五感が縮小し、生存のための言語コードが希薄になっている中で、大切なのは「人間に返る」ということです。バラバラな状態から一つの総合体へ、抽象の仮想現実から具体へ、生産合理性から生存合理性へ、知識の楼閣から知恵の湖へ、出し抜く「他者」から助け合う「他者」へ、その他

大勢からひとりずつへ、などです。

　NPO法人かみえちご山里ファン倶楽部の機能は、「つなぐ」ことです。村は無知ではなく、ただ行政用語と学術用語を知らないだけです。一方、都市は無知ではなく、ただ生存と生活の用語を知らないだけです。これらを「つなぐ」我々の役割の核心は「媒介性、媒体性、編集性、翻訳性、意訳性」だと考えています。これから、村落にとって外の人というのは、非常に重要な役割を果たし得る可能性があります。村落を美しい数珠の玉に例えると、それを「つなぐ」「ひも」というのが外の人であり、その「ひも」の役割は、今、自然学校で働く若者たちに期待されているのです。

　今、我々は、行政制度上は存在しない任意のものとして、複数の村落集合体を「クニ」と呼ぶことを行っています。それは狭過ぎず、大き過ぎず、生存が感覚できる範囲であり、まかないを実感できる範囲です。さらに、土地の形に逆らわず、人が群集化されない範囲でもあります。単独の集落よりは大きく、市よりは小さい、非常に居心地の良い大きさです。しかし、こういう「クニ」というものは、行政制度上規定され得ません。

　また、山里や集落、村人、中山間地、活性化、限界集落という用語は、半抽象で形而上学的です。このような惰性の用語使用は大変危険です。言葉の意味というのは、背景と文脈こそが重要なのであり、同じ言葉でも誰が語ったかで意味が全く変わってしまいます。そういう話者不在の抽象言語に、それ以上の奥行きはないだろうというのが我々の考え方です。具体の試みは、惰性の用語使用を疑うことから始まります。

　さて、「クニ」を特徴付ける10のまかないとは、①農のまかない、②水産資源・塩のまかない、③天然採取物のまかない、④森林資源のまかない、⑤水のまかない、⑥エネルギーのまかない、⑦教育のまかない、⑧民俗伝統・景観のまかない、⑨福祉のまかない、⑩地域循環産業・経済のまかない、です。まかないとは、自給性であり独自性でもあります。「クニ」の集合が国であるべきではないでしょうか。

　生存力というのは、総合性と連関性を感覚することだと考えられます。そして、やはり、大切なのは誇りの復元です。外からの目によって、地域が自分たちの地域資源を再評価し、「場の力」を感覚し、内向きから表明できる誇りへ立ち戻る必要があります。それは、良い文化は都市にだけあるという

ことの逆転でもあります。「舞台」を持つ土地は誇れる場所であること、このように地域が思えるような活動が我々の役割であると考えています。

岩片　克己
（白山神社宮司、NPO法人かみえちご山里ファン倶楽部　理事）

　桑取谷とは、新潟県の南西部、海から山に繋がる17kmの水の循環、桑取川の谷間の地域です。春日山城の西の防衛線、そして秘密の兵站線でもあります。西の防衛線と言われたのには、地域の人がまとまるために、その中心をお寺や神社に据え、宗教も絡めて人と人との繋がりや集落と集落の繋がりというものを堅固なものにしていった、という背景があるのではないかと考えています。

　また、海から谷に入っていった所に集落が16あり、小さい集落は4戸、大きい集落でも40戸に満たない単位の集落です。その中で神社が13あります。そして、禅宗の寺院が9、その他、廃寺になったものが2寺院あります。過去数百年、僅か9戸の集落が神社と寺院を維持・管理し続けている所もあります。これこそが、その強さではないかと考えています。

　そんな中、神社を中心にした伝統・文化・行事が随分多くあります。小正月というのが1月15日にあり、いろいろな行事や民俗・文化の伝統を繋いでいこうと行っていました。しかし、ある時1月15日が成人の日となり、さらにその後、国民の祝日法が改正され、成人の日が変動することとなり、1月15日が休日でなくなってしまいました。その結果、今まで続いていた伝統・文化が立ち消えになったり廃止されたりしました。

　我々は、子どもの社会教育の場として小正月行事を続けたいと考えています。我々の小正月行事の特徴は、子どもたち自身がいろいろな行事の進め方を主体的に決めて、上級生をリーダーにグループとしてまとまり、物事を運営することにあります。そして、各戸を回りお年玉がたくさん集まると、上級生はたくさん、1年生は少しだけ。働く者はたくさん、働きがまだ少ない

見習いは少しだけというように、子どもたちの責任で分けます。こういうことをきちんと子どもの中でできるということが、原体験としてあり、学校でもなかなか教えられない教育の場になるのです。

　そこで私どもかみえちごの理事長が、学校、教育委員会に掛け合いに行き、このような意味を持つ伝統文化の大切さを伝えた結果、1月15日は休みとなり、子どもたちは生き生きと行事を行っています。これが、我々の考える「つなぐ、つなげる」ということの一事例です。

質疑応答

広瀬　自然学校とは何かということが、この10〜15年、随分変わってきています。かつては、地域の自然や文化を背景にしながら、そこを借用して自分たちの自然体験のプログラムを行う場でしたが、今は、地域社会の中に入って触媒機能を果たす役割が注目されてきています。その中で、地域と自然学校との距離の取り方に独特の考え方を持たれているようですが、その辺りを少し話していただけますか？

関原　かみえちご山里ファン倶楽部で働いているスタッフたちは、来た当初は単純同化したいという考え方をします。つまり、早く村人になりたいのです。その気持ちはよくわかります。過疎をどうにかしたいという思い込みで来ますが、そんなに簡単にできるわけがないだろうと言われ、落ち込む。お百姓になりたいと言うが、もともと5人百姓がいて、過疎の村に6人目の百姓が増えたからといって、問題は解決されません。NPOというのは、6人目、7人目、8人目のお百姓さんが就農できるような仕組みを作る側で、直裁的にそこに出かけていくのではありません。ただお百姓になりたいのなら、お百姓さんに弟子入りすればいいのです。つまり、かみえちご山里ファン倶楽部の職員は、都市にも属さず、村にも属さない宙吊りの中で踏み止まる精神的な強さがないとやっていけません。単純に村に属すというのでは、村の役に立てません。また、都市側に寄るのも駄目です。したがって、都市のこともよく知って、村のこともよく知りながら、その中間で耐え続けるという厳しく辛いことを要求しています。

環境教育から
生存共学へ
（ひとつの村落から村落集合体へ）

かみえちご山里ファン倶楽部作成
2010・2

生存技術は
総合性の場

桑取谷の地勢

- ■日本海から水源の山頂まで１７キロ
- ■その背後には頚城連峰（2460m）
- ■海岸まで「中山間地」
- ■川沿に沿う集落の連なり
- ■山文化と海文化の混交
- ■30集落・600世帯・2000人（夜間人口）

土地と交感する
その場所は、
その場所以外に無い。

＜桑取谷・水の巡り＞

かみえちご山里ファン倶楽部とは

1、設立年　平成14年

2、会員数　約330名

3、常勤スタッフ数　9～8名

4、年間予算　約4,500万円

守る・深める・創造する

■守る
　1000年続いた「口伝」の生存技術を調べ・記録し復元する。
■深める
　それら技術をノスタルジアで博物館化せず、新たな価値づけの中で、合理的なものとして再評価する。
■創造する
　それら地域資源を既存のまま使うのではなく、新たな組み合わせにより新しい価値を創造する。

■受託事業・委託管理・指定管理など

上越市地球環境学校
上越市くわどり市民の森

受託事業

■受託事業のソフトが、具体の自然や村のありようと絶対に乖離しないこと。
■そこが「場」になるとは、内と内、内と外、外と外の「人間」が出会う場であり続けるということ。

資源調査

■情緒的な「思い込み」を排除。
　　具体の事実を、まず調べること。
■人と人の関係性を最優先すること。
■結論誘導や理想の押し付けをしない。
■「口伝」を可能な限り記録すること。
■次に「復元・実施」すること。
■それに新たな意味と価値を。

体験ではなく「学校」

「体験」の失敗から「学校」へ

■〜体験という事業は、田舎のディズニーランド化であり、かえって人々を疲弊させた前例がある。
■自己責任で使える技術を真剣に学ぶ場。
■娯楽提供ではなく参加者の生存技術のスキルアップを。
■「中止されるモノづくり」に「始めるモノづくり」をあてがう。しかし時間との戦い。

自己がリアル だから 他者と生きる

環境教育プログラム
農作業実習

■インターン・研修受け入れ

古民家改修実習
地域交流

インターンシップの目的

■個の「リアル」の取り戻し。自己存在が希薄。半透明の体から具体に存在する体へ。

■個が「リアル」でないものは「他者」をリアルに想定できない。しがってコミュニティ理解とはまず「自己をリアルに感覚すること」

■その上での「他者」との共存であり、共同体の感覚が空虚ではなくなる。

■この一点だけがインターンの目的。
　あとは自動的に、学生は自分で学ぶ。

ムラという場で人は何を回復するのか

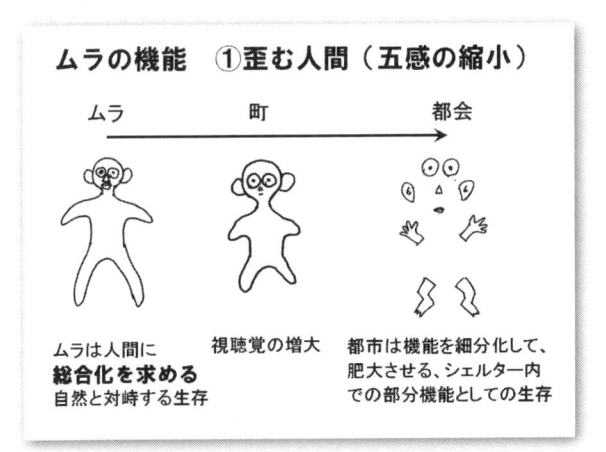

ムラの機能　①歪む人間（五感の縮小）

ムラ　　　町　　　都会　→

- ムラは人間に**総合化を求める**　自然と対峙する生存
- 視聴覚の増大
- 都市は機能を細分化して、肥大させる、シェルター内での部分機能としての生存

言語コードの回復

ムラの機能　②言葉の砂時計

多次元

3次元の具体的世界

多様な体験と横溢するイメージ

言語以前

あまりにも膨大なイメージのためにその情報の圧縮(次元転換)による象徴化が行われる

発声する言語

圧縮

2次元化(象徴化)

書かれた言語　意味の境界内の不特定な意味

読まれる言語

解凍

内的3次元世界の出現

言語から解凍されたイメージの再横溢

言語以後

二次元象徴の解凍イメージと自己体験の共鳴による新たな意味の創造と連鎖

多次元

ムラの機能　③言葉のコード

自然との呼応
五感の駆動

自然という事実／具体的力

自然との呼応による言語コード

言語コードの具体の境界

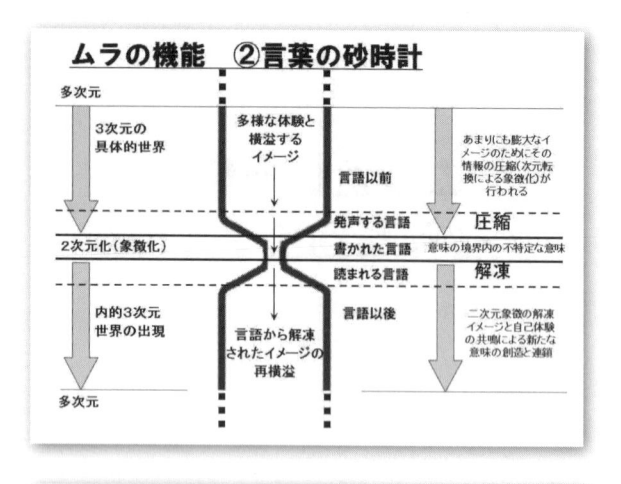

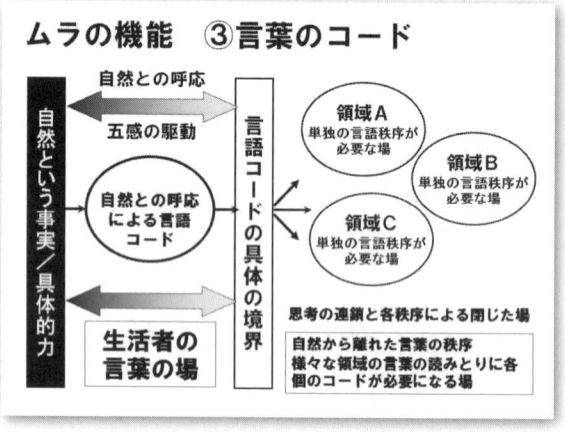

領域A　単独の言語秩序が必要な場
領域B　単独の言語秩序が必要な場
領域C　単独の言語秩序が必要な場

生活者の言葉の場

思考の連鎖と各秩序による閉じた場

自然から離れた言葉の秩序
様々な領域の言葉の読みとりに各個のコードが必要になる場

「人間」へ帰る

■バラバラの体から、ひとつの総合体へ
■抽象コードの仮想現実から、具体へ
■生産合理性から、真の合理性へ
■知識の楼閣から、智恵の湖へ
■出し抜く【他者】から、助け合う【他者】へ
■その他大勢から、ひとりづつへ

山里NPOの機能

村（内）は無知ではない
ただ行政用語と学術用語を知らないだけ

都市（外）は無知ではない
ただ生存と生活の用語を知らないだけ

外⇔○⇔内

山里NPOの機能

媒介性・媒体性・編集性
翻訳性・意訳性
（間に立つもの）

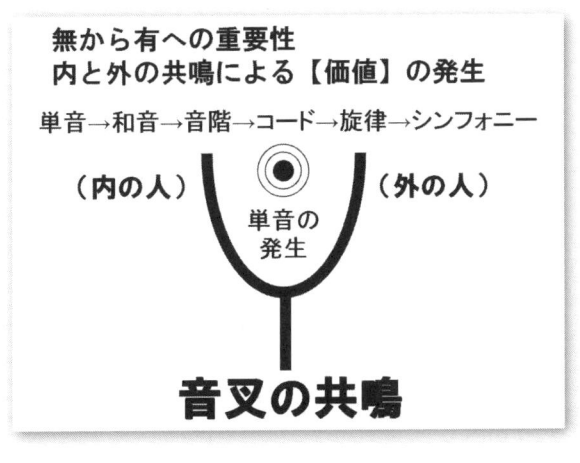

無から有への重要性
内と外の共鳴による【価値】の発生

単音→和音→音階→コード→旋律→シンフォニー

（内の人）　　　◉　　　（外の人）
　　　　　　単音の
　　　　　　発生

音叉の共鳴

珠＋ひも＝数珠

- 珠だけでは数珠にならない。
- ムラは歴史もつ。それには加害者と被害者の記憶もある。
- 「外の若者」が「ひも」になれる理由とは、ムラに対して前科がないこと。
- 三層の世代の「失われた世代」の補完であること。

（20〜40）（40〜60）（60〜）

村々から「クニ」へ

行政制度上は存在しない任意の広がり
狭すぎず、大きすぎない範囲
生存が感覚できる範囲
まかないが実感できる範囲
土地のかたちに逆らわない範囲
ヒトが「群衆化」されない範囲

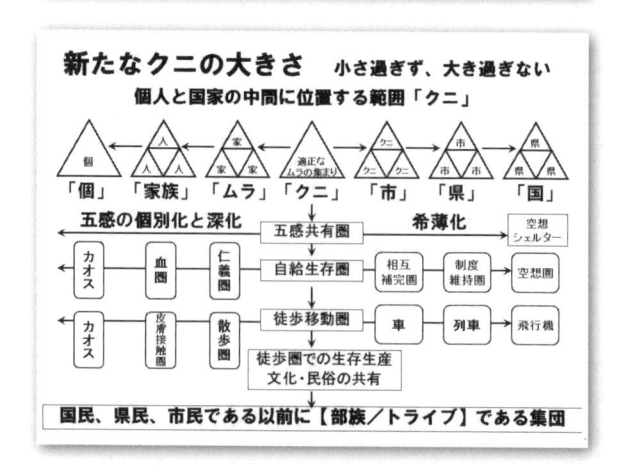

新たなクニの大きさ　小さ過ぎず、大き過ぎない

個人と国家の中間に位置する範囲「クニ」

「個」→「家族」→「ムラ」→「クニ」（適正なムラの集まり）→「市」→「県」→「国」

五感の個別化と深化　　五感共有圏　　希薄化

カオス － 血圏 － 仁義圏 － 自給生存圏 － 相互補完圏 － 制度維持圏 － 空想シェルター／空想圏

カオス － 皮膚接触圏 － 散歩圏 － 徒歩移動圏 － 車 － 列車 － 飛行機

徒歩圏での生存生産　文化・民俗の共有

国民、県民、市民である以前に【部族／トライブ】である集団

抽象から具体へ
【用語を疑う】

農村や環境という言語は抽象的である。
具体の何物をも指し示さない場合が多い。

山里、村落、集落、ムラ人、中山間地、振興、
農業、活性化、限界集落、共同体、自分、他人、
エコ、環境、環境教育、自然、地球を守る

**具体の試みは
惰性の用語使用を
疑うことから始まる**

言葉の意味は話者で変わる

- 背景と文脈こそ重要
- 同じ言葉でも誰が語ったかで意味が変わる。
- 話者不在の抽象言語に「それ以上の奥行きはない」

生存の地平線①

自分が生きるために
必要な範囲の感覚

生存の地平線②

極大範囲とは「地球」
「地球を守れ」の二面性。

環境・教育から
↓
生存・共学へ

「地球を守る」から
↓
「ここで生きる」へ

具体へ
まかなふ・つくろふ

まかなうために、つくろえるものを最初からつくる。

クニを特徴づける10のまかない
まかないとは。自給性であり独自性である。

①農のまかない。
②水産資源・塩のまかない
③天然採取物のまかない
④森林資源のまかない
⑤水のまかない

クニを特徴づける10のまかない
まかないとは。自給性であり独自性である。

⑥エネルギーのまかない
⑦教育のまかない
⑧民俗伝統・景観のまかない
⑨福祉のまかない
⑩地域循環産業・経済のまかない

森食 — 森林天然資源のまかない
農 — 米野菜のまかない(棚田農作業)
木材 — 木材資源のまかない・大持引
海塩魚 — 海産物のまかない
水力 — エネルギーのまかない・水車
水力 — 木材資源のまかない・水車切出し
火力 — エネルギーのまかない・炭焼き
真水 — 水のまかない・横井戸

第2編 自然学校は地域を救う シンポジウム

伝 民俗伝統のまかない・オーマラ

育 教育のまかない・あそびの達人

伝 民俗伝統のまかない・鳥追い

祝 民俗伝統のまかない・嫁祝い

生存力
総合性
連関性

クニの集合が国

誇りの復元

- 他者（ソト）の目による地域資源の再評価。
- 内向きな誇りから、表明できる誇りへ。
- よい文化は都市にだけある、の逆転。
- 「場の力」を感覚すること。
- 例えばよい芸能は土地に臨在して呼応したとき真の姿を見せる。「舞台」もつ土地は誇れる場所である。

月満夜の神楽

東吉尾の池祭り

むすぶ
結・産・括
生む・つなげる

古事記より
高御産巣日神
(たかみむすひのかみ)
神産日神
(かみむすひのかみ)
菊理媛神
(くくりひめのかみ)

第2部 グリーンウッド自然体験教育センター

地域の教育力を育む自然体験

辻　英之
（NPO法人グリーンウッド自然体験教育センター　代表理事）

　グリーンウッド自然体験教育センターは長野県の最南端、下伊那郡泰阜村（やすおか）に存在し、公共交通機関では大変時間がかかる場所にあります。人口は2,000人弱で、国道はまだ走っていません。山岳地帯にあるため、年貢は米で納められず、木で納めていました。満蒙開拓、植林政策、減反政策、自治体合併と、常に国策に翻弄されてきた村です。現在、自治体合併はしていませんが、村民は「この村にいては将来がない」と、その境遇を嘆き、結果、若者が減って高齢化率が上がっています。里山は荒れ、放棄農地が増え、自治会やPTA、消防団などの住民組織も持続困難になりつつあります。

　我々は1986年にこの村に入りましたが、当初はまったく理解されませんでした。林業の衰退・農家の激減と、産業を継続しにくくなっていた村民からは、我々がこの地で自然環境を資本とした産業を興すことなど絶対に無理と思われていました。

　しかし現在、当センターでは15～16人を雇用しており、人口2,000人のうちの15人ですから、村の中では大企業だといえます。自然を資本とする新たな事業の産業化に成功し、スタッフは住民組織の担い手や政策提言の担い手としての期待にも応えつつあります。そして、村民自身が、教育の自己決定権の発揮を模索し始めました。自分たちの村は自分たちで考えていこうということを少しずつ始めています。教育を中心に据えた持続可能な地域社会づくりへの挑戦が始まっています。

　我々の一つ目の基本理念は「多様性の共存」です。お互い様、結い、支えあい、思いやり、といった他者との関係を豊かにする力、すなわち他者と自分との間に存在する「違い」を「対立構造」として捉えるのではなく、「豊かな構造」として捉える力を育成していく場でありたいと考えています。その「力」を育成することこそが、若者と年配者、男性と女性、農山村と都会、

日本と他の国々など、多様性が豊かに共存する社会を構築できる「自立・自律的な」人材を育成する源泉となると信じています。

　二つ目の基本理念は「地域に根ざし、暮らしから学ぶ」です。「暮らし」の中に「学び」の原点があると考えています。日々の暮らしは「生きる基本」を学ぶための優れた学校です。日本の農山村には、その風土によって創り出された独自の「暮らしの文化」があり、学ぶべき暮らしの「知恵」が豊富に存在しています。暮らしが脈々と営まれてきた「地域」の持つ潜在的な教育力を重視し、体験活動の中にそれらの生活の知恵を取り入れながら、子どもたちや青年の健全育成と地域の活性化を目指しています。

　我々はその地域に住まなければ、その地域の教育力は享受できないと信じてやってきました。20年経って振り返ると、よそ者と村民たちが、急速に消えていく村の文化に内在する「教育力」を一緒に守ってきたのかもしれないと気付きました。

　貧しい環境は、それゆえに地域内の資源をやりくりして生き抜く自立・自律的気風を育んできました。今も地域住民が行政に依存しない共同作業が続いています。また、昭和初期の世界恐慌時には、子どもたちの情操教育のために教員が給料を返上して、それを全村民が支持したという経緯があり、目先のことにとらわれずに長期的視野でものごとを捉える教育尊重の気風があります。小さな村の住民が、少ないながらも財を持ち寄って豊かな地域コミュニティを創り上げてきた、支えあい・相互理解・相互補完の気風があります。貧しさが「お互い様」の文化を残してきたのです。そして、生み出す暮らしの文化といえるほどまでに循環型の暮らしが確立されています。我々は、これらをきちんと教育のプログラムに反映していくことが大切だと考えています。

　自然体験教育は、1年間子どもたちを預かる山村留学「暮らしの学校・だいだらぼっち」、1年間も行けない子どもたちのために夏・冬に預かる3泊～2週間ほどの「信州山賊キャンプ」、地元の子ども対象の体験活動「伊那谷あんじゃね自然学校」の三つがあります。

　山村留学「暮らしの学校・だいだらぼっち」は、僻地山村で生き抜いてきた村民の暮らしから学ぶことが狙いです。今年は15人が参加し、村の学校に通っています。センターは学校ではなく、生活を学ぶ場です。23年間で

約350人が参加しました。「信州山賊キャンプ」は、暮らしを軸にした子ども主体の自由キャンプです。1年間で関東中京圏の子ども1,100人とボランティアスタッフ350名が参加しています。「欧米に追いつけ追い越せ」という戦後教育は、「都市に追いつけ追い越せ」という意識をも泰阜村民に強烈に植え付けました。村民はこの村が持つ教育力を否定的に捉えて子どもを都市部に送り出してきました。しかし、我々との活動を通して、村民の意識が質的に変化し始めています。我が子を都市部に送り出した村民が、今度は都市部の子どもから教えられているのです。村民有志がNPOを立ち上げてグリーンツーリズムや民宿を始めました。

　また、地域内の連携を伴って、自然体験教育も質・量ともに充実してきています。　この地域の教育力に気付いた村民たちが地元の子どもたちの体験活動を始めようとしています。それが「伊那谷あんじゃね自然学校」です。「あんじゃない」は、方言で「案ずることはない、心配するな、大丈夫だ」という意味です。人間と自然、社会と人間、老若男女が「あんじゃね」な関係に役割を果たせないかということで設立しました。当センターは運営を担い、地域財政の厳しい村の負担を最小限にとどめるため、民間助成金などで資金を確保して活動をコーディネートしています。これはまさに、泰阜村の教育力が村民の手によって取り戻されていく作業です。地域の教育を地域住民が考えていく。それはそもそも当たり前のことなのです。

　我々の活動は、自然を資本とする新たな産業（教育を通した都市と山村の交流）を誕生させました。地域への経済波及効果は年間約7,000万円です。我々は間接的に雇用の促進をしようと考えています。NPOだけが儲けずに、城下町・門前町の発想で、自然学校があると周りが儲かるという仕組みを目指しています。そして今、若者がUターンし始めています。村に優秀な青年が戻り始めています。自然体験教育が、持続可能な地域社会づくりに一定の役割を果たしつつあります。

横前　明
（泰阜村役場総務課村づくり振興係　係長）

　村と当センターとの位置付けについてのお話をします。泰阜村は何もありません。信号機もコンビニもありません。ならば、この原風景、自然を大切にした方がよいと考え、泰阜村は都会を追随しない村の良さと自然を前面に押し出しています。当センターも自然を生かしていこうという教育に取り組んでおり、村とは何らスタンスが食い違うことなく、同じ方向に向かって進んできています。村長も役場職員も、当センターから様々なノウハウを教えてもらい、また、村への提言をしてもらったりもしています。

質疑応答

阿部　グリーンウッドの場合は、泰阜村というこの地域だけではなく、国際理解教育という平和の視点がありますが、国際理解教育の視点は、この地域にどんな影響を与えていますか？

辻　「同じ釜の飯を食べる」ということが相互理解に非常に役立つのではないかと思い、それを国際理解教育に生かしたいと考えています。この村は満州開拓に千数百名を出しており、帰国してきた人が今でも住んでいます。そういった異文化と、私たちのようなよそ者の異文化が混在して、この村の暮らしが成り立っているということは、日常ではなかなか気付きません。国際理解教育を行うことによって、村の人にそのことを気付いて欲しいし、そういったことが実は財産なのだとわかって欲しいのです。このような狙いが我々にはありました。これからその成果が出てくるだろうと思います。

川嶋　これは実際に海外から子どもたちが泰阜村にやって来るというプログラムなのでしょうか？

辻　環日本海側の国ばかりですが、北東アジアの5カ国から各国10人ほど集まって来ています。

横前　国際理解教育を行うことで、泰阜村の小・中学校、中学生に個性的な意味で良い影響を与えています。

鹿熊　長期留学の場合、留学生は村に住民票を移しますが、1人増える、1人減るというのは行政的にどういう意味を持つのでしょうか？

横前　泰阜村の人口は現在1,914名で、1年間に約30～40名が減っています。10年経てば1,500人になってしまうので、かなり危惧しています。1人増えると交付税で30万～40万円増えるという計算になります。現在の人口構成は逆三角形であり、底辺が広がるきちんとした形の三角形になれば、村も活気づくと思います。子どもは小学生と中学生を合わせて160人です。そのうち約1割の15名はセンターの山村留学生ですから、センターの影響はかなり大きいです。

鹿熊　世代のバランスが取れることが、人口が単純に多いことよりも大事だということでしょうか？

広瀬 自然学校の生業はとても小さいですが、地域への経済波及効果は、実は非常に大きいのではないかと考えています。その地域に訪れる人の旅行費用総額のうち、少なくて2.5％（本州の中山間地）、多くて25％（沖縄、屋久島、北海道など大観光地）ほどが自然学校そのものに落ちる金で、約50％が宿、食、買物などで地域に落ちていることを考えると、非常に大きい経済効果があるのではないでしょうか。また、地元の方が元気になる、笑顔が増える、生きがいを持つ、というような意味の効果――それを経済と言ってはいけないのですが――もあるということを今後、トータルに可視化できる、指標にできるようなものをつくりたいと考えています。

第2部 グリーンウッド自然体験教育センター

NPO-GREENWOOD

2009年度立教大学 Eco OPERA事業

教育を中心に据えた持続可能な地域づくり

～信州のへき地山村：泰阜村の挑戦～

特定非営利活動法人
グリーンウッド自然体験教育センター　代表理事　辻　英之
泰阜村役場総務課村づくり振興係　　　　係　長　横前　明

NPO-GREENWOOD

持続可能性の低い村

- 長野県南部のへき地・泰阜村。人口2,000人を切った。
- 国道がなく大型バスも入れない。信号もコンビニもない。
- 米を年貢で納められなかった貧しい歴史を持つ。
- 満蒙開拓、植林政策、減反政策、そして自治体合併。常に国策に翻弄。
- 村民はその境遇を嘆いていた。「この村にいては将来がない」
- 高齢化率があがり、若者労働力が減少する
- 里山が荒れ、放棄農地が増える。
- 住民組織も持続困難になりつつある。

NPO-GREENWOOD

村の子の血が染まる

- 「村の自然環境が良い」というよそ者が理解されるはずがなかった
- 戸塚ヨットスクール事件とムラの論理
- NPOもIターンの言葉もない時代
- 「林業の衰退」「農家の激減」・・・自然環境を武器に産業を継続しにくい村民から見れば・・・
- 自然環境を資本とした産業は「絶対に無理だ」
- ああ、あすんどる衆だなん

第2編　自然学校は地域を救う　シンポジウム

NPO-GREENWOOD

しかし、今

- しかし、今、グリーンウッドは、村内では大規模の事業者に成長した
- 自然を資本とする新たな事業の産業化に成功した
- スタッフは住民組織の担い手や政策提言の担い手としての期待にも応えつつある
- 村民自身が、教育の自己決定権の発揮を模索し始めた
- 教育を中心に据えた持続可能な地域づくりへの挑戦が始まる

NPO-GREENWOOD

私たちの基本理念
違いは豊かさ＝多様性の共存

グリーンウッドは、お互い様、結い、支えあい、思いやりといった、他者との関係を豊かにする力、すなわち他者と自分との間に存在する「違い」を「対立構造」として捉えるのではなく、「豊かな構造」として捉える力を育成していく場でありたいと考えている。その「力」を育成することこそが、若者と年配者、男性と女性、農山村と都会、日本と他の国々等々、多様性が豊かに共存する社会を構築できる「自立・自律的な」人材を育成する源泉となると信じている。

Safety × Peace × Nature = Future
安全教育　　国際理解教育　　自然体験教育　　持続可能な未来

NPO-GREENWOOD

私たちの活動理念
地域に根ざし、暮らしから学ぶ

グリーンウッドは、「暮らし」の中に「学び」の原点があると考えている。日々の暮らしは「生きる基本」を学ぶための優れた学校である。日本の農山村には、その風土によって創り出された独自の「暮らしの文化」があり、学ぶべき暮らしの「知恵」が豊富に存在している。

暮らしが脈々と営まれてきた「地域」の持つ潜在的な教育力を重視し、体験活動の中にそれらの生活の知恵を取り入れながら、子ども達や青年の健全な育ちと地域の活性化を目指している。

Safety × Peace × Nature = Future
安全教育　　国際理解教育　　自然体験教育　　持続可能な未来

第2部　グリーンウッド自然体験教育センター

NPO-GREENWOOD

名称	特定非営利活動法人グリーンウッド自然体験教育センター
会長	梶さち子
代表理事	辻英之
設立	2001年（前身団体1993年、活動開始1986年）
本部所在地	長野県下伊那郡泰阜村6342番地1
愛知事務所	愛知県愛西市諸桑町郷城83-2
目的	日本の豊かな自然環境を活用した自然体験教育活動を推進し、青少年の健全育成及び国民の豊かな余暇生活の構築に寄与することを目的としている。
事業	自然体験教育・国際理解教育・安全教育等の教育事業 及び地域づくり事業。各事業に関る指導者の研修及び養成。
従業員	正職員15名、非常勤5名
育成	研修生1名、実習生1人、大学実習受け入れ年間100名
サポート	ボランティア（年間400名以上）
ファン	山村留学卒業家族 300家族以上
予算規模	約9,000万円～1億円（平成20年度予算）
受賞歴	2006年度　第37回博報賞（教育活性化部門） 2006年度　第4回オーライ！ニッポン大賞審査委員会長賞 2006年度　第1回山村力コンクール林野庁長官賞（山村力発揮大賞） 2006年度　第4回信州日報文化賞 2008年度　長野県知事表彰（教育功労団体） 2008年度　第35回環境賞（日立グループ、信毎選賞）（信濃毎日新聞社） 2009年度　読売教育賞最優秀賞．地球倫理推進賞（文部科学大臣賞）

NPO-GREENWOOD

N　自然体験教育・・・Nature

● 暮らしの学校「だいだらぼっち」
　一年間の長期自然体験教育

● 信州山賊キャンプ
　長期休暇対応体験教育

● 伊那谷あんじゃね自然学校
　地元地域対応体験教育

Safety × Peace × Nature = Future
安全教育　　国際理解教育　　自然体験教育　　持続可能な未来

NPO-GREENWOOD

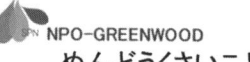

めんどうくさいことが楽しいんだ

- 暮らしの学校「だいだらぼっち」（グリーンウッドの運営する山村留学）
- へき地山村で生き抜いてきた村民の暮らしから学ぼうという願い

暮らしの学校　だいだらぼっち

暮らしの学校・だいだらぼっち
1年間の長期自然体験活動プログラム

* 循環型のライフスタイルを重視した、
  一つ屋根の下に暮らす「大家族」「田舎暮らし」体験活動
* 「違い」や「おなじ」を認め合いともに暮らす
  子ども主体の長期プログラム
* 参加者は、住所を移し地域住民となって地元の学校に通う。
* 平成21年度参加者数　15人（小学校3年生～中学校3年生）
* これまで23年でのべ　350人
* 平成21年度林野庁、長野県、長野県教育委員会後援

NPO-GREENWOOD
私は嫁に来るつもりで村にやってきた

- 山村留学の子どもに村のマナーを教える
- しかしそれ以前に、スタッフ自身が村民になる努力をし続けること
- 共同作業では、村民の2倍も3倍もかついだ。
- 若者雇用、定住。消防団やPTA、自治会役員など住民組織の担い手
- 創設者の梶は、即座に答えた。要はこの村で生き抜く覚悟だ
- 原住民（地域住民）は、常に新住民（よそもの）の覚悟を見抜く
- この努力の過程は同時に、「原住民」と「新住民」が力を合わせて、村の風土によって作り出された「暮らしの文化」を維持し続ける過程だった ＝ この失ってはならない暮らしの文化こそ教育力

NPO-GREENWOOD
泰阜村の文化に内在する教育力

1. **自立・自律の気風**
   貧しい環境は、それゆえに地域内の資源をやりくりして生き抜く自立・自立的精神を育んできた。今も地域住民が行政に依存しない共同作業が続く

2. **教育尊重・長期的視野の気風**
   昭和初期の世界恐慌。将来を担う子ども達の情操教育のために教員が給料を返上し、それを全村民が支持した。「貧すれど貪せず」。目先のことにとわられずに長期的視野でものごとをとらえる教育尊重の気風。

3. **支えあい・相互理解・相互補完の気風**
   貧しさが「お互い様」の文化を残してきた。隣組、仲間、結い。小さな村の住民が、少ないながらも財を持ち寄って、豊かな地域コミュニティを創り上げてきた。満蒙開拓の帰国者を受け入れてきたのも支えあいの気風。

4. **循環型の暮らし・生み出す暮らしのありよう**
   生み出す暮らしの文化といえるほどまでに完成されている

辻英之「へき地農山漁村における自然体験教育活動」『教育学研究院紀用第104号』北海道大学大学院、2007

第2部　グリーンウッド自然体験教育センター

①自立・自律の気風

自分達の生活は自分達で切り盛りする　薪割りは日課

②教育尊重・長期的視野の気風

来年の子ども達のために間伐して薪を割り、貯める。
顔も見えない人のために労力をと汗を提供する尊い作業。

③支えあい・相互理解・相互補完の気風

お互い様は身体で学ぶ

④循環型の暮らし・生み出す暮らし

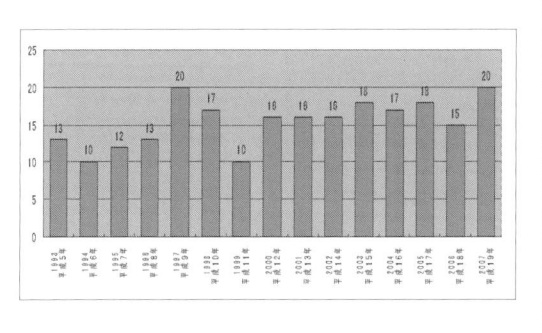

暮らしの学校「だいだらぼっち」参加者数

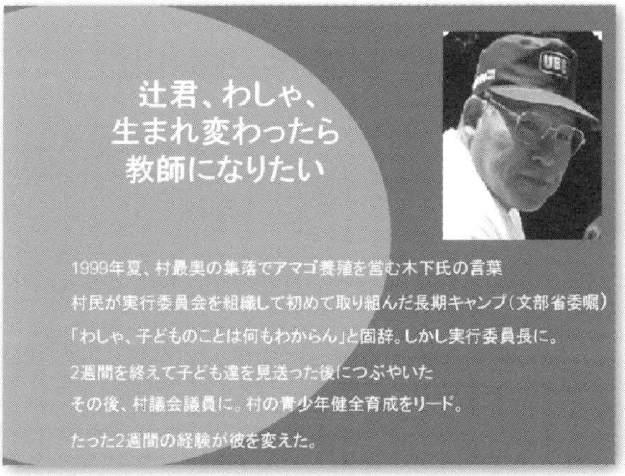

辻君、わしゃ、
生まれ変わったら
教師になりたい

1999年夏、村最奥の集落でアマゴ養殖を営む木下氏の言葉
村民が実行委員会を組織して初めて取り組んだ長期キャンプ（文部省委嘱）
「わしゃ、子どものことは何もわからん」と固辞。しかし実行委員長に。
2週間を終えて子ども達を見送った後につぶやいた
その後、村議会議員に。村の青少年健全育成をリード。
たった2週間の経験が彼を変えた。

第2部　グリーンウッド自然体験教育センター

NPO-GREENWOOD
わしゃ、生まれ変わったら教師になりたい

- 「欧米に追いつけ追い越せ」という戦後教育は、「都市に追いつけ追い越せ」という意識をも泰阜村民に強烈に植え付けてきた。
- 村民はこの村が持つ教育力を否定的に捉えて子供を都市部に送り出してきた。
- 言葉を換えれば、村の学校教室で教育を受ければ受けるほど、この村に戻ってこない若者を増やしてきたのだ。
- 山村の文化を否定的にとらえていた村民の意識が質的に変化した
- 我が子を都市部に送り出した村民が、今度は都市部の子どもから教えられる
- 村民有志がNPOを立ち上げてグリーンツーリズムや民宿を始めた
- 地域内の連携を伴って、グリーンウッドの自然体験教育キャンプも、質・量ともに充実していく

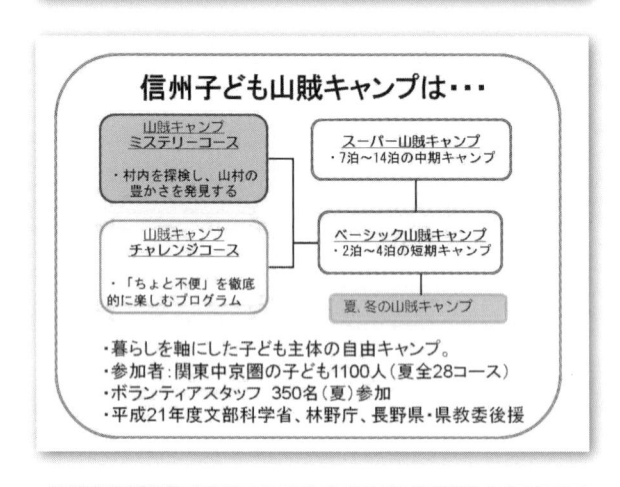

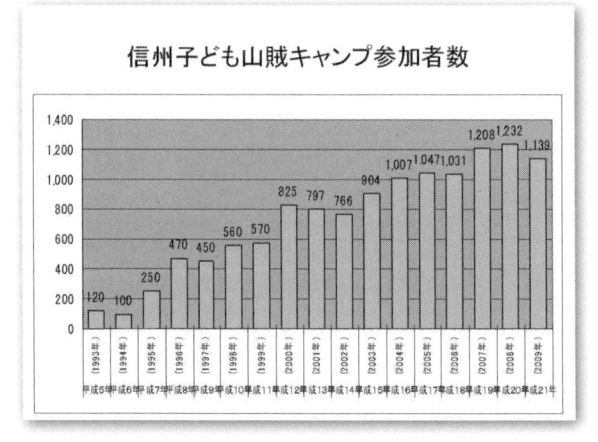

信州子ども山賊キャンプは・・・

- 山賊キャンプ ミステリーコース
  - 村内を探検し、山村の豊かさを発見する
- 山賊キャンプ チャレンジコース
  - 「ちょと不便」を徹底的に楽しむプログラム
- スーパー山賊キャンプ
  - 7泊～14泊の中期キャンプ
- ベーシック山賊キャンプ
  - 2泊～4泊の短期キャンプ
- 夏、冬の山賊キャンプ

- 暮らしを軸にした子ども主体の自由キャンプ。
- 参加者：関東中京圏の子ども1100人（夏全28コース）
- ボランティアスタッフ 350名（夏）参加
- 平成21年度文部科学省、林野庁、長野県・県教委後援

信州子ども山賊キャンプ参加者数

年度	参加者数
1993年（平成5年）	120
1994年（平成6年）	100
1995年（平成7年）	250
1996年（平成8年）	470
1997年（平成9年）	450
1998年（平成10年）	560
1999年（平成11年）	570
2000年（平成12年）	825
2001年（平成13年）	797
2002年（平成14年）	766
2003年（平成15年）	904
2004年（平成16年）	1,007
2005年（平成17年）	1,047
2006年（平成18年）	1,031
2007年（平成19年）	1,208
2008年（平成20年）	1,232
2009年（平成21年）	1,139

信州子ども山賊キャンプ ボランティアリーダー参加者数

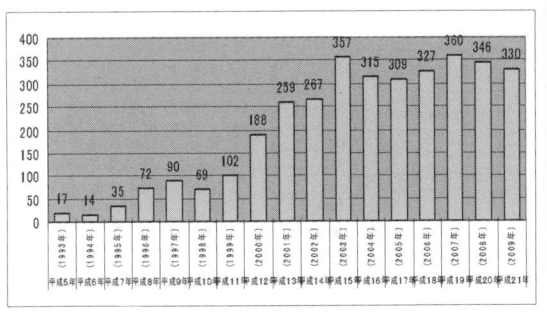

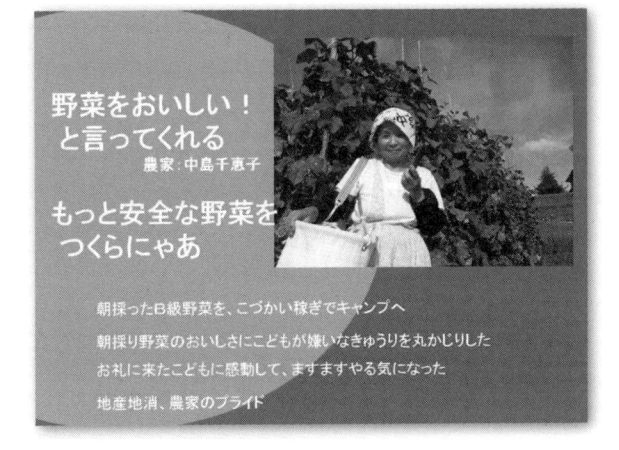

平成5年(1993年)	17
平成6年(1994年)	14
平成7年(1995年)	35
平成8年(1996年)	72
平成9年(1997年)	90
平成10年(1998年)	69
平成11年(1999年)	102
平成12年(2000年)	188
平成13年(2001年)	259
平成14年(2002年)	267
平成15年(2003年)	357
平成16年(2004年)	315
平成17年(2005年)	309
平成18年(2006年)	327
平成19年(2007年)	360
平成20年(2008年)	346
平成21年(2009年)	330

野菜をおいしい！と言ってくれる
農家：中島千恵子

もっと安全な野菜をつくらにゃあ

- 朝採ったB級野菜を、こづかい稼ぎでキャンプへ
- 朝採り野菜のおいしさにこどもが嫌いなきゅうりを丸かじりした
- お礼に来たこどもに感動して、ますますやる気になった
- 地産地消、農家のプライド

伊那谷あんじゃね自然学校

理念
「この村には何もない。」泰阜村ではよく聞かれる言葉です。しかし、その『何もない』土地で、自然と共存しながら生き抜いてきた人たちの知恵がこの村にはあります。つまり、その『生きる知恵』こそを私たちは子どもたちに伝えていかなければならないのではないでしょうか。現代においてこれらの『知恵』を学ぶ機会はたいへん限られています。

伊那谷あんじゃね自然学校は、泰阜村の豊かな自然と地域の人々の知恵や技を拠りどころとし、未来を担う世代がまさにこれらの『知恵』をあらためて学ぶ場の提供とそのお手伝いをしていきたいと考えています。

名前の由来
伊那谷は諏訪湖から流れる天竜川の谷沿いの地域のことを指しています。

「あんじゃねぇ」とは「案じることはない」「大丈夫」というニュアンスの伊那谷地方の方言です。

伊那谷には豊かな自然と生活文化が現在でも根付いています。人と自然が共生していける「安心な環境」「安全な環境」を実現したいという願いを込めての名称です。

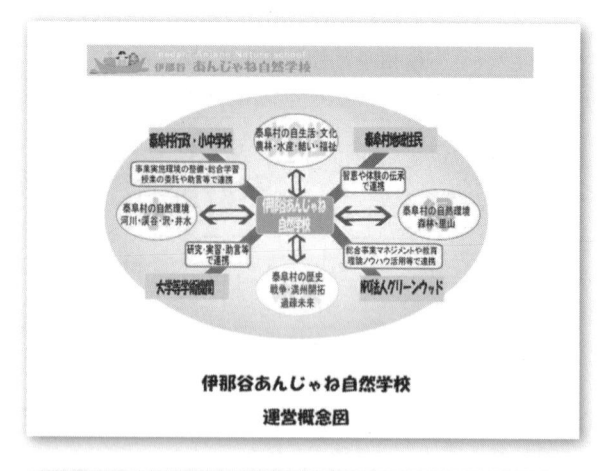

第２部　グリーンウッド自然体験教育センター

伊那谷あんじゃね自然学校
運営概念図

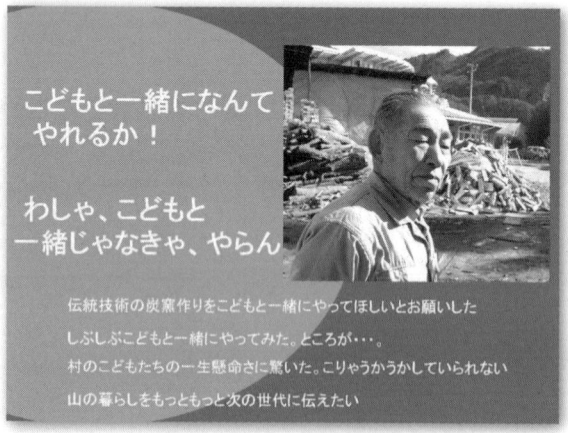

こどもと一緒になんてやれるか！

わしゃ、こどもと一緒じゃなきゃ、やらん

伝統技術の炭窯作りをこどもと一緒にやってほしいとお願いした
しぶしぶこどもと一緒にやってみた。ところが・・・。
村のこどもたちの一生懸命さに驚いた。こりゃうかうかしていられない
山の暮らしをもっともっと次の世代に伝えたい

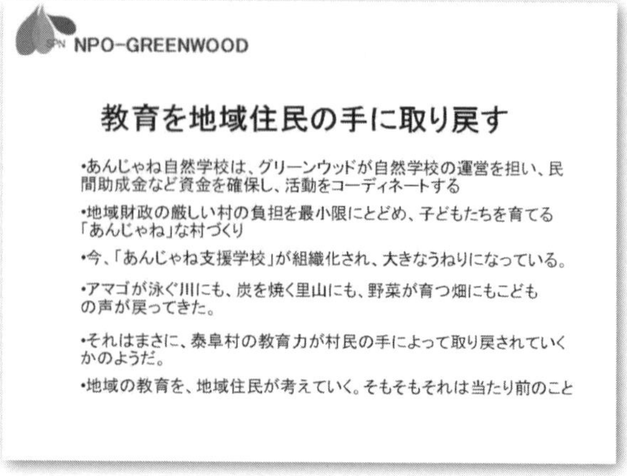

NPO-GREENWOOD

教育を地域住民の手に取り戻す

- あんじゃね自然学校は、グリーンウッドが自然学校の運営を担い、民間助成金など資金を確保し、活動をコーディネートする
- 地域財政の厳しい村の負担を最小限にとどめ、子どもたちを育てる「あんじゃね」な村づくり
- 今、「あんじゃね支援学校」が組織化され、大きなうねりになっている。
- アマゴが泳ぐ川にも、炭を焼く里山にも、野菜が育つ畑にもこどもの声が戻ってきた。
- それはまさに、泰阜村の教育力が村民の手によって取り戻されていくかのようだ。
- 地域の教育を、地域住民が考えていく。そもそもそれは当たり前のこと

泰阜村保育園での「森のようちえん」へ発展

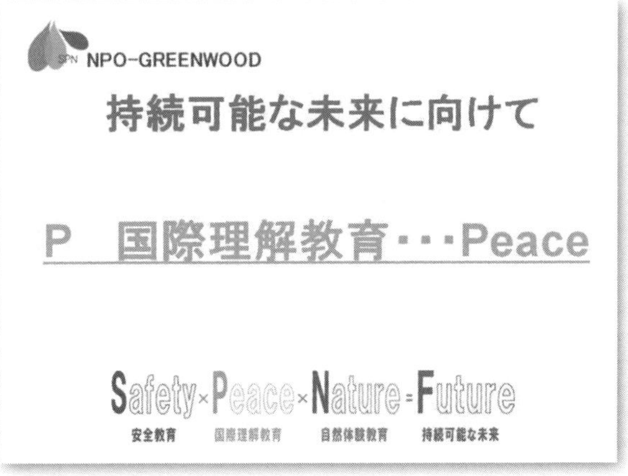

NPO-GREENWOOD
持続可能な未来に向けて

P　国際理解教育・・・Peace

Safety × Peace × Nature = Future
安全教育　国際理解教育　自然体験教育　持続可能な未来

自然体験活動の意義を国際理解教育に応用する

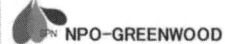

地域への成果

- 泰阜村の価値の再発見 ⇒ 「共助・支え合い」の仕組みは良質な学びの場
- 村民による自律的な運営各種が始まった
  ⇒ 相互依存・連携を通した自己決定権の発揮
- 自然を資本とする新たな産業(教育を通した都市と山村の交流)の誕生。
  ＝地域への経済波及効果(7,000万円が還元)。
- 間接的に雇用の促進。城下町、門前町の発想で。NPOだけが儲けない。
- 里山保全、環境保全型農業への志向、環境負荷軽減
  第35回環境賞受賞「群地農山村における自然体験教育システムの開発と実践」日立環境財団
- マスコミの露出 ⇒ 2003年度〜437件。広告宣伝効果は。
- 青年団の復活 ⇒ 村に、優秀な青年が戻り始めた。山村留学は…
- 自然体験教育が、持続可能な地域社会づくりに、一定の役割を果たしつつある。
- 行列のできるプログラム。村民はその土台が何であるかに気づき始めている。

⇩

きんたろう〇〇ではなく、ご当地〇〇

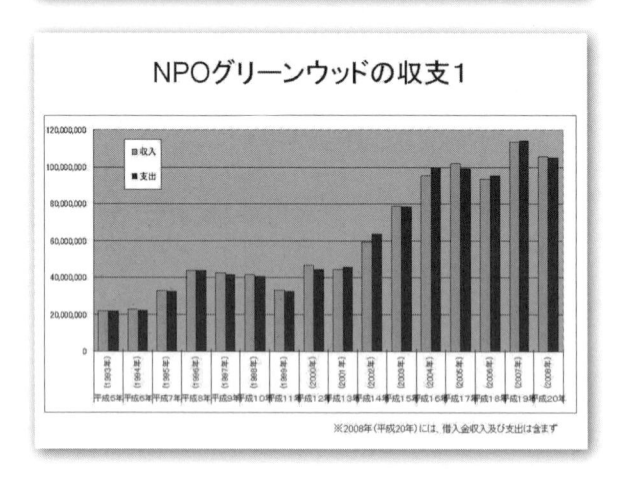

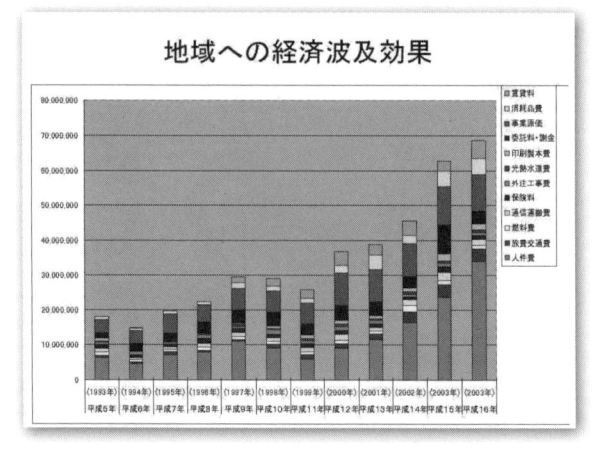

NPOグリーンウッドの収支1

※2008年(平成20年)には、借入金収入及び支出は含まず

地域への経済波及効果

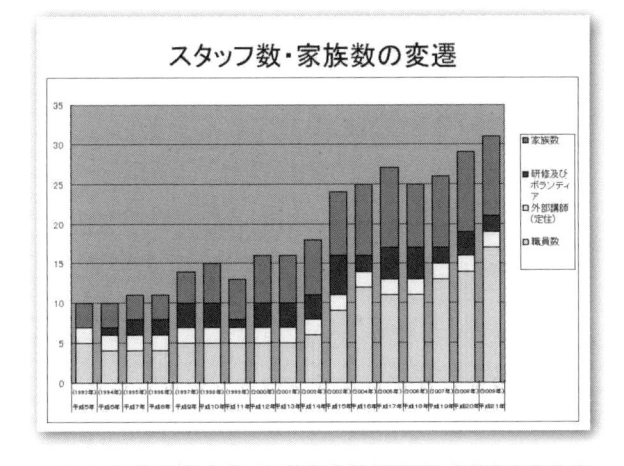

第2編　自然学校は地域を救う　シンポジウム

スタッフ数・家族数の変遷

（グラフ：平成5年〜平成21年のスタッフ数・家族数の推移。凡例：家族数、研修及びボランティア、外部講師（定住）、職員数）

NPO-GREENWOOD

へき地山村における自然体験教育
5つの課題

1. へき地山村が持つ教育力を整理・可視化すること
2. へき地山村が持つ生産的な暮らしの文化を維持する努力をすること
3. へき地山村に根ざす人材を育成すること
4. へき地山村の暮らしの文化を、自然体験教育プログラムに反映すること
5. 自立的な組織運営と、ファン（10,000人の観光客より100人のファン）を創ること

これらすべてに共通する重要なことは、原住民か新住民かにかかわらず、その地域に住む人々こそが決めるという自己決定権を発揮すること

辻英之「へき地農山漁村における自然体験教育活動」『教育学研究院紀要第104号』北海道大学大学院、2008

「何もない村」の産業化　二つの秘訣

●その1　教育の切り口を貫いたこと

- 「過疎対策」や「地域活性化」ではなく、「教育」の切り口でマーケットへ訴えてきた。
- 4月1日がゴール。学びの政策ではなく一時移民政策。4月1日からの教育的意義を考えた地域少ない。
- 都会の子供と地域コミュニティを消費的にとらえてしまう「過疎対策や地域活性化の論理が裏にある教育活動」からは何も産まれない。
- それを証明するかのように、今、全国の山村留学は継続難にあえいでいる。

「何もない村」の産業化　二つの秘訣

● その２　教育の質を磨いたこと

- 「教育」を切り口としてマーケットに訴えるといっても、それがへき地つまり過疎山村の資源や現実とかけ離れた教育プログラムでは、マーケットの反応はない。
- 全国どこでも通用するパッケージプログラムを採り入れるのではなく、泰阜村に残る生活文化を教育プログラムに反映する努力を続けてきた。
- グリーンウッドの教育プログラムは、今や行列ができるほど全国の子ども達から人気がある。この人気を支える土台が、欧米で開発されたプログラムではなく、村の暮らしの文化に内在しているということに、村民も気づき始めている。
- 泰阜村の持つ「貧すれど貪せず」という教育力を団体経営にも反映。不採算部門の山村留学を、具現化の象徴として守り続けた。それが「質」を磨くという意味である。
- 「山村は山村のままがいい」ということを反映した質の高い教育プログラムが、グリーンウッドが実施する事業のような個人参加のマーケットに響く時代になっているのである。

まとめ

- NPO自体だけが儲けない
  間接雇用を狙い、地域全体が儲かる産業の仕組みを創る。門前町、城下町の発想で。

- 教育を中心に据えた持続可能な地域づくりへ
  経済的にも、環境的にも、社会的に、へき地が持続性を保つために、教育を中心に据える。

- 10,000人の観光客より100人のファン創り
  周囲との良質な連携・相互依存を通して自己決定権を発揮する。へき地山村の自律。

第3部 大杉谷自然学校

自然学校は地域を救えるか？についての検証

大西かおり
（NPO法人大杉谷自然学校 校長）

　大杉谷自然学校は三重県の中央より少し東側の多気郡大台町大杉谷地区にあります。現在、人口301人の地区です。
　主幹産業の林業が衰退して仕事がないこと、若者がいないこと、過疎・高齢化した地域は元気がないという背景のもと、環境教育で地域を活性化するために2001年4月、当校を設立しました。ただ、「地域を活性化する」という言葉はもう使わなくなっています。
　我々の事業は以下の四つです。①環境教育事業：子ども向けの自然体験・キャンプ、大人向けのエコツアーなど、②環境教育普及支援事業：指導者養成や講演など、③調査・研究事業：植生調査、生態系調査など。2004年度に災害に見舞われましたが、この災害後の魚類の調査を継続して行っています。④地域協力支援と地域づくり：地域の祭事の手伝いや、災害の時の災害復旧など、です。
　我々はこれらの事業を通して、どんなことを伝えたいかを以下の三つのポイントに整理しました。
　一つ目は「自然体験を通して得られる学びの場」です。小学校の子どもたちが裏山を間伐・整備し、子どもたちが間伐材を乾かして切り、市場で売ります。また、地域に民泊をして、様々な話を聞くというコミュニケーション、伝統漁法、林業家からの話、イノシシやシカなどを解体・試食など、山里にまつわる様々な体験などがあります。これらから学ぶことは、都会で今、学べないことが非常に多いです。
　二つ目は「懐かしい未来を創造するためのアイデア箱」です。地域はアイデア箱です。例えば炭焼き・薪割り、これで風呂を焚いて入ったり、あられを炒ったりします。おそらく、小さい頃にこういった体験をした子どもたちは、大人になってから自分の家に薪風呂をつくることはないでしょう。しか

しながら、技術革新によって得られる新しいエネルギーといったものを志向する子どもたちが生まれます。「賢い消費者」をつくる要因になるのではないかと考えています。今、社会の息詰まりのようなものを打破するヒントは、地域社会に残されているのではないでしょうか。地域社会を見て未来をつくり出す。その未来はおそらく懐かしさを感じさせるようなものになるのではないでしょうか。

　三つ目は「昔の日本人のすごさを伝える劇場」です。老人が雪の中、裸で乾布摩擦をする。そして、それを拝んでいるおばあさんたちがいる。これは昔の日本人のすごさを伝える歴証です。これからは「ネイティブジャパニーズ」なのです。

　老人たちは、地域に庚申様、不動様などいろいろな神様を祭っていて、それをとても大事にしています。こういったものが私たちに引き継がれているのでしょうか。昔の日本人には本当にすごいものをつくり出す、独創性、創造性、素晴らしいものが数多く存在しています。こういった、地域に残るものの再評価をしながら、我々は自然学校の活動をしてきました。

　しかしながら、これらはあくまで初期の段階であり、途中から変化していきました。8年ほど前に無くなってしまった、参加者が大人や高齢者ばかりの運動会の写真を見た時に、私は、このままではこの地域は必ず消えてしまうと思いました。ここから我々のまた新たな戦いがスタートしたのです。ハエ叩きをつくっている様子、餅撒きをしている様子、炭焼きがもう朽ちてしまった様子、盆踊り、こういった昔の日本、素晴らしいヒントがどんどん消えていっています。地域が消えるということは、日本が古くから引き継いできた心が消えることなのです。しかしながら、もっと大事なものが、どんどん失われていってしまっているのです。

　我々が今、戦っているのは、限界集落化という問題です。65歳以上の人口の比率が55％を超えると、限界集落と呼ばれる地域に分類されます。以前、地域の真ん中にありましたが、その上流部分が全部消えてしまい、小学校なのに集落の外れに存在しています。これによって、どのような問題が発生しているのでしょうか？　集落が消滅して何か問題があったでしょうか？　何の問題もなかったのです。地域の人は、実は平和に生き、今の限界集落の生活に何ら支障はありません。さらに、やがて静かに消えてしまうのが限界集落

の自然なのかもしれないという気持ちもあります。

　現在、高齢化率が70％もあります。我々が2001年に当校をオープンした頃の人口は374人でしたが、現在は301人です。もう70人以上がこの10年間で減少してしまったということになります。

　人がいない地域の問題は数多いです。出合（であい）という寄り合い制度による墓場の掃除や、人々が乗り合いで行く買い物など、一人消え、二人消え、三人消えとなってしまうと、大変不便になってしまいます。また、シカの防護ネットを張ろうにも、自分の力ではどうにもなりません。つまり、人がいないことによって集落機能の崩壊が起きてしまうのです。

　いったい、いつ、誰が、どこで何のために始めたのかということが希薄な祭りは非常に多いです。冠婚はすでに消滅しているため、今、この地域に残っているのは葬祭の部分が多いです。しかしながら、若者たちは、そもそもこんな地域の慣習を守ることに何の意味があるのかと思っています。よって一時的に復活しても絶対に続かないのです。

　昔の冠婚葬祭の役割は、結束を固める手法の一つ、人を一人前にする社会教育の場、若者たちの紹介の場であると考えます。要するに、これは人を結ぶ壮大なシステムであり、1,000年以上地域で続いているすごいシステムなのです。これが今、崩れてきています。

　今、お金より大事なものが何かあるのか？ということが問題なのだと思います。例えば山の神様は、実は山の高台にあって田畑を見守ってきたものですが、高い山にあったら人が登れないため、最近、低い場所に降ろされました。

　三重県南部にある丸山千枚田では、昔は一面の山で木が生えていました。これが何百年の年月をかけて田んぼになったのです。一番小さな田んぼでは苗が3本しか生えていないのですが、1枚の田んぼとして大事にされています。

　我々と一緒に活動している「せせらぎ会」という食のグループの方々をブドウ狩りに連れていったところ、大変なことが起こりました。土産にブドウを買い占めたのです。お世話になった人、これからお世話になるかもしれない人、親戚、近所に配るためです。しかし今、都会では、お土産自体も非常に小型化し、そういったものを配る必要がなくなってきています。このようなところからも、お金より大事な人との繋がりというものがどれだけ社会に

不要になっているかというのがわかります。

　金より自然の力が大きかったのが田舎だったはずですが、都市化して、今や自然よりお金の力が大きくなってきているのです。自然、地域の繋がり、田畑、地域で行う冠婚葬祭、家族、親戚はお金で解決できて、いらなくなりました。お金があれば一人でも生きられる社会、これがそもそも悪いのです。

　当校は、実は小遣い程度の経済効果しかありません。売り上げは約3,800万円、職員は常勤が7人で、全部で約10人います。これが限度です。自然学校は産業になっていないのです。自然学校だけでは無理です。行政のテコ入れを待ちたいと思います。

寺添　幸男
（大台町役場大杉谷出張所　所長）

　私は30年以上行政マンをしており、出張所勤務は初めてとなります。300人の集落に現在、部下が3人と集落支援1人の計4人がいます。今までは、産業課に約13年在籍し、10人以上の部下を持ち、村興し・産業振興の部分で第三セクターをつくる、いわゆる職場づくりを行ってきました。ホテル、水工場、高速道路のパーキングエリアなど、それにより200人ほどの職場ができました。そして、もともと、上司が今の町長であり、町長自身が大杉谷の出身で、大杉谷を何とかしたいという思いがあったため、限界集落対策を任せられたのです。

　町長は、2009年度の施政方針で「大杉谷地域は清流宮川の源流部であり、大台町の原点でもあります。大杉谷に元気を出してもらわなければ大台町も元気が出ません。地域が元気を出すためには行政指導では限界もありますが、地域の人々と一緒になって元気が出る方法をともに考えていきたいと思っています。そのために、大杉谷出張所に地域づくりの予算と権限を与えるとともに担当職員を配置します」と述べています。

　まず、自然学校と共同で地域調査を行い、地域の約300人に、一人2時間

ぐらい話を聞いて、自然学校の立ち位置を確認しました。自然学校に対する批判は一つもなく、もう少し自然学校と関わってみたいという声が非常に多かったです。このことを考慮して、自分が仕掛ける交流会を自然学校に委託しました。2010年2月中旬に、名古屋と大阪で700人近い大杉谷の出身者に手紙を出し、その中から40名が名古屋と大阪に来て、いろいろな懐かしい思い出を語ってもらったのが始まりです。

　この後も、自然学校とともにいろいろな仕掛けを考えています。その一つが、2地域居住になるのか、Uターンになるのかはわかりませんが、出身者の孫に大杉谷に来てもらい、大杉谷の伝承者になってもらうことです。いずれ、空き家を改築してそこから始めようと考えています。これは、活性化のために何をしたらよいかと考えた時に「IターンよりもUターン」という地域の人々の声があったからです。まずはこれから始めて、皆が理解できたら、次はIターンも考えたいです。

　大杉谷地域は自然学校が主体となってやっていくべきです。役場の人間は高コストです。失礼な言い方ですが、自然学校は低コストであり、したがって、自然学校に役場の役目をどんどんお願いしたい。可能であれば窓口業務を自然学校にやってもらいたいです。

　私は、大台町で行われる公益性の高い仕事は、自然学校のようなNPOにどんどん任せていくという仕組みをつくっていきたいと考えています。各町村単位で、もう一回行政を見直そうという仕組みを今こそ真剣に考えています。

質疑応答

広瀬 国内62,000の過疎集落のうち、2,600集落がまもなく消えるといわれており、その消える集落の40％が川の上流部にあるといわれています。大杉谷小学校の上流部はもう皆消えてしまったという話がありましたが、まさにそのとおりです。その中で、誰がこれから村を支えていくのでしょうか。もう静かに消えてしまうしかないというのは、皆が言っていることなのですが、消えさせたくないという集落もあります。その辺を誰がどう支えていくのかという問題で、今、自然学校がいろいろと話題になっています。大杉谷の報告で出てきたものの中に「まだこの村に住み続けたい」「何も不自由してない」という意見がありました。不自由していない。満足している。これはまさに都会にいる人にとっては驚きに感じるかもしれません。実は全国調査「人口減少・高齢化の進んだ集落等を対象とした日常生活に関するアンケート調査」（平成20年度・国土交通省）で、限界集落といわれる集落の90％の人が住み続けたいと答えています。高齢者だけではなくて、30代、40代も含めて住み続けたいと答えています。10代、20代はさすがに55％ですが、何がそう思わせるのかというのも、やはり非常に大きい課題ではないかと思います。とはいえ、医療がない、教育の場がなくなる、買い物ができないという声もあります。その中で、地元食材などの利便性の高い移動販売カーを自然学校でやったらどうかという意見もあります。自然学校は、もはや自然だけをテーマにやっている時代ではなくなってきていると思います。田舎では自然学校が墓守もやらなければならない、移動販売もやらなくてはならないというような状況があります。自然学校が安く仕事をしてくれるというだけではなく、そこの自然学校の活動がしっかりと担えるような形で行政とうまく仕組みをつくるには、どの辺に配慮したらいいかという考えを寺添さんから聞かせていただけますか？

寺添 やはり、まずは地域住民に理解されることが一番重要であり、そこから役場における自然学校の位置がはっきり見えてきます。私のところは1町1村の小さな合併です。1万人の合併をしただけなのです。本当

は合併したくありませんでしたが、交付税の関係や、合併特例債がもらえるということがあって合併しました。その中で自然学校は、まだ明確な位置付けがありません。ですから、自然学校は今一度、大台町というフィールドの中でしっかりした位置付けにしたいという思いがあります。その中で、若者たちに高い志を持ってきてもらい、そこにいろいろな仕事をお願いするということは、当然あっていいのではないでしょうか。アンケートを行うと、本当にほとんどの人が「このままでいい」と答えます。しかし一方で「交通が不便なところは何とかしてくれ」という要望もあります。非常に小さな幸せを、本当に皆が感じています。その中で、住民は質素倹約で、自然にやさしく生きています。これを都会の人に学んで欲しいのです。やはり、自然にやさしく生きる方法を、もう一回日本の中で学び直さなければいけないのです。全国の自然学校がそれを持っているのではないかと思います。

鹿熊　期待されているものや、これから自分たちが背負わなければいけないものが、始めた時とは違ってきているのではないでしょうか？　例えば、大杉谷自然学校という組織名でこのままやっていくのか、あるいは地域のNPOとして新たに組織変えして、多面的・多角的にやっていくのか、その辺りの意見・構想を聞かせてください。

大西　まず、我々のミッションの変化についてですが、私は地元出身だったため、スタートをした時は、地域で生活していくための仕事として自然学校というものをチョイスしました。したがって、子どもが好き、自然が好きと言って自然学校に入ってくる人とは違い、金儲けとして考えていました。ところがやっているうちに、地域というものは、我々の金儲けのネタではない、そんなものにとどまっていられるわけがないと気付いたのです。今は、これからの日本社会のヒント、未来へのヒントは地域にあると考え、我々は未来を見つめたり、未来を創造したりする、フューチャーリストになる必要性があるのではないかと思っています。限界集落は消えるかもしれません。しかし、そこから発信する、今、学んでもらいたいことがたくさんあります。我々は自然学校という名前を変えるつもりは毛頭ありません。楽しいという漢字を使うつもりも毛頭ありません。学校は学校です。そういったものを学

ぶところです。

阿部　この地域の人々は今の生活に満足している、幸せだと感じているということに引っかかっています。例えば、今の高齢化率75％という値がどんどん上がっていき、周りの人々がポツポツと消えていく中で、関係性、要するにある一定の人のコミュニティが成り立つ村民がいる所と、一人世帯、一軒家があるような所は共通なのでしょうか？　それとも、やはりそれなりにコミュニケーションが交わせるような地域の人たちのほうが幸せ感、あるいは逆に孤独感……　その辺は感じられますか？

大西　集落を考える時に、霞ヶ関のほうでは、もっと広域な範囲で集落をつくったらどうかというような話があると聞きますが、現場に来てくださいと言いたいです。実は、大杉地区は、人口は少ないが非常に大きな行政単位です。その中には大字があり、そして小字が存在します。私たちの地区には、さらにその下に「組」という単位が存在しています。やはり、「組」という非常に小さな集落の単位が一つずつ元気であるというのが、一番幸せ感が高いと思います。「組」は、徒歩5分以内で回覧板などを回す、という範囲の単位です。私は3組ですが、以前は3組だけで墓掃除をやっていましたが、人口が減って、5組と合同でやるようになってきました。

阿部　資料に「地域の人が誰かに頼られる存在になると、その地域が元気になる」と書いてあります。今、満足だ、幸せだと思っている人々であっても、例えば外から来た人たち、自然学校で来た人たちとの関わりの中で、地域住民の人々の自己効力感とか肯定感のようなものが上がっていくというのは感じられますか？

寺添　「組」について、もう少し話をしたいです。大西校長が言うように、集落というのは大小あり、10軒ほどの集落から60軒ほどの集落まであります。それらは昔の形であり、現在は10軒だったり5軒だったりしますが、その組の中で役割が決まっています。したがって、高齢者はその中でも若いほう――60代、70代が若いといわれる年代――の人々が支えているのです。その仕組みを我々が邪魔するわけにはいかないのです。その役割を剥奪してしまうことは非常に難しく、そこで、

　　　　何が過不足しているのかを調査をするという形になります。きちんと役割があるため、孤独という感覚は田舎の人々には絶対にないと思います。自然と触れて、四季を感じ、人の繋がりがあるから、何も問題ないのです。都会のほうが非常に殺伐としていると思います。年齢的には高いが余力はあるので、そこへ無理のない形で、その人々の能力を利用させてもらうという形がよいと思います。

大西　やはり頼られるというのは非常に重要なことだと思います。それは自然学校や、そういった仕組みにとどまらず、あらゆることで起こるのではないかと思います。頼られている人間はなかなか死ねないし、死ぬ気も起こらないと思います。

阿部　人口が減っていくと、頼られる存在でなくなっていくというのがあると思います。当然、減れば減るほど関係性はなくなり、薄くなります。そういう状況においても幸せなのでしょうか？

大西　過疎化において、集落で果たす役割、家族において果たす役割がない人は、幸せ感は薄くなると思います。生きる気力自体が減ると思います。ただ、人がいなかったとしても、例えば神様が祭られているのであれば、それを守り続けなければいけないという、地域に発生している義務感というのは非常に強いと思います。

自然学校は地域を救えるか？についての検証

三重県多気郡大台町
NPO法人 大杉谷自然学校
大西かおり

名古屋
大阪
紀伊半島
大杉谷地区
人口 301人
（平成22年1月）

大杉谷自然学校設立の背景

- 主幹産業の林業が衰退して仕事がない。
- 若者がいない。
- 過疎高齢化した地域は元気がない。

平成13年4月大杉谷自然学校設立
環境教育で地域を活性化

1) 環境教育事業

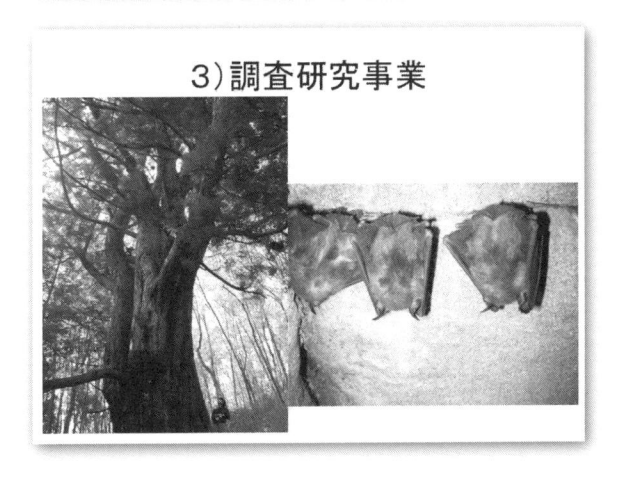

2) 環境教育普及支援事業

3) 調査研究事業

第3部 大杉谷自然学校

災害後の魚類調査

4) 地域協力支援と地域づくり

自然体験活動3ポイント
〜大杉谷自然学校の場合〜
- A自然体験活動を通して得られる学びの場

第2編　自然学校は地域を救う　シンポジウム

B なつかしい未来を
創造するためのアイデア箱

C　昔の日本人の
すごさを伝える劇場

ある地域が消える日はいつか？

消えゆく昔の日本

"地域ガ消エル"
ということは
日本が古くから引き継
いできた
"心ガ消エル"こと

課題
~限界集落化~

小学校なのに集落のはずれにある

限界集落は消えていく

- 集落が消滅して何か問題があったか？

- 地域の人は平和に生きている。今の限界集落の生活に支障はない

- やがて静かに消えてしまうのが限界集落の自然である。

大杉谷地域　301人　高齢化率　70％

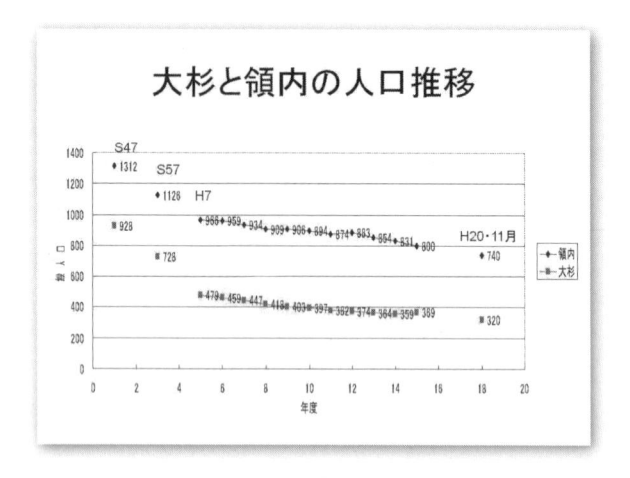

第3部　大杉谷自然学校

大杉と領内の人口推移

人がいない地域の問題

葬祭

そもそもこんな地域の慣習を守ることに何の意味があるのか？

118

昔の冠婚葬祭の役割

- 結束を固める手法の一つ
- 一人前にする社会教育
- 若いパワーの消化の場

地域は人を結ぶ壮大なシステム

お金より大事なもの

- 田畑
- 家族・親戚
- 地域の人

お金＜自然＝田舎

自然＜お金＝都市

第3部　大杉谷自然学校

お金で解決できて、いらなくなったもの
- 自然
- 地域のつながり
- 田畑
- 地域で行う冠婚葬祭
- 家族、親戚

お金があれば一人でも生きられる
<u>都市化で一人ぼっち</u>

お小遣い程度の経済効果

自然学校は産業にはなってない

2名～4名増※

検証結果：自然学校だけでは無理

行政のてこ入れを待つ

第4部　TAPPO南魚沼やまとくらしの学校

暮らす人々の幸せと希望をもたらす
農山村の宝

高野　孝子
（NPO法人ECOPLUS　代表理事）

　TAPPO南魚沼やまとくらしの学校は、我々NPOと、いくつかの集落が一緒にやっている事業の名前です。「TAPPO」は、我々の方言で田んぼを指します。

　この清水地区は、標高600～650mの所にある南魚沼市の一つの集落で、もともとは清水村でした。南魚沼は豪雪地帯で、地球上で人が暮らしている場所で最も雪が深い場所だと思います。その中でも清水地区は雪が多い地域です。しかし、人々はここで何百年も暮らしてきており、そこで積み重ねた知恵があります。

　我々は南魚沼全体の農山村を活動範囲としています。我々の活動は、「暮らす人々の幸福感・希望感」「地元の子どもたちの成長と教育＝持続可能な社会の基盤」「互いの学び合い」「スモールビジネス」「すべての土台としての生物多様性」ということを目指して始まりました。暮らしている人々が幸せで希望に満ちた村づくり、何といっても、地元に育つ子どもたちが大事だと考えています。小さなビジネスをつくり、百姓のありようのように、たくさんのいろいろな仕事をしながら、そこで暮らしていくことができたらよいのではないかと考えています。

　もともと、ECOPLUS（TAPPOの事務局であるNPO法人ECOPLUS）が10年以上にわたって、この地域一帯でいろいろな活動をしていたため、農山村が学びの宝庫であるということはよくわかっていました。学びの宝庫というのは、その人々の人生に関係すること、アイデンティティに関係すること、未来に関係すること、社会づくりに関係すること、平和に関係すること、です。

　しかし、一つの事業を地域と一緒に興すということは簡単にはできません。NPOとして勝手に乗り込んでいって「やらせてくれ」ということでもあり

ません。きっかけは、栃窪集落の当時の区長から、小学校が統廃合になりそうだと言われたことです。その時、全校生徒9人でした。改築して3年で統廃合の話が出てしまったため、何とかしなくてはならなくなったのです。ならば、その小学校を存続するかどうかということではなく、もっと広い視野で、南魚沼市の農山村の価値を世の中に問う、その時期ではないかということになり、TAPPOの活動が始まりました。

　今、いろいろな問題が起きている中で、農山村が果たせる、農山村が持っている教育力というのはものすごいものがあります。それを村の中にいる人々に問い、外の人々に問い、皆で考えようというのが、我々の土台にある意識でした。農山村の価値を現代的・社会的に位置付けたいとあるように、雪深い所で人がずっと暮らしてきた、そこで培われた知恵や技術といったものの中に、持続可能な社会のヒントがあるのではないかと考えたのです。

　南魚沼市全体を学びの場として、地域の人々から教えてもらう。学びは必ずしも一方通行ではなく、教えているつもりが教わっているということがあります。その中から共同作業でいろいろなことが生まれてきたらよいと思っています。

　生態系調査、休日農業講座、子ども・ファミリー対象体験事業、都市農村交流事業、僻地ネットワーク大会の他に、「栃窪かあちゃんず」「ナメコ」を代表とするスモールビジネスなどの試みを行っています。

　自然に働きかけるということから学べることはとても多いため、機械を使わない農作業を行っています。我々のためにわざわざ手作業でやってもらっているのではありません。栃窪という集落は棚田で、大型の機械が入るには限度があり、平野の大きな田んぼでやっている農家とは競争できません。ならば付加価値を付けようということで、村の人々が伝統的な農業を取り入れること、つまり手作りをすることになりました。有機農業で、自然、水と土壌菌と虫といったものに繋いでもらった米を天日乾燥して市場に出すという、コシヒカリとしては通常、市場に出回ることがない、愛情いっぱい、手間ひまいっぱいの米をつくることになり、我々もその一部を手伝うという形で始まりました。

　村の外の人々もやって来ますが、子どもも老人もサラリーマンも、いろいろな立場の人々が一緒に作業をします。いろいろな感想があります。生き方

に関係するような感想が数多くあり、これはやはり農山村の教育力だと思います。人が自然の中で体を動かすこと、自然に働きかけることに関わるということは、生き物としての人間にとって、とても大事な何かがあると感じています。人生の教訓を教わったりする人もいます。村にずっと伝わってきた知恵や技術を教えてもらいながら、自然の近くに暮らすことの価値に触れる。そのことで、自分たちのライフスタイルを見直す。そのようなことに繋がっています。

　清水集落は、ネット環境から無縁の場所でした。2009年10月に光ケーブルが通って、とたんにブログを始めたり、清水の人とメールのやり取りができたりするようになりました。

　宝物会議、山里ワークショップというTAPPOのイベントをするために、清水地区活性化委員会が結成されました。この時の話し合いで、特産物としてナメコをつくることになりました。

　現地の人々の多くは60代、70代で、危険な作業は彼らが全部やります。仕事が早くて格好良いので、皆が惚れてしまいます。共同作業の後に振り返りの会が開かれます。この村の宝物は何だと思うか、これからどういうふうにしていけるかということを話し合うのですが、いろいろな意見が出ます。現地の人々は、村の外から来た若者たちを含め、いろいろな世代の人々と関わっています。

　我々はそれぞれの地域でアンケートを実施しました。地域の人々の意見を総合すると、自然と食を生かした健康の里にしたい、子どもたちがずっと暮らせる地域にしたいという思いを持っていることがわかりました。もっと何かしたいと清水の人々も栃窪の人々も思っているので、そこに我々の事業があります。

　先日、集落で会議があり、そこで「TAPPOを通じて元気になった」と言った女性がいました。「村が明るくなった」という声もありました。若い人たちが来て活気が出てきたと、70代、80代の人たちも言いました。

　また、20代の若者たちが自分たちで村に関わり始めました。家に引っ込んでいた女性が外に出てきました。自分たちのところはそんなに悪くないという誇りが生まれています。

　結束が固い村だと思っていましたが、TAPPOをきっかけに、今まで話を

しなかった人と会うようになったと言われてとても驚きました。例えば清水では、学校が無くなってしまったことで、おそらく人が出会う関係が減ったのではないかと思います。

小野塚彰一
（清水地区活性化委員会　委員）

　我々は、よそから来る人々は戦力だとも思いませんし、彼らが来たからといって、どれだけ良くなるかと頼らないようにしています。ただ、来てくれる人々は皆無茶苦茶一生懸命で、本当に清水を好きになってくれます。私は限界集落という言葉自体が大嫌いです。「歳は60過ぎたが、気は若いぞ」という気持ちでやっています。都会から来た若い人はパワーを置いていってくれます。そのパワーを貰えることが、我々にとってとても有り難いのです。そして、また次の年に彼らが来ることが楽しみになります。落ち込んできたかなと思うと、彼らが来てくれて、またパワーが貰えるので、本当に有り難いと感じています。

　TAPPOに関わるようになって、村の人々が交流するようになり、委員長が「道路の草刈りに来てくれないか」と言えば、ひと声で集まるようになりました。これまでならば、「忙しい」「仕事がある」と言って、なかなか一つにまとまらなかったのが現状だったのですが、今では20代から80代の人まで出てきてくれます。その点はかなり変わったと思います。

質疑応答

広瀬　福島県の阿武隈で自然学校をやっている進士さんは、全く地縁・血縁もない人で、地域に入った当時は、いったいどこの馬の骨が来たのかという目で見られていたといいます。すぐ隣に住んでいる人が関心を持って、近づいてきて、いつしか一緒にやるようになったら、そこから劇的に地域との関係が変わりました。つまり地域にとって、身内の人が自然学校の重要な役割を果たすようになったわけです。そのような、地域との距離感や入り方は非常に重要なポイントだと思います。そうしたプロセスに失敗して、なかなか地域にとけ込めなくてめげてしまうという事例も実際にあります。その辺はどう考えていますか？

小野塚　清水の集落の人々は全員、自分が教師だと自負しています。プライドが高く、何をさせても負けたくないという気持ちの人が多いです。この木を切るのは、あの大将でなければ駄目だというようなことが決まっています。そういうことに我々がやたらに踏み込んで怒られても仕方ないので、歳がいくつになっても任せるようにしています。

高野　とても重要だと思います。外部からある集落のことに何か言うのは余計なお世話。しかも集落というのは、一枚岩でも何でもなくて、複雑な社会が織り成されていて、口を聞ける人、口を聞けない人がいます。ですから、どの筋で地域に入れるか、自分が考えていることに共鳴してくれる人がいるか、一緒にやろうと思ってくれる人がいるかというのは、やはりとても重要なことだと思います。

阿部　清水の集落は日本百名山の一つ、巻機山の麓です。巻機山の登り口に清水があります。非常に有名な山であり、いろいろな人々がやって来ます。大学の山岳部、大学の先生なども行ったりして、都会の人々がかなり行く場所です。今まで、そのような人々は単なる通過者になっていたのでしょうか？　そのような人々との関わりは今までにありませんでしたか？

小野塚　過去にもいろいろな団体が来て、今でも一緒に活動している団体もあります。ただ、清水の集落が一丸となってやろうと言ったのは、

高野さんが清水に来てからです。それまでは清水の総意としてということはありませんでした。当時、清水の人々は皆仕事を持っていて暮らしていける、そういう時代でした。誰の世話にならなくても生きていけるという自負心がありました。それが、今、このような時代になり、今度は誰かの知恵を借りないと存続自体ができなくなるという危機感が生まれ、そこでTAPPOが入ってきました。皆が潤うというような劇的なことはありませんが、精神的にとても豊かになり、これからもまた、もっと良くなるのではないかという希望もあります。本当に持続させていきたいと思っています。

鹿熊　スモールビジネスについてお尋ねします。まず、手間ひまをかけて、愛情を込めてつくっている米は、地元の人々に対して、どのような貢献性があるのでしょうか？　また、『地域活性化委員会だより』によると、お土産の販売所やコーヒーショップをつくりたいという地元の意向があるとのことですが、そのようなことは20～30年前から各地で試みられており、上手くいっていない地域もあれば、非常に売れている地域もあります。TAPPOは、人との交流を生かしたり、物販を生かしたりという仕組みづくりの中で、どのように資源を経済に結び付けていくのかという具体的な構想や細かいアイデアはありますか？

小野塚　清水もかつては集落内に3町歩近くの圃場（ほじょう）、棚田がありましたが、今、集落の中では米は一軒もつくっていません。清水の集落に田んぼの形はありますが、米はつくっていません。今は、木を切っても売れませんし、炭焼きをしても炭は売れません。熊捕りにしても、熊は捕れるかどうかわかりません。したがって、ほとんどの人が勤めに出て生計を立てている状態です。当然、私のように年を取って会社を辞めると、楽しみもなく、年金だけで食べていくのはちょっと心細いということになれば、今やっているような地場産業、木を利用したナメコなどのキノコ類や山菜しかありません。そういったもので少しでも収穫を上げて販路を決めれば、少しは糧になるのではないかと思っています。15～20年間はキノコの収穫があると思うので、それを期待しています。

高野 栃窪集落では、もう自分たちで稲作ができなくなった人たちの田んぼが、耕作放棄されないように集落営農が始まり、天日乾燥の米づくりはそこでやっています。現在、本当に手作りのものは限定をしています。村全体が同じレベルの低農薬や天日乾燥をするくらいでなければならないのではないかという話は出てきています。販路は、今のところかなりあります。また、棚田オーナー制度という、環境保全にも貢献するサポートをしてくれる人々のシステムがあり、それがもっと広がれば村としてはかなり助かるはずです。コーヒーショップやお土産販売所は、今はまだアイデアの段階ではありますが、ただ、それで食べていこうというわけではなく、こういうことが始まると、他のことも始まり、そうなると今の40代、50代の人々も仕事を持ちながら、それをやり始めます。そして、それを見ていた子どもたちが起業します。インターネットも入ったし、民宿が多い所もあるので、いろいろなやり方で広がっていくだろうと考えています。動きながら少しずつ先のことを計画したいです。

第2編　自然学校は地域を救う　シンポジウム

TAPPO南魚沼やまとくらしの学校

小野塚彰一　　清水地区活性化委員会委員
高野孝子　　NPO法人エコプラス

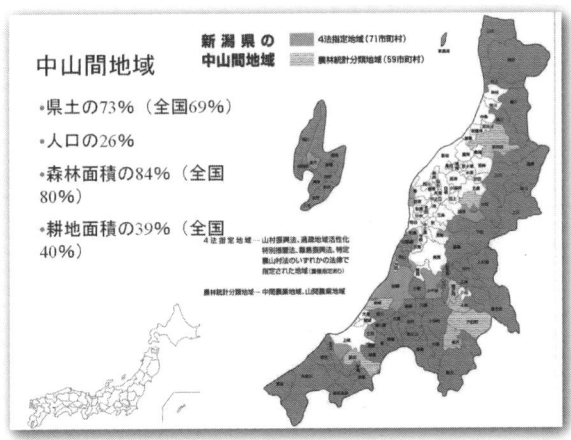

中山間地域

新潟県の中山間地域
- 4法指定地域（71市町村）
- 農林統計分類地域（59市町村）

- 県土の73%（全国69%）
- 人口の26%
- 森林面積の84%（全国80%）
- 耕地面積の39%（全国40%）

4法指定地域…山村振興法、過疎地域活性化特別措置法、離島振興法、特定農山村法のいずれかの法律で指定された地域（重複指定あり）

農林統計分類地域＝中間農業地域、山間農業地域

TAPPO南魚沼やまとくらしの学校

- ■暮らす人たちの幸福感・希望感
- ■地元の子どもたちの成長と教育＝持続可能な社会の基盤
- ■互いの学びあい
- ■スモールビジネス
- ■すべての土台としての生物多様性

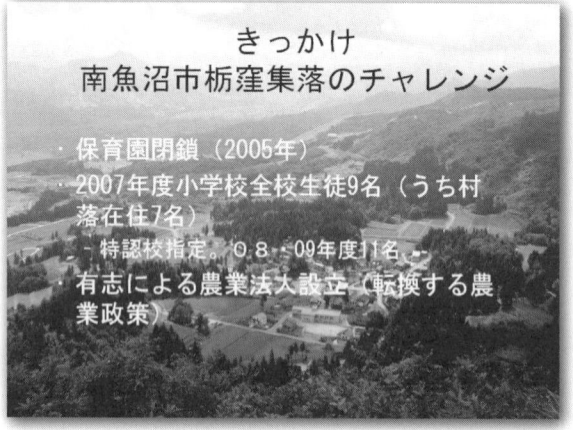

第4部　TAPPO南魚沼やまとくらしの学校

背景

農山村は学びの宝庫

きっかけ
南魚沼市栃窪集落のチャレンジ

- 保育園閉鎖（2005年）
- 2007年度小学校全校生徒9名（うち村落在住7名）
  - 特認校指定。08〜09年度11名
- 有志による農業法人設立（転換する農業政策）

土台にある意識：エコプラス

- 地球各地でのひとと自然の関係
  - 少数民族・先住民族らの深い智恵と哲学の中に持続可能な社会へのヒント
- グローバリゼーションの功罪
- 農・食・いのちの問題

- 地球社会という視点
  - 多様な自然、社会、文化を保つ、豊かで平和な地球
- 個々人ー地域社会という視点
  - 自分は何者か、教育、平和な社会

第2編　自然学校は地域を救う　シンポジウム

TAPPO設立へ

- 農山村の価値を現代的、社会的に位置づける
  - 自然環境と調和して存続してきた智恵と技術を、持続可能な社会作りという現代社会の課題に生かす
  - 持続可能な社会に向けてのシフト（価値観、地産地消、循環、経済・社会構造etc）
- 南魚沼市全体が学びの場
  - 地域の人たち、子どもたち、市内外、都市部
  - 後山・清水・栃窪（過疎高齢化進行中）の南魚沼大三角形の連携
  - 持続可能な社会に向けて
- 地域作り：創造的で地に根ざした教育から
  - アイデンティティと誇り
  - きずな

幾つかの試み

- 生態系調査
- 休日農業講座
  - 田んぼのイロハ
  - 畑と料理、食と暮らし
- 子ども・ファミリー対象体験事業
- 地域再生ビジョン会議、都市農村交流事業
  - 清水宝物会議、やまざとワークショップ
  - 棚田草刈りアート日本選手権
- へき地ネットワーク大会
- 「栃窪かあちゃんず」「なめこ」などスモールビジネス

農地・水・環境保全対策事業

とちくぼ生きものプロジェクト

まず地域の人たちが自分たちの環境を知る。理解と愛着、誇りが生まれる。アイデンティティにつながる

第4部　TAPPO南魚沼やまとくらしの学校

田んぼのイロハ

・泥の感触、草の取り方・・・五感で体感できた事が感激でした。地域の方々の暖かさにとても感謝しています。
・これからはお米を大切に食べたい。
・土に向かって生きている人たちはすごい。
・今までずっと、一日24時間じゃ足りないなと思っていたのに、24時間ってこんなに楽しめるんだと思った。

大豆の苗を生まれて初めて植えた。2本で植えると競争するという話に感動した。3本でもだめということ、欲張ってもだめなんだと教わった気がする。

第2編　自然学校は地域を救う　シンポジウム

第4部　TAPPO南魚沼やまとくらしの学校

地域作りに参画
清水宝物会議・やまさとワークショップ

お客さんではなく、互いに貢献しあう者たちとして

清水地区活性化委員会

自然と食を生かした
健康の郷
子どもたちが
ずっと暮らせる地域

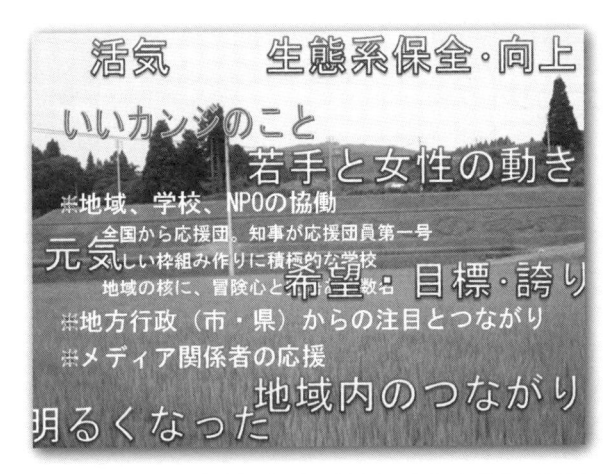

活気　　生態系保全・向上
いいカンジのこと
　　　若手と女性の動き
※地域、学校、NPOの協働
　全国から応援団。知事が応援団員第一号
元気しい枠組み作りに積極的な学校
　　地域の核に、冒険心と希望　　目標・誇り
※地方行政（市・県）からの注目とつながり
※メディア関係者の応援
明るくなった　地域内のつながり

これから

・スモールビジネスの展開
・財政基盤
・目標設定と集落内動機付け
・広域での他の団体との連携

第5部　おぢかアイランドツーリズム協会

観光まちづくり産業で未来に遺し、
伝えるプロジェクト

高砂　樹史
（NPO法人おぢかアイランドツーリズム協会　専務理事）

　小値賀町は五島列島の北端にあり、博多からは約5時間半、佐世保からは3時間～3時間半の場所です。自然学校は私が来る前の2000年頃から始まっています。

　島という特別な環境、つまり外海離島では、島の中ですべてが自活されなければなりません。佐世保までは3時間～3時間半かかるため、若者は佐世保に仕事に通うということが一切できません。島はまさに一つの国のようなものであり、貿易収支を考え、外貨をどう稼ぐかということを考えないと、島そのものが存続していけないという状況にあります。当然、自然との共生や、島の文化を守り育てていくという観点で活動していますが、同時に「なんぼ儲けんねん」ということも真剣な課題になっているのが現実です。

　小値賀町の人口分布図を見ると、団塊ジュニア世代が一番欠けているのがわかります。当然、出生も少なくなってきています。2005年の人口は3,500人でしたが、2010年4月にはおそらく3,000人を割る見込みです。年間100人ずつ減っています。最も深刻なのは、18歳以下の子どもたちであり、急激に減っています。

　島には小、中、高と1校ずつあります。2005年には高校3年生が2クラスあって、70数名いました。しかし、2009年に高校へ入学したのがたったの23人なのです。現在、小学校6年生、5年生がそれぞれ12～13人で、3年後には10人ほどになります。つまり、約8年で高校1学年の数が8分の1になっているという異常な減り方なのです。

　産婦人科がないため、10数年ほど前から島内で子どもが産めなくなっています。里帰り出産ができない島民の場合は、自然分娩するのであれば1～2週間前から旅館代を払って佐世保に行くことになります。それができない人は陣痛誘発剤を使って、自然分娩はできないということになっています。

高校の存続も非常に危険な状況になっています。高校がなくなれば、島で子育てをしようという条件がなくなってしまうのは当然です。高校に行かせるために下宿をさせることができる裕福な家庭は島には一軒もありません。
　そのような中で、観光を産業にして稼がなければなりません。特に若者たちの仕事をつくらなければならないということで、現在の1億円の事業規模を、何とか物産も含めて5億円の事業規模にしていきたいと考えています。
　現在、NPOでいわゆる教育プログラムを中心にして、年間約1万人の客に来てもらい、1億円ぐらいの事業という形になっています。全体の8割が青少年向けの教育プログラムになっていますが、現実にもっとたくさんいるはずの大人の客を、しかも単価の高いお客様をしっかりと呼び込むために、もともとあった古民家——小値賀町はもともと江戸時代にクジラ漁で栄えて、米もたくさんつくれる豊かな島だったため、酒蔵が5軒あったりと、豊かな古民家がたくさんあります——の事業を、株式会社を設立して運営するとともに、旅行業の免許を取得して、様々な着地型の旅行商品を販売していくという形で大きく展開をしていきたいと考えています。
　そのため、NPO法人おぢかアイランドツーリズム協会と、株式会社小値賀観光まちづくり公社を設立しました。以前のNPO法人の時代から、島の観光のワンストップ窓口として、一本電話をもらえれば、民泊、自然体験、弁当、チャーター船など、あらゆることを手配したり、島に向かってくるフェリー、高速船などの欠航情報を流したりという観光サービスを行っていたのですが、そのもの自体を旅行業として事業にしつつ、同時に様々な旅行商品を生み出していこうと考えています。
　ここ数年間で増やしてきた修学旅行生などの体験・交流目的の客にプラスして、1泊2食2万2,000～2万3,000円ほどの客を獲得するために、農水省や国土交通省の様々な補助金を利用して古民家の事業を立ち上げ、総事業費2億円ぐらいでレストランと古民家の宿泊、プラス大人の体験プログラムという形で展開していこうと考えています。
　この島では1年のうち、安定して船が走るのは3～4カ月で、それ以外はいつ船が止まるかわかりません。いったん船が止まったら、2、3日は止まってしまい、スーパーから物がどんどん消えていくということも普通です。例えば、台風が来た場合は「島を出られなくなるので帰ってください」と、

240人の横浜から来た修学旅行生にも帰ってもらうということもありました。そのような事業展開であるため、これからは個人の大人の客を増やして、島の中でしっかりと雇用をつくっていこうと考えています。

　町民は約3,000人ですが、高校生や子どもたちも含むと1,000人以上、3人に1人が交流に加わってもらっています。NPOは1軒で1会員と考えるため、会員数は約100です。島全体が1,300軒ですから、13軒に1軒はNPO会員になってもらい、島ぐるみで活動しています。

質疑応答

鹿熊　自然体験のノウハウを、今度は株式会社という組織形態の中で、もっと多角的に観光を展開していく。その一つとしてツアー会社と提携するという話がありましたが、各地でいろいろな事例を聞くと、現実には、ツアー会社というのは自然教育と合致しないような注文もたくさんつけてくるのではないかと思います。そういう部分で、ここだけは守りたいポリシーやガイドラインなどについて、どのように話し合っていますか？

高砂　なぜ株式会社の形態を取るかというと、現行のNPO法人に関わる日本の法律の限界で、旅行業、レストラン業、物産業などをやっていくにあたって、どうしてもそれらが営利事業と見なされるからです。NPO法人のままでは難しいので、NPO法人はNPO法人として残しながら、株式会社は株式会社として別の法人でやっていくということになりました。我々はその全体をアイランドツーリズムグループという形でやっていくので、2つの法人ではありますが、活動そのものは当然、この島を次世代に残していくための事業ですので、利益が出ても株主に配当はなく、利益が出れば次の投資や事業の展開や新しい仕事を生み出して、島の若者たちの仕事をつくっていくというように展開したいと思っています。

広瀬　高砂さんは古民家を改修して行っていく過程の中で、現状の法律との壁にぶつかって、大変苦労しています。実際に、自然学校やエコツーリズム、グリーンツーリズムをやっている人の多くが違法状態に置かれています。これは、日本の法律の大半が戦後、業界が高度成長の中でつくられていく過程で、業界を保護するために業界のための法律・業法がつくられていったからです。業法というのは、基本的にそれを専業にしている人たちのための法律を指します。ところが、自然学校などの活動をしている人は、専業といえる程の収益もあげておらず、いろいろな生業をしながら活動しているというケースが多い。そうすると結果的に、車に乗せても、泊めても、ご飯を食べさせても、プログラムを行っても、すべて違法になってしまいます。これは問題だと

いうことで、国でも、規制緩和や特区などの形を取っているのですが、根本的な解決策ではありません。現状は、まだこの辺の突破ができておらず、専業から多業、いろいろな生業を持つという仕組みを日本の地域社会に根付かせようということを、ようやく国の報告書でも出すようになってきています。そのような中で、仕事がないということがよく言われます。田舎には仕事がない、だから、若者は出て行ってしまう。実は仕事がないのではなくて、仕事をしていた人が辞めて、出て行ってしまうのです。そのため、田舎はかなりの人手不足に陥っています。仕事不足、人手不足だ。田舎にこそ、たくさんの仕事が欲しいし、もっともっとつくれる隙間があります。高砂さんたちはその辺をつくってきているということだと思います。

高砂 中学校の先生に聞いて、一番ショックだったのが、中学3年生に聞いたら、3割の子どもが島に残って家業を継ぎたいと答えたということです。しかし、現実には20数年間、島に残った高校生は役場の職員くらいで、3年か5年に1人くらいしか雇わないということになっています。隣にある、今は我々のフィールドになっている無人島の野崎島は、もともと33集落800人が住んでいましたが、昭和の高度経済成長期にあっという間に無人島になってしまいました。あっという間に無人島になるという現実を目の当たりにしているので、そのような中で、どうやってその隙間の中に仕事をつくっていくか。そして、半官半農、半官半漁という形で、いろいろな仕事を一人がたくさん持つことで、何とか一軒の家族が食べていけるように、というようなイメージで活動しています。

第２編　自然学校は地域を救う　シンポジウム

西海の島　長崎県小値賀町
「心に残る島 おぢか」
観光まちづくり産業で未来に遺し、伝えるプロジェクト

観光まちづくり支援
プレゼンテーション資料

五島列島の北、
西海に浮かぶ17の島々からなる小値賀町。

ここでしかない出会いを
たくさんの心に届けるために。

私たち「おぢかアイランドツーリズム」の
「観光まちづくりプロジェクト」を
支援してください。

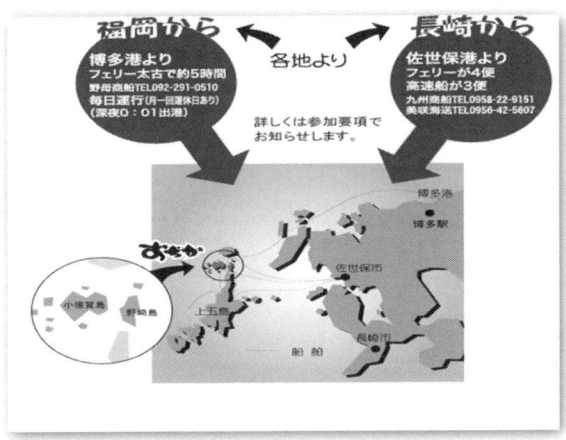

福岡から　各地より　長崎から

博多港より
フェリー太古で約5時間
野母商船TEL092-291-0510
毎日運行(月一回運休日あり)
(深夜0：01出港)

詳しくは参加要項で
お知らせします。

佐世保港より
フェリーが4便
高速船が3便
九州商船TEL0958-22-9151
美咲海送TEL0956-42-5607

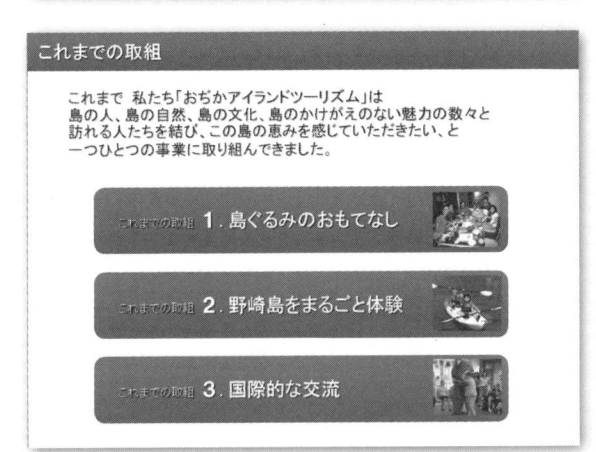

これまでの取組

これまで　私たち「おぢかアイランドツーリズム」は
島の人、島の自然、島の文化、島のかけがえのない魅力の数々と
訪れる人たちを結び、この島の恵みを感じていただきたい、と
一つひとつの事業に取り組んできました。

これまでの取組 1. 島ぐるみのおもてなし

これまでの取組 2. 野崎島をまるごと体験

これまでの取組 3. 国際的な交流

141

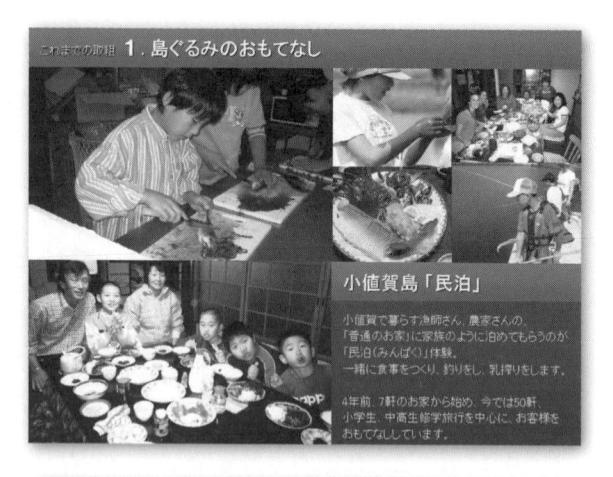

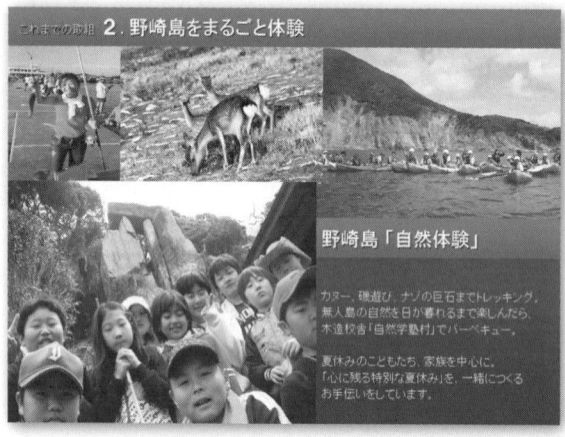

第5部　おぢかアイランドツーリズム協会

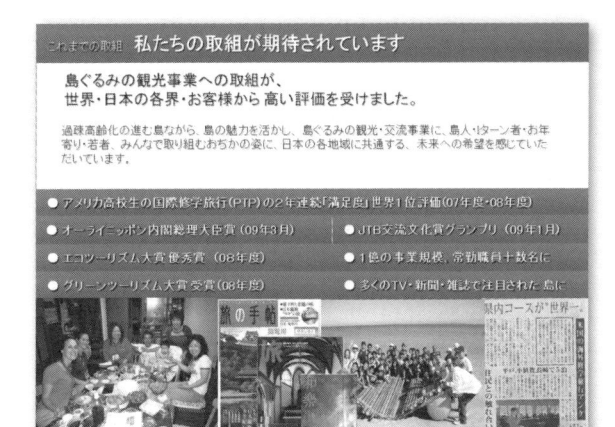

第2編　自然学校は地域を救う　シンポジウム

これまでの取組　私たちの取組が期待されています

島ぐるみの観光事業への取組が、
世界・日本の各界・お客様から高い評価を受けました。

過疎高齢化の進む島ながら、島の魅力を活かし、島ぐるみの観光・交流事業に、島人・Iターン者・お年寄り・若者、みんなで取り組むおぢかの姿に、日本の各地域に共通する、未来への希望を感じていただいています。

- アメリカ高校生の国際修学旅行(PTP)の2年連続「満足度」世界1位評価(07年度・08年度)
- オーライニッポン内閣総理大臣賞(09年3月)
- エコツーリズム大賞優秀賞(08年度)
- グリーンツーリズム大賞受賞(08年度)
- JTB交流文化賞グランプリ(09年1月)
- 1億の事業規模、常勤職員十数名
- 多くのTV・新聞・雑誌で注目された島に

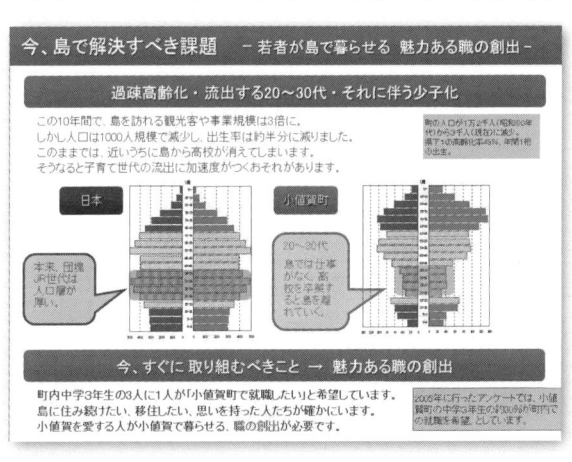

今、島で解決すべき課題　－若者が島で暮らせる 魅力ある職の創出－

過疎高齢化・流出する20～30代・それに伴う少子化

この10年間で、島を訪れる観光客や事業規模は3倍に。
しかし人口は1000人規模まで減少し、出生率は約半分に減りました。
このままでは、近いうちに島から高校が消えてしまいます。
そうなると子育て世代の流出に加速度がつくおそれがあります。

日本／小値賀町

本来、団塊JR世代は人口層が厚い。

20～30代
島では仕事がなく、高校を卒業すると島を離れていく。

2005年に行ったアンケートでは、小値賀町の中学3年生の100人が町内での就職を希望しています。

今、すぐに取り組むべきこと　→　魅力ある職の創出

町内中学3年生の3人に1人が小値賀町で就職したいと希望しています。
島に住み続けたい、移住したい、思いを持った人たちが確かにいます。
小値賀を愛する人が小値賀で暮らせる、職の創出が必要です。

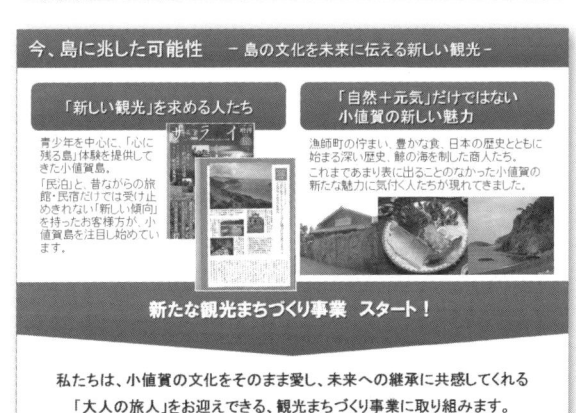

今、島に兆した可能性　－島の文化を未来に伝える新しい観光－

「新しい観光」を求める人たち

青少年を中心に、「心に残る島」体験を提供してきた小値賀島。
「民泊」と、昔ながらの旅館・民宿だけでは受け止めきれない「新しい傾向」を持ったお客様方が、小値賀島を注目し始めています。

「自然＋元気」だけではない小値賀の新しい魅力

漁師町の佇まい、豊かな食、日本の歴史とともに始まる深い歴史、鯨の海を制した商人たち。これまであまり表に出ることのなかった小値賀の新たな魅力に気付く人たちが現れてきました。

新たな観光まちづくり事業　スタート！

私たちは、小値賀の文化をそのまま愛し、未来への継承に共感してくれる
「大人の旅人」をお迎えできる、観光まちづくり事業に取り組みます。

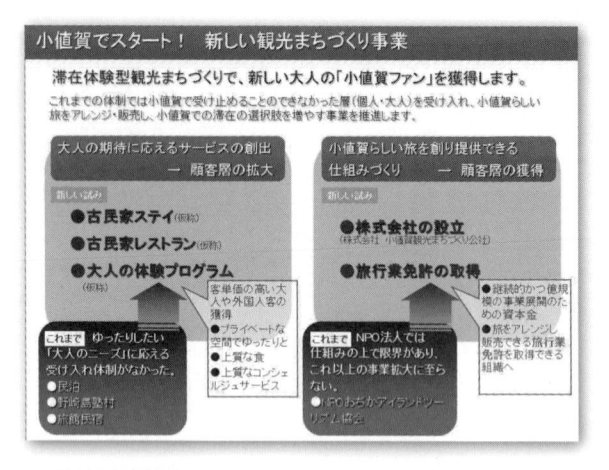

第5部　おぢかアイランドツーリズム協会

小値賀でスタート！　新しい観光まちづくり事業

滞在体験型観光まちづくりで、新しい大人の「小値賀ファン」を獲得します。

これまでの体制では小値賀で受け止めることのできなかった層（個人・大人）を受け入れ、小値賀らしい旅をアレンジし・販売し、小値賀での滞在の選択肢を増やす事業を推進する。

大人の期待に応えるサービスの創出　→　顧客層の拡大

新しい試み
- 古民家ステイ（仮称）
- 古民家レストラン（仮称）
- 大人の体験プログラム（仮称）

これまで「ゆったりしたい」「大人のニーズに応える」受け入れ体制がなかった。
- 民泊
- 野崎島島宿村
- 旅島長宿

- 客単価の高い大人や外国人客の獲得
- プライベートな空間でゆったりと
- 上質な食
- 上質なコンシェルジュサービス

小値賀らしい旅を創り提供できる仕組みづくり　→　顧客層の獲得

新しい試み
- 株式会社の設立（（株）小値賀観光まちづくり公社）
- 旅行業免許の取得

これまでNPO法人では仕組みの上で限界があり、これ以上の事業拡大に至らない。
- NPOおぢかアイランドツーリズム協会

- 継続的かつ大規模な事業展開のための資本金
- 旅をアレンジし販売できる旅行業免許を取得できる組織へ

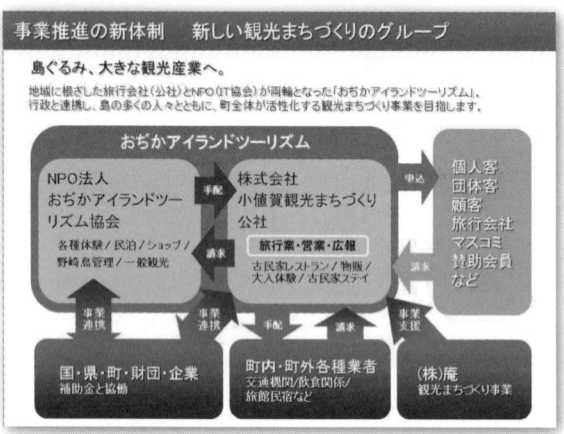

事業推進の新体制　新しい観光まちづくりのグループ

島ぐるみ、大きな観光産業へ。

地域に根ざした旅行会社（公社）とNPO（IT協会）が両輪となった「おぢかアイランドツーリズム」。行政と連携し、島の多くの人々とともに、町全体が活性化する観光まちづくり事業を目指します。

おぢかアイランドツーリズム

- NPO法人 おぢかアイランドツーリズム協会
  - 各種体験／民泊／ショップ／野崎島管理／一般観光

- 株式会社 小値賀観光まちづくり公社
  - 旅行業・営業・広報
  - 古民家レストラン／物販／大人体験／古民家ステイ

- 個人客／団体客／顧客／旅行会社／マスコミ／賛助会員　など

- 国・県・町・財団・企業　補助金と協働
- 町内・町外各種業者　交通機関／飲食関係／旅館民宿など
- （株）庵　観光まちづくり事業

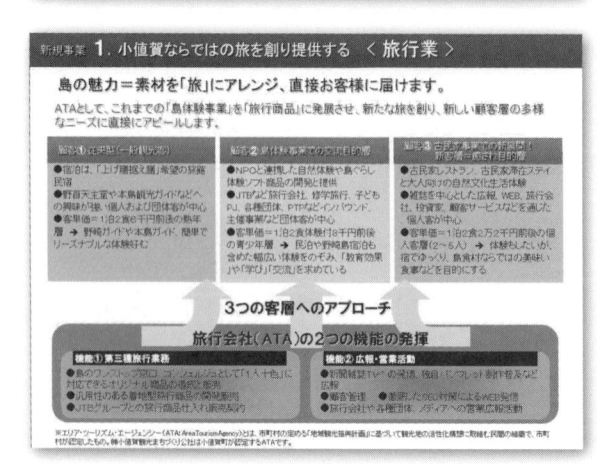

新規事業 1. 小値賀ならではの旅を創り提供する 〈 旅行業 〉

島の魅力＝素材を「旅」にアレンジ、直接お客様に届けます。

ATAとして、これまでの「島体験事業」を「旅行商品」に発展させ、新たな旅を創り、新しい顧客層の多様なニーズに直接にアピールします。

3つの客層へのアプローチ

旅行会社（ATA）の2つの機能の発揮

機能① 第三種旅行業務
機能② 広報・営業活動

※エリアツーリズム・エージェンシー（ATA Area Tourism Agency）とは、市町村の定める「地域観光振興計画」に基づいて観光地の活性化推進に地域と、民間の総意で、市町村が認定したもの。神々音観光ゆかり（公社）とは小値賀町が認定するATAです。

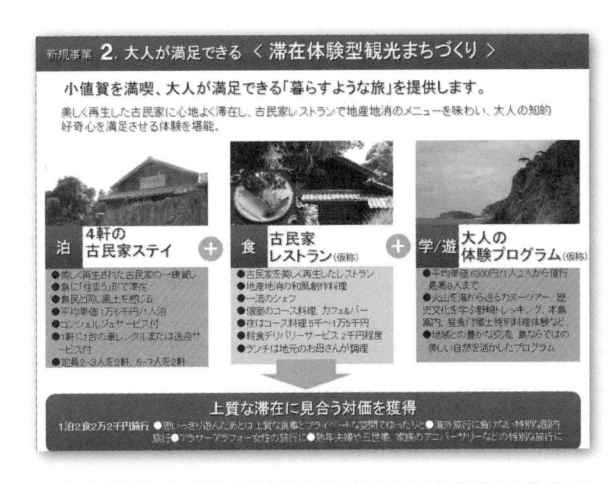

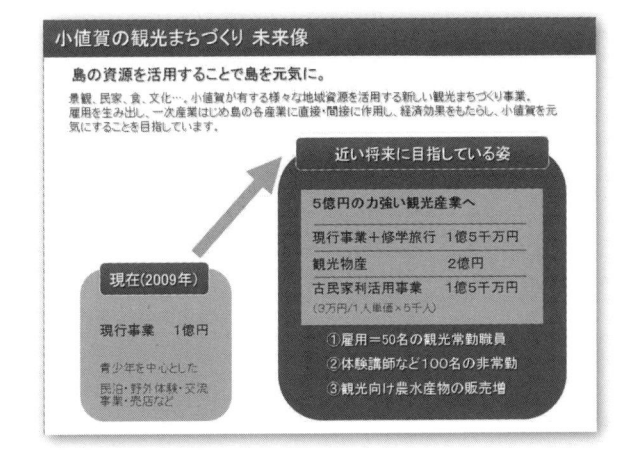

新規事業 2. 大人が満足できる ＜滞在体験型観光まちづくり＞

小値賀を満喫、大人が満足できる「暮らすような旅」を提供します。

美しく再生した古民家に心地よく滞在し、古民家レストランで地産地消のメニューを味わい、大人の知的好奇心を満足させる体験を堪能。

| 泊 4軒の古民家ステイ | ＋ | 食 古民家レストラン(仮称) | ＋ | 学/遊 大人の体験プログラム(仮称) |

上質な滞在に見合う対価を獲得

新規事業 3. 島と人の特性を活かし、新たに開拓 ＜新規開拓事業＞

従来の事業・新しい事業に取り組みながら、そのノウハウとネットワークを活かし、新たな事業を開拓していきます。

新規開拓事業の方向性

1. 島内施設を活用した新たな滞在施設づくり
   - 小値賀町営住宅などを利用した中長期滞在施設(1週間から数ヶ月) → ロングステイの実現
   - 既存施設を利用した小値賀本島での簡易宿泊施設 → リーズナブルなステイの実現
2. 特産品販売事業
   - 新たな特産品開発や販売
   - 物産館(あわび館など)既存施設や新施設を使った) → 安定した特産品供給販売体制の実現
3. 島内エコ交通網づくり
   - 環境省、ベロタクシーや人力車、自転車、エコ船=環境浄化、温暖化などの環境問題等) など
   → 小値賀らしい交通システムの実現

小値賀の観光まちづくり 未来像

島の資源を活用することで島を元気に。

景観、民家、食、文化…、小値賀が有する様々な地域資源を活用する新しい観光まちづくり事業、雇用を生み出し、一次産業はじめ島の各産業に直接・間接に作用し、経済効果をもたらし、小値賀を元気にすることを目指しています。

現在(2009年)
現行事業　1億円
青少年を中心とした民泊・野外体験・交流事業・売店など

→ **近い将来に目指している姿**

5億円の力強い観光産業へ

現行事業＋修学旅行	1億5千万円
観光物産	2億円
古民家利活用事業	1億5千万円
(3万円/1人単価×5千人)	

① 雇用＝50名の観光常勤職員
② 体験講師など100名の非常勤
③ 観光向け農水産物の販売増

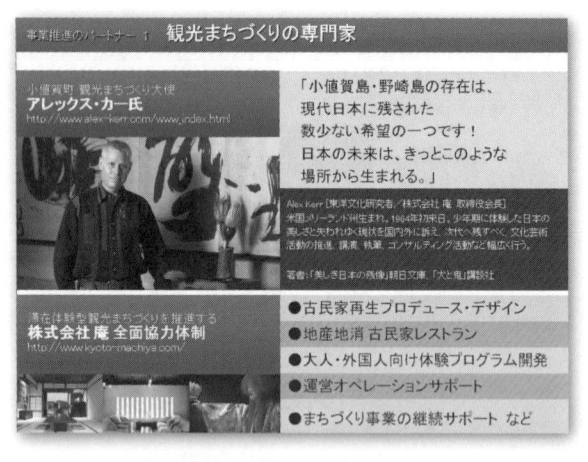

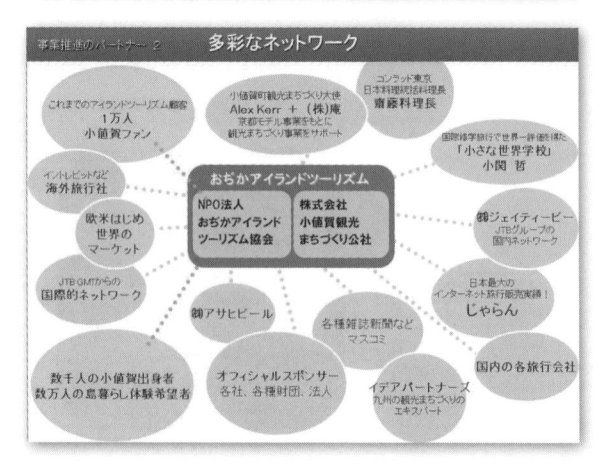

第5部　おぢかアイランドツーリズム協会

146

第2編　自然学校は地域を救う　シンポジウム

私たちが目指す　小値賀の観光まちづくり

● 「小値賀らしさ」を大切にします

　過疎高齢化により島から失われゆく文化・自然・景観を、日本・世界の多くの人が享受できる形で再生し、小値賀を愛するファンとともに磨き、次世代へと渡します。

● 経済に貢献し、若者が暮らせる島へ

　島のさまざまな地域資源を活かすこと、島の人に活躍の場を提供することで、観光業のみならず各産業に活力をもたらし、島を離れたくない若者・島暮らしに挑戦したい若者が、安心して暮らせる島をつくります。

私たちは「心に残る島　おぢか」を、島に住む、島を訪れる、多くの人々とともに再生し、未来に残し、伝えていきます。

第6部　パネルディスカッション

パネルディスカッション

[パネリスト　自然学校]
① 関原　剛（NPO法人かみえちご山里ファン倶楽部　専務理事）
　岩片　克己（白山神社宮司、NPO法人かみえちご山里ファン倶楽部　理事）
② 辻　英之（NPO法人グリーンウッド自然体験教育センター　代表理事）
　横前　明（泰阜村役場総務課村づくり振興係　係長）
③ 大西かおり（NPO法人大杉谷自然学校　校長）
　寺添　幸男（大台町役場大杉谷出張所　所長）
④ 高野　孝子（NPO法人ECOPLUS　代表理事／TAPPO南魚沼やまとくらしの学校）
　小野塚彰一（清水地区活性化委員会委員）
⑤ 高砂　樹史（NPO法人おぢかアイランドツーリズム協会　専務理事）

[パネリスト　専門家]
ESDの専門家＝阿部　治
（立教大学社会学部／大学院異文化コミュニケーション研究科教授、ESD研究センター長）

自然学校ネットワークの専門家＝広瀬　敏通
（NPO法人日本エコツーリズムセンター　代表理事）

全国の地域再生、実例の研究者＝鹿熊　勤
（フリージャーナリスト）

[進　行]
　川嶋　直
　（立教大学大学院異文化コミュニケーション研究科特任教授、ESD研究センターCSRチーム　主幹）

質問1　ESD（持続可能な開発のための教育）についてどう思いますか？
質問2　タイトル「自然学校は地域を救う　ESD拠点として期待される自然学校」をどう思いますか？
質問3　それぞれの地域で、年間で最大何人受け入れることができますか？
質問4　Iターンのエピソード、苦労話
質問5　地元の子どもたちを自然学校で教育することによって、人口の流失を防ぐことができますか？
質問6　2010年度の林野庁、農水省の予算では、民主党の方針で経済効果が期待できないものは削減される見込みとなっています。こうした流れを止め、山村の良さを持続させていく教育を行うためには一体何が必要でしょうか？

注：発言内の太字部分は、各パネリストがその場でフリップボードに書いたものである。

| 質問1 | ESD（持続可能な開発のための教育）についてどう思いますか？ |

関原　（「？」と回答）本当にわかりません。特にいつもわからないのがESDのDです。

川嶋　Dはディベロップメント＝開発。これについては、客席の中野民夫氏（ESD研究センター　CSRチーム研究員）が適切に答えられますか？

中野　ディベロップメントは厄介で、日本では「開発」と訳が定着していますが、もともとは「包んであるものが開かれる」とか「成長」「発展」という意味もあります。これが開発というと、ダムやリゾートの開発をイメージさせてしまい、人間性や社会の開発という意味が隠れてしまいます。したがって、持続可能な社会や持続可能な未来、持続可能性と言い換えたほうが、日本の場合はスムーズだと思います。しかし、もとは「可能性を開いていく」というとても大切な意味があり、非常に厄介でありますが、何かそこに可能性がある言葉なのだろうと思います。

辻　（「お互い様」と回答）あまり難しくは考えていません。あのような地域で大事にしてきたことをしっかり伝えていくという意味でお互い様と思います。一人ひとりが大事にされる世の中を目指しているので、例えば泰阜村では、畳の上で死にたいという老人のことをどう応援できるか、満州で開拓して帰って来て、地域の中では難しい立場を迫られている中国の文化を背負った人々にどうスポットを当てるか、そのようなことをしっかりやっていくことではないかと思います。

大西　（「地域はそうでしたよ」と回答）たまにはダムをつくったりと、持続可能ではないこともあったかもしれません。概ね地域ではそういったところを昔は目指していたのではないかと思います。

小野塚　（「好き」と回答）漢字で書いてもらえば少しは意味がわかるのですが、言わんとしていることは、我々は以前からやってきているので、これはよしとすべき。

高砂　（「Eえらい、Sすごい、Dでっかい・・・テーマ」と回答）そんな

に大きいことを地域に言われても困るという意味です。例えば、私は主義として米を有機無農薬でつくっていますが、地域で米をつくっている人々は、もうほとんどが60代、70代ですので農薬を使います。除草剤を使わないでやろうと思ったら、この会場よりも広い300坪の田んぼを、4回ぐらいずっと草取りに入らなければなりません。そういう苦労を老人にさせてよいのかと私は思いますが、都会の人が来ると、あっさりと「ああ、ここ、農薬使ってるんですか」と言います。それはよく考えたほうがいいと思います。

| 質問2 | タイトル「自然学校は地域を救う　ESD拠点として期待される自然学校」をどう思いますか？ |

関原　（「気味が悪い」と回答）生理的に気味が悪い。要素は総合的だと思いますので、自然学校が、ということで、逆に環境そのものが具体から離れて、形而上学になるのではないかという怖さを感じます。私が思うに、我々の自然学校は地域から救われています。逆です。

横前　（「無限の可能性あり」と回答）泰阜村では、グリーンウッドのスタッフからいろいろな意見をもらっています。泰阜村にとっては、一つのシンクタンクでもあるという位置付けをしているので、そんなスタッフの皆が、同じように泰阜村をどのように描いていくかという、村を描くのに同じ歩調でいてもらえるので、これからも無限の可能性があると考えています。

寺添　（「ちょっと荷が重いですね」と回答）自然学校と言い切ってしまうと、ちょっと厳しいと感じます。地域全体で、行政も地域の人々も、皆が同じスタンスで理解し合うということが重要だと思います。

高砂　（「誰のために地域を救う」と回答）例えば小値賀のような離島や、自然が豊かで、そこに行けば、きっと都会の人が癒されるだろうというような地域、もしくは食料を供給するような地域。小値賀

でいえば、漁業がそこで営まれており、まさに国境の海を守っているわけです。漁業が営まれている範囲だけでいえば、一つの県をはるかに凌駕するぐらいの広範囲で漁業が営まれています。その地域を救う、守る、存続させるというのは、一体誰のためだろうか？　地域の人のためだろうか、それとも……　本当に誰のためだろうかということは、是非また一緒に考えたいと思います。

小野塚　（「自分たち」と回答）自然学校をやったとしても、果たして、その集落、その地域が発展するかといえば、私個人としては、そうではないと思います。きっかけをつくってくれるのは確かに自然学校です。きっかけはつくってくれますが、実際にやるのは自分たちだと思います。その地域が一丸となってやるというのが大切だと思うので、本来、自然学校の団体が自然学校をするのではなくて、それより一歩進んで、その来てくれた客や子どもに対して、我々が自然学校風にやればいいと思います。夢は大きいが、そのようになればいいと思っています。それで、「自分たち」ということになります。

質問3　それぞれの地域で、年間で最大何人受け入れることができますか？

関原　（「9,000人」と回答）これは単純に、宿泊が可能な部屋数×日数×5掛け。

川嶋　×5掛けとは？

関原　だいたい50％くらいだろうと思っています。

大西　（「5,000人」と回答）日帰りも含めて体験者数が年間4,500人ですので、プラス500人で、5,000人です。

高砂　目標は30,000人泊。5人家族で約1,800人泊。

高野　（「1万人」と回答）清水だけで、1日100人を民宿に泊めることができます。また、清水が麓にある巻機山は、少なくとも3万人は年間登山者がいるということから、民宿に泊まるだけではなく、外で寝る人などを含めば1万人くらいだと思います。

辻 (「1,100×3＝3,300？　20×300＝6,000？　他いろいろ」と回答）自分のNPOのやっている数字ですけれども。ちょっとよくわからなかったところもあったので、話をすると、上（3,300）は、夏・冬のキャンプの子どもたちの人数を3泊として、これぐらいです。下（6,000）は山村留学で、1年以上いるので、要は延べ人数とすると、これぐらいになります。あとは、山村留学をやっていると、保護者やOBがたくさん来るので、それは計算できませんが、たぶん1,000人、2,000人が1泊ずつするくらいかなと思うので、今、実数はこんなくらいだと思います。そのような人々を我々の所にだけ泊めるのではなくて、隣の旅館や、地元のいろいろな所で泊めているので、もっと受け入れられるかと聞けば、もうちょっと受け入れられるかもしれません。

川嶋 この質問をしたのは国際自然大学校の桜井氏ですが、どうして、この質問をしたのでしょうか？

桜井 全国の子どもたちにこのような体験をさせたほうがいいという話が出ていますが、それを受け入れるだけの数字が出せるのかと思ったからです。とりあえず、今回参加した方々が受け入れるとしたら、何人受け入れ、それを掛け算して、自然学校の数で掛けると、受け入れられる人数が出て、日本中の1学年を本当にNPOの自然学校で受け入れられるのかということなどが計算できるかと思いました。

質問4　Iターンのエピソード、苦労話

川嶋 辻さんと高砂さんに質問します。他の人は皆Uターンですが、辻さんと高砂さんはIターンです。外部から入っていくのは、なかなか大変だったのではないでしょうか？

辻 私はたまたま泰阜村にやって来ました。実家は福井県ですが、学生時代は札幌で体育の教員を目指していて、小さな僻地で教員をやりたいと考えていました。学校教育の前に社会教育の場を2年ぐらいやろうと思い、研修のつもりで入ったのが、たまたまこの

泰阜村のこの団体で、こちらの方が面白いということで17年経ちました。地域は大変ですが面白い。大変なだけだったら、たぶんこの場にいないと思います。17年ぐらい経って、肩肘を張らなくなってきました。はじめは、やはり地域に理解されようとか、皆に同化しなきゃと考えていて、結果的に、それは自分の中では不自然な状況でした。この2～3年はあんまり無理して理解して欲しいということはなくなってきて、「俺だって15年いるぞ」というくらいに考えてやっていますので、今は本当に楽しいです。

高砂　私は、2000年に子どもが生まれたのをきっかけに仕事を辞めて田舎暮らしを始めました。田植えも稲刈りもまったく経験がありませんでしたが、子どもができて、自分でつくった米、野菜を食べさせる生活をしたいと思いました。本格的な田舎暮らしをするため、場所を全国で探して、3カ所目に住んだ場所が小値賀です。小値賀は、実は関西との繋がりが歴史的にもすごく深い場所で、関西人の私にとっては懐かしさを感じることができる場所でしたので、「ここで子どもを育てたい」と思い、やって来ました。厳しいか、厳しくないかと言われれば、本当に厳しいです。とにかく最初は、まず言葉がわかりません。集落の村に入って、村の共同作業に出て行きますが、その中で話している言葉の8割から9割はわかりませんでした。今では5割ほどは理解できるようになってきましたが。地域のいろいろあるうちの一人でいるうちは、地域の人々も大歓迎という感じですが、このような事業の中心を担当することになってくると、当然、いろいろなしがらみが出てきたりします。合併問題で真っ二つに割れた島ですから、そのしこりの真っ只中にこの事業もあるわけで、事業の中心になればなるほど風当たりも強く激しく、また応援してくれる人も強く激しくなります。田舎なので、100％全員と笑顔でということは、まずあり得ません。逆に、そのような人間関係の中に入れてもらっているということを喜びに感じなければならないと思っています。

第6部　パネルディスカッション

| 質問5 | 地元の子どもたちを自然学校で教育することによって、人口の流出を防ぐことができますか？ |

高砂　（「子育てできる収入が必要」と回答）私も最初は、島が嫌いで出ていくのだと思っていました。しかし先ほど言ったとおり、ショックだったのは、3割の子は島が大好きで、島に残りたいが、仕事がないから残れないという現実があることです。仕事というのも、当然、島だからといって自分の食い扶持だけでは駄目なわけで、子育てできる収入が必要です。島から他の島や内地には通勤できませんので、島の中で子育てできる収入を保障しなければなりません。現在、子育てをしているのは、ほぼ役場の職員だけです。

岩片　（「できる」と回答）できると思うし、実際、できています。3世代の家庭があります。親は自分の親を見て育ち、その子どもはまたその親を見て育つという、このような3世代の中で、いろいろなことが教えられ、そして、今いる子どもは育っています。雨が降ってから川へ流れるまで17km。その途中に住んでいるということは、5km〜10kmくらいの所に住んでいるということ。町まで5km、10kmというのは、今の時代では情報もあれば、自動車もあるから、実は生活圏内であるということ。そういう意味ではできています。なおかつ、町で仕事をしていますが、頭の中に残っている思いというのは、自分の故郷に繋がるものをかなり持っています。このような意味で「できる」という表現をしました。

横前　（「一度は都会を、外を見ること」と回答）私は泰阜村に生まれ育って、今も住んでいますが、一度は外に出てみないと、村の良さはわからないと思います。一度は外を見て、そして、村の良さに気付き、グリーンウッドが実施している子どもに対するプログラムを見て、「こんな素晴らしい村なのだ」ということを感じて村に帰ってくる。これがベストではないかと思います。

小野塚　（「イエス」と回答）私もできると思います。ただ、清水の場合は20戸の集落で、現在、子どもは、中学生が3人、小学生が2人しかいないのですが。今、手伝いをしていれば、将来町で暮らすこ

とになっても、車で15分くらいですから、すぐ手伝いに戻ってきます。それは我々が一生懸命になれば絶対にできます。私の集落の兄子は、親の面倒を見て、跡を継がなければならないということを叩き込まれているため、家を出て、家へ戻って来ないというのは、やっぱり引け目を感じると思うので、これはできると思います。

寺添　(「町内に住みたい子どもは増えるが、流出は止まらず」と回答)
時代が随分変わり、本当に今、子どもたちは実は田舎にとどまりたいと思っています。そのため、職場をつくろうと努力はしていますが、ある意味、無理な面もあります。自然学校の環境教育という形で、地元の学校でキャンプをしたり、いろいろなことをしながら、地元を学んでもらっていますが、無理があります。昔は、大杉谷から多くの人が大阪に出て行きました。炭や木材で大阪に流れました。その次は集団就職で名古屋、東京に出て行きました。しかし、調査をすると、最近の人はほとんど県内にいることがわかりました。モータリゼーションが発達して、近くの町は近距離になったのです。そのように考えると、近くに家族が住まわれることで、大杉谷という集落の人口は減りますが、集落としては存続できるということも考えられます。

質問6　2010年度の林野庁、農水省の予算では、民主党の方針で経済効果が期待できないものは削減される見込みとなっています。こうした流れを止め、山村の良さを持続させていく教育を行うためには一体何が必要でしょうか？

関原　(国と縁を切る!!→「クニへ」と回答) 要するに、国と縁を切ればいいと思います。文句が出るというのは、どこかで頼っているからです。それは仕方ないので、根性の中で縁を切ってしまえばいいと思います。お前なんかいなくても生きていくという気持ちでいると、いつか向こうが仲間に入れてくれと言うかもしれません。

辻　（「小さい力を信じる」と回答）泰阜村は非常に国策に長く苦しめられてきた村です。自治体合併に至って、もう国策は信じられないと思っている人も多いです。従来の指標では、このような地域は不合理、経済的に非合理ということで切り捨てられ、この村はごみのようなものでした。そのような指標は、食べていくためには当然大事にしなければいけないと思いますが、これからは新しい指標、ものさしをつくっていかなければならないと思います。要は、周辺に置かれている、弾き出されてしまった小さい力が――それは子ども、老人、障がい、僻地、農山村のことですが――本当は強い力を持っているということをしっかり再評価して、それらが結集して支え合って初めて、大きな力が出てくると思います。したがって、今までの指標でものを考えるのではなく、今まで捨ててきてしまった指標でものを考えていくような地域づくりを自然学校が果たせたらよいのではと思います。国と縁を切るまではいかないが、国のことはあまり信じたくないとは思っています。

高野　（「調査／発信、教育→機運」と回答）イギリスでは、経済的に困難な時期だからといって、青少年の教育に力を入れないと、将来、さらに大きな経済的ダメージを生むという調査結果が、2009年くらいからたくさん出ています。民主党議員の教育は、即効性的には必要ですが、やはり調査・研究をした結果として提示しない限り信頼できません。したがって、もっと調査・研究をして、それを伝えていく、発信していくことがムーブメントになっていかないと、世の中、特に議員は動きません。政府の予算の話ではなくて、社会の流れの中で、このような農山村の教育力や青少年だけではなく、いろいろな人の自然体験や環境教育・野外教育が重要なのだという機運をつくっていかなければなりません。

大西　（「プライスレス」と回答）現在、文化や地域というのは金食い虫で、経済効果があまりありません。したがって、切り捨てられるという話もよくわかりますが、そのような場所にある、金に換算できないものの価値を見直してもらい、それにもっと金を出してもらうという方向性が必要なのではないかと思います。

まとめ

最後に、3名の専門家から、まとめの挨拶が行われました。

鹿熊　（「あたたかいお金が希望になる」と提示）参加した方々はそれぞれ、出身地も考え方も違いますが、同じようなことを目指していると感じました。それをまとめるものは何かと考えると、温かいお金なのではないかと思います。私は、雑誌や本のライターをやっていて、取材を仕事にしています。対象はほとんど地方で、都会を知らない、東京を知らない地方の人たちをずっと見ていますが、地方で議論になっているのは、やはり経済、お金の問題です。なぜ若者はとどまれないのか、人口が減っていくのかは経済の問題で、やはり経済の仕組みがおかしいという点では皆認識が同じです。ただ、お金を語ると、何か汚いものを扱うように、もっと大事なことを話そう、お金より大事なことを話そうという機運になりがちです。そもそもお金や経済のあり方を一回語り直さないと、地方の問題は解決しないのではないでしょうか。都会ではお金があれば一人で生きていけます。これを逆に言い換えると、お金がなくなったら、都会というところは人の生きていけない場所ということに。その現象が年越し派遣村の問題などで出ています。お金がどんどん冷たく、冷酷になっている。地域の中にお金は必要なのですが、それはやはり温かいお金であるべきで、その点では伝統的な田舎の中にある交換経済は非常に温かい。例えば、誰々の知り合いだから買って帰る。見える範囲でお金を回し合うという仕組みはお金を温め合う田舎の伝統的な仕組みです。さらに昔は「講」というものがありました。これは皆で集まって、お金を融通し合って、借りたい人に渡すような仕組みです。地域金融とでも言うべきものもあったのです。今日の意見を聞いて、皆さん「お金を稼ぐ」ということを模索しているのだと感じました。今のお金、経済とは違うお金を目指しているのだと感じます。田舎ならではの経済の仕組みづくりを、もう一回持続可能というテー

マの中で語っていくような機会があってもよいのではないかと思います。

広瀬　（「伝承と貢献」と提示）私は、自然学校の役割は、この2つの言葉に尽きるだろうと考えています。私自身は30年ほど前に、本当に小さな村に住みつき始めました。全く地縁も血縁もないところに行ったわけですが、なぜ、そこに行ったのかというと、関原氏の言うところの自給自足で生きるリアルな暮らしをしたいと思ったからです。行ってみたら、昔の人々はすごい「日本人」でした。当時の人たちはもう皆死んでしまいましたが、私は、その人々に徹底的に教わりまくりました。教わりまくったことによって、今、私がやっているホールアース自然学校というのができあがったと考えています。今、見渡してみると、若者たちがいなくなって、家の中でも子どもたちもいなくなって、大人が子どもに、あるいは年寄りが若者に伝えるということがなくなってしまいました。限界集落に行ってみると、確かに皆元気なのですが、それは次世代がいないから、仕方なく自分でやっている元気なのです。確かに頑張っていて、その限りではよいのですが——「伝える」という本能が人間にはあると思うのですが——その伝える相手を失ってしまっている状況があります。自然学校は、スタッフも参加者も現地をフィールドに現地の人と知恵を伝え、伝わる関係をつくることで、もう一度、田舎の、すごい日本人の力がよみがえるようなことになるのではないかと思います。さらに、「結い」や田舎の支え合いということ、つまり貢献ということは、市場経済に翻弄されてしまった今の日本社会をもう一度洗い直しをするために、お互いに貢献し合う関係を持つことです。自然学校は地域を救うのではありません。そのような一方通行の話ではなく、持ちつ持たれつ、お互いに支え合う、教え合う、学び合うという人間関係をもう一度作り直すことではないでしょうか。それが、自然学校ができる貢献の一つの形なのではないかと思います。

阿部 (「参画と協働の再興（ハブ）」と提示)私も各地の自然学校に足を運んでいますが、自然学校の活動を見ていて、あるいは田舎で育った経験を重ね合わせて見ていくと、自然学校は、持続可能な地域づくりの大きな牽引車になっていることは間違いないと確信しています。今日の皆さんの話を聞いて、まさにその確信は強まりました。東京を含めた日本の都市はもう持続し得ない、持続不可能に陥っています。日本の自殺者数は、OECDの指標の中で常にトップ3に入っています。誰とも関わらないで一日を過ごしてしまう孤立化の度合いにおいては、ずば抜けて日本がトップです。また、子どもたちが未来に希望を持っていない、これも日本はトップです。これは今日参加した方々の地域だけの問題ではなく、日本全体の問題なのです。そのように考えると、今、まさになくなろうとしている集落を抱えている地域と、東京は合わせ鏡なのです。この合わせ鏡の問題をどう捉えるか。これは私たちの問題なのです。

しかし現在、日本において、あまりにも危機感がありません。これは非常に大変な状況を象徴しているのではないでしょうか。今、私たち自身がもう持続し得ないのです。一方、地域で暮らしている人々の中には、今そこにいて、その集落の人々と関わる、ときどき外部の人々と関わる、あるいは地域の様々な自然と関わることで、生きている、人生を楽しんでいるという実感を味わっている方々が確かに多く存在しています。そういうことを、今、都市に暮らしている人々が知らなければなりません。この日本の地域の問題は、都市の人口が地方に移動しない限り、解決できないでしょう。つまり地方回帰です。どうしたら都市の人々が地域に帰っていくのか。帰っていくだけでなく、地域で暮らしていけるのか。おそらくこれは、Iターンをした人々に学ぶことが多いのですが、それだけではなく、今、都市に暮らしている我々が、都市よりも地域の方が豊かだということを、感覚ではなくて説得力があるものとして出さなければならないと思います。同時に、それはやはり日本の政治が優先してやるべきことだと思います。そういう意

味で、この自然学校が今後の地域の持続可能な地域づくりに果たす役割は非常に大きいのです。大きいだけではなくて、非常に重要なのです。

人と自然との関係や、人と人との関係、人と社会との関係、この関係や繋がりの中で初めて、我々は生きている、生かされているという存在感を感じることができるのです。その関係性がどんどん断ち切られている場の典型が今の都会なのです。その切られた関係性を再び繋いでいく、その営みこそがESDです。つまり、それぞれの繋がりをもう一回学び取り、そして、その繋がりを再構築していくことです。今の繋がりでは、もう持続し得ない。私もあなたもこの社会も持続し得ない。では、どのような繋がりならば持続するのだろうかということをトータルで見ていく。それが環境であり、経済であり、社会であり、文化です。バラバラでは駄目なのであり、トータルで見ていく、統合していく、そういった視点です。

この地域における持続可能性といった時に、住民が参加するのは当然です。つまり、住民が主体でなければできません。かつての地域においては、どこにも参画と協働がありました。否が応でも地域のいろいろなことに参加しなければなりませんでした。そして、参加し、話し合って、決めたことは皆でやっていきました。しかし、この参画と協働が都市ではもうなくなっています。地域においても、どんどんなくなりつつあります。この参画と協働を、日本全国でもう一度地域からやり直さなければならないのです。その際、かつての参画と協働ではなく、今風の、まさに市民が主体となった、市民社会における参画と協働を新たに作り上げていくべきでしょう。その時に、この自然学校が非常に役立つのではないでしょうか。そして、それは環境だけではなく、地域経済の振興、福祉の問題を含めて様々な人々を繋いでいく、組織を繋いでいく、外と中を繋いでいく、そのようなハブとして、自然学校が今、機能していくのではないでしょうか。ただし、この、かつてあった参画と協働をもう一度取り戻していくことは、かつての

日本が良かったという話ではありません。かつての日本で育まれてきた、伝えられてきたもの——例えば自然資源の持続的利用や地域の中で育まれた文化など——を大切にしながら、現時点において我々が社会の主人公になっていくこと、それがまさにESDなのですが、自分たちが社会の当事者として未来を決定する力を付けていきます。これは、おそらく個々の地域、集落が持っていると思います。それをそこにとどめることなく、日本全体で広げていくことが大切なのではないでしょうか。今日参加してもらったいくつかの地域においては、国際交流を含めた視点が入っていました。日本だけが独立した存在として、持続可能な国をつくることはできません。これはグローバリゼーションの中で、ますます深刻化しています。そして、我々が置かれているような状況は日本だけではありません。地域の持続性の問題は、多くの国々で同じような問題が起きています。そのような国々において、同じような問題意識を持って活動している人々がいます。そういうことを含めて、やはり我々は地域における持続可能性の拠点としての自然学校を目指していくと同時に、国際的な視点を併せ持たなければならなりません。このことは今後の一つの課題でもあります。

５つの自然学校の紹介
（当日配布資料）

制作：大浦佳代（フリーライター、フォトグラファー）

5つの自然学校の紹介(当日配布資料)

自然学校と地域の参考データ

		NPO法人 かみえちご山里ファン倶楽部	NPO法人グリーンウッド 自然体験教育センター
地域	"地域"の範囲	上越市西部の中山間地域	泰阜村(所在は田本地区)
	市町村	新潟県上越市	長野県下伊那郡泰阜村
	合併	55年谷浜村、桑取村等→直江津市 71年1市1町合併→上越市 05年14市町村合併→上越市	明治22年市町村制で誕生以降、合併なし
	行政の担当窓口	新潟県上越市	泰阜村教育委員会 同総務課村づくり振興係
	アクセス(事務所)	JR直江津駅より35分(路線バス)	JR田本駅より徒歩20分 JR温田駅(特急停車)より徒歩60分
地勢		桑取川の源流から河口まで(17km)を含む中山間地域、豪雪地帯	天竜川の中流域、河岸段丘に集落
社会	地域の人口	約2,000人	1,914人、739世帯(10.1月) (田本地区:約90世帯)
	市町村全体の人口	約20万人	同上
	集落(地区)の数	30集落	19集落(村全体で)
	学校・小学校 中学校 高等学校	2校 1校(49名) 0校	2校(10年4月より1校に統合) 1校 0校
	高齢化率		約38パーセント
産業	かつて	農業、林業	林業、農業
	現在	農業(棚田米)、林業	農業、飯田市などに通勤
組織	廃校舎利活用	あり(市が設立、NPOが運営受託)	なし
	沿革	94年協同組合ウッドワーク設立 00年NPO法人木と遊ぶ研究所設立 02年NPO法人かみえちご山里ファン倶楽部設立	86年古民家で1年間の山村留学 89年任意団体ダイダラボッチ協会設立 93年任意団体グリーンウッド遊学センター設立 →01年NPO法人グリーンウッド自然体験教育センター設立
	理事の概要	各集落の名士	NPO職員 (顧問:国会議員、大学教授ら)
	パネリスト(自然学校)と地域との縁	ほぼUターン(隣の糸魚川市) 地域木材利用の木工業組合職員として地域にかかわり始める	Iターン(福井県福井市) 移住して17年
	スタッフの人数	常勤10名	NPO15名、㈱2名、専任講師2名、研修生2名
	スタッフの出身地	県内1名、他は全国各地から移住	全員が村外より移住
	年間予算	約4,500万円	約1億円
	行政からの財政支援	あり(受託事業、年間2,700万円程度)	あり(年間600万円程度)
	別立て法人	かみえちご地域資源機構㈱	㈱グリーンウッド NPOこどもたちのアジア連合

第2編 自然学校は地域を救う シンポジウム

NPO法人大杉谷自然学校	TAPPO南魚沼やまとくらしの学校（事務局はNPO法人ECOPLUS）	NPO法人おぢかアイランドツーリズム協会
旧大杉谷村	南魚沼市（とくに：栃窪、清水集落）	小値賀島、小値賀諸島
三重県多気郡大台町	新潟県南魚沼市	長崎県北松浦郡小値賀町
59年大杉谷村＋宮川村→宮川村 06年宮川村＋大台町→大台町	04年六日町＋大和町→南魚沼市 05年　＋塩沢町→南魚沼市	小値賀諸島外との合併はなし （佐世保市との合併を住民投票で否決）
大台町教育委員会 大台町役場大杉谷出張所	担当行政はなく、新潟県、南魚沼市それぞれの組織と連携	小値賀町役場産業振興課
JR三瀬谷駅より65分（町営バス）	栃窪：JR塩沢駅より車で15分（路線バスなし） 清水：JR六日町駅より40分（路線バス）	佐世保港より1時間半（高速船）
宮川の最上流部、V字谷	魚沼盆地を囲む中山間地のうち市域の端（標高5-600m）、豪雪地帯	島しょ、五島列島の北部 自然学校がある野崎島は無人島
306人、164世帯（10.1月）	栃窪：212人、58世帯（09.3月） 清水：18世帯（10.1月）	3,020人、1,360世帯（09.12月）
約10,710人（10.1月）	約61,700人（09.4月）	同上
5集落		11集落（小値賀島内）
0校（99年に4校を統廃合） 0校（81年に3校を統廃合） 0校	栃窪：1校（11人、04年に新校舎） 清水：0校（76年に分校を閉校） 中学、高校：0校	1校（97名） 1校（80名） 1校（88名）
69.7パーセント	栃窪：36.8％、清水：38.6％	41パーセント
林業、ダム建設	栃窪：農業、スキー関係 清水：林業、JR送電線保線、登山客民宿	漁業25億円（最盛期の93年）
約7割が年金生活、 3割が林業、土木関係	栃窪：農業（魚沼産コシヒカリ）	漁業10億円、農業4億円
あり（町が直接管理）	なし	あり（町が設立→NPO化）
01年任意団体大杉谷自然学校設立 07年NPO法人大杉谷自然学校設立	05年(栃窪小)学校存続委員会発足 06年㈲とくちぱノラマ農産設立 07年TAPPO南魚沼やまとくらしの学校活動開始（事務局はNPO法人ECOPLUS）	01年ながさき・島の自然学校設立 05年任意団体小値賀アイランドツーリズム協会設立 →07年NPO法人おぢかアイランドツーリズム協会設立
地域の有識者、団体代表		旧観光協会、自然学校の職員ら
Uターン（旧宮川村） 自然学校運営を希望して帰郷、祖父と同居	Uターン（旧塩沢町） 00年頃から野外キャンプ地として各地区と付き合い、父の知人あり	Iターン（大阪府） 田舎暮らしを目的に家族で移住、当初は自然学校の非常勤スタッフ
常勤7名、非常勤1名、研修生2名	常勤2名	NPO4名、㈱8名、研修生6名
県内1名、他は全国各地から移住	隣接市1名、県外1名	島内出身2名、他は県外から移住
約3,800万円		約1億円
あり（年間600万円程度）	なし	あり
なし	なし	㈱小値賀観光まちづくり公社

NPO法人かみえちご山里ファン倶楽部

●風　土
- 新潟県の南西部。桑取川は標高1000mの水源から日本海までわずか17km。海岸まで中山間地が続く、「世界一短い水循環系」（関原さん）。支流を含めた川沿いに15集落。
- 背後に最高峰2460mの頸城連峰を背負い、ブナ林直結の水で千年の間、同じ田でコメがつくられてきた。水が豊かな豪雪地帯。伝統的な生活文化、民俗行事が残されている。
- 谷沿いに海と山の文化が混交する。桑取川にはサケが遡上する。

●活動理念
- 山里の自然、景観、文化、地域産業を「守る、深める、創造する」。
- シンボルマークは「結」（ゆい）。

●自然学校の来歴・変遷

NPO発足の背景（地域外の動き）：木材によるモノづくりから地域へ
- 94年、協同組合ウッドワーク設立。
    - →　上越地域の建具業者の組合。地域の木材で、地域の職人が、全国に通用するものをつくることが理念。国産材供給、間伐材利用などのコンクールで数々の受賞歴。
- 木を介して桑取谷地域との関係性。→　川清掃に自主的に参加。継続的な関係が深まる。
- 00年、NPO法人木と遊ぶ研究所（新潟県第1号のNPO）設立。
    - →　木材の産地認証機関。森林保全と利活用の情報を消費者まで流し、循環型の森林活用をうながす。→　常勤スタッフが就業することで人材のゆりかごとなる。

NPO発足の背景（地域内の動き）：ゴルフ場ではなく地域資源
- 93年、桑取谷最奥部のゴルフ場計画が中止に。上越市の水源（30％）を守る市民の反対運動がきっかけ。→　94年、水道水源保護条例制定、保護地域に。
- 94年、明日の桑取を考える会、発足。地域住民の半分が会員、地域主導型の活動。

・98年、「リフレッシュビレッジ事業」(農水省の補助事業)で、温泉施設、農産物加工所などの設置。→ 地域住民による、地域資源研究会、郷土料理研究会、朝市・夕市の生産組合などができる。ウッドワークも温泉施設に、地域間伐材の家具を提供。

"地域のNPO"発足へ

・01年、NPO法人木と遊ぶ研究所が、桑取谷の「伝統生活技術レッドデータ」調査(180戸)を実施。→ "森を守る"のではなく"森が守られる仕組みを守る"ことが必要だという気づきから、調査を実施。→ "口伝技術絶滅のピークが10年後"という危機的状況が明確に。村人・自身が驚いた。

・02年、NPO法人かみえちご里山ファン倶楽部、発足。地域から80名の発起人。
→『村のことは村でやる』。NPO木と遊ぶ研究所から事務局の人材。理事は地域住民。

今後の事業計画

・新しいクニ(=自治性があり生産をまかなえる範囲の村落集合体)づくり。桑取谷では30集落2000人。→ クニを特徴づける10のまかない:米野菜、海産物、森林天然採取物、植林資源、水、エネルギー(桑取谷には欠)、教育、民俗伝統、文化、産業。

・棚田米("有縁の米"プロジェクト)梅干や味噌などの物品販売。→都市購買という『講』で「クニ」の維持、すなわち『結い』を維持する仕組み。『結い』の成果は『講』の支持者にも還元される。

・10年7月、"生活デザインミュージアム"をオープン予定。連動して、森林や木工のマイスタースクール、大学と連携した教育も計画中。2町歩の森林をすでに入手。

・ことこと村づくり学校で改修した、築200年の古民家でレストランを。

●現在のおもな事業内容

地域活動の支援

○地域資源の調査、記録(基本原則として以下を守る)→ 具体的な事実を調べる、聞き取れる人間関係を最優先、結論や理想の押しつけをしない、口伝の記録、復元と実施につなげる、継続するには復元したものに

新たな意味と価値を付加する、など。
○地域清掃・環境保全活動を支援　→　協同作業を支援することは、結いの場に参加するための完全義務。草刈や水路整備は"土地のかたち"を把握する学びの場。
○地域教育連携事業　→　05年より地元小学校と連携した放課後活動。

自主事業（NPOだからできること）
○体験ではなく学校　→　ことこと村づくり学校（古民家改修）、棚田学校（通年）。
○原体験　→　さんぞくライフ、子どもがひとりで行くふるさと探検、など体験事業。

地域資源の掘り起こし（新たな"仕事起こし"）
○伝統行事再現　→　45年ぶりに復活した行事も。スタッフの結婚式を村の伝統で。
○自然体験活動や各種イベント、米や農産加工品販売など。

受託事業（続けるための基礎経費と、場のつくり出し）
○上越市地球環境学校（廃校を活用した自然学校）　→　99年発足、02年から同NPOが運営を受託し、単なる指定管理ではなくコミュニティの場として位置づけを改める。08年から、NPOスタッフを地域支援員として配置。
○上越市くわどり市民の森　→　水源涵養森林の管理・体験企画など。

●**地域とのかかわりのトピック**

地域への対し方の流儀
・「村を救って感謝されたい」人間は、環境を愛する自分が好きなだけ。根づく具体的なフィールドがないので、対象が広がって"地球環境"をふりかざす。地域での活動を「何年間だけ」と区切ってやって来る者は、個人のスキルアップなど目的が利己的。
・地域は食べ物も文化も人間関係も満たされている。食料自給率は1000%、東京は1%。
・地域に対し礼儀をわきまえ、時間をかけてゆっくりと。自分の生活は自分で律するべし。
・"○○体験"は田舎のディズニーランド化、疲弊を招く。娯楽的な体験

ではなく、技を学ぶ"学校"にすることが大事。村落の本質は"モノをつくっている場所"である。
・ムラは"人間"として回復できる場。ムラでは五感と身体のすべてを使わないと死ぬ。
・NPOが果たす役割は、農民になることではなく、「ここ」で生きるための仕組みをつくること。そのためにはNPOは、都市とムラの中間で"宙吊り"であり続けることが大事。

誇りの復元
・外からの目によって、地域が自分たちの地域資源を再評価し"場の力"を感覚する。「おれたちには力がある、力があったんだ」と地域が思えるような活動がまずNPOの役割。

地域に外から若者が入ることの重要性
・45年ぶりに復活した伝統行事。45年前に何が？→道路ができて村からひとが流出した。伝統行事は意味があるから伝統に。→　祭礼は、外からひとが入ってくる今だからこそ重要。内外の人間関係を溶解・再凝集させてくれる。
・地域に抜けている20、30代は、ムラ内のバラバラだった"集落（町内会）という珠"をつなぎ、数珠にする紐の役割。外の若者はムラに対し前科（対立の歴史）がなく、誰とでもサラから話ができる。→　つなぐ役割。
・集落支援員のモデルとなった活動は、全国的に成功事例として注目されている。

協働幻想
・行政とNPOの協働は幻想。→　広域合併後、「行政の手が薄くなったところをNPOに安くやらせろ」という意識がある。行政担当者に「NPOは貧乏だからカツ丼も食えないだろう」と面罵された経験も。その「安くやらせるというアウトソーシング」が「協働」だと行政はいう。

● パネリスト紹介 ●

関原　剛さん（NPO法人かみえちご山里ファン倶楽部　専務理事）
・1961年、糸魚川市出身。高校卒業後、東京へ。商業施設の設計会社

を辞め、95年にUターン。協同組合ウッドワークの求人「17時に終業」を見て、「夕方釣りができる」と職員に。
- 建具も森林もシロウトだったため、一生懸命勉強。その世界に決定的に欠けていたプロデューサー的役割を担い、"スギ間伐材家具では日本一（自称）"の集団に成長させる。「オレはずーっとプロダクト側の人間なんです。つくり手」。かみえちごは無給理事。針葉樹家具販売で（おもに）生計。

岩片克己さん（白山神社宮司、NPO法人かみえちご山里ファン倶楽部　理事）
- 1952年生まれ、西横山集落出身。桑取谷にある白山神社の宮司（神主）さん。神主さんとしては若手だが地域に人望があり、NPOと地域のつなぎ手としても活躍している。
- 若いころにユーラシア放浪や、穂高山荘で剛力に従事など経験が豊富。仕事での中国赴任などを経て、実家の白山神社の後を継ぐ。
- 現在、かみえちごの理事として、とくに若いスタッフの育成に熱心。

■ NPO法人グリーンウッド自然体験教育センター

●風　土
- 長野県の南端部。天竜川の中流域だがV字谷が連なる山間地。河岸段丘に19の集落と耕地が点在する。標高は770m～450mと落差が大きい。森林率86％。気候は東海地域に近い。
- 村内には国道がなく、交通信号もない。天竜川に沿って、愛知県豊橋市と上伊那郡辰野町を結ぶJR飯田線が走る。特急も運行し、豊橋駅と温田駅間を2時間で結ぶ。
- かつては養蚕が盛ん（現在は1軒）だったが、村は5,000人の人口を養えず、満蒙開拓団に多くを送り出した。悲しい犠牲の歴史をもつ。
- 現在は年金（高齢者福祉）が最大の産業。「自宅の畳の上で死にたい」という願いをかなえる"在宅福祉"を掲げ、福祉の村として全国的に注目されている。

● **基本理念**

「多様性の共存」

● **活動理念**

「地域に根ざし、暮らしから学ぶ」

・暮らしの中に学びの原点がある。暮らしの中の4大基礎活動、「食べる、寝る、遊ぶ、働く」を通して、助け合いや自立性について学びあう。

・生活に必要なものをなるべく自分でつくる。→ 米・野菜は耕作。食器は、登り窯で焼く。エネルギーは薪（風呂、暖房）で調達から薪割りまで行う。料理も自分らでする。

・暮らしの段取りは、何事もすべて自分たちで話し合って決める。

・地域のもつ潜在的な教育力を重視。風土が育んだ独自の生活文化に学ぶべき。"結（ゆい）"の助け合いの精神、自立の精神、山里の村社会で暮らすルールなど。

● **自然学校の来歴・変遷**

短期キャンプから長期キャンプ（＝山村留学）へ

・〜85年、飯田市の野外教育財団で、グリーンウッド現会長の梶さち子さんが短期キャンプを実施。やがてプログラム化されたキャンプに疑問をもち、子どもの自主性を重視したフリープログラムキャンプを実施するようになる。

・86年、短期キャンプの延長で、1年間の長期キャンプ（＝山村留学）を計画。財団の縁で泰阜村の古民家へ、梶さんらスタッフとキャンプ参加者の子ども4人が移住。

・87年、山村留学（＝長期キャンプ）2年目、子どもの参加者15人。電柱や枕木で母屋を建造する。子どもたちが中心となって作業し、屋号を"だいだらぼっち"とする。

・地域からの反発。→ 山村留学の開始は、戸塚ヨットスクールの事件と時期が重なる。こつ然と現れた集団に地域は不信感を抱く。山村留学の地域懇談会を何度も開き、溶け込むために誠心誠意の努力。梶さんは「お嫁に来るような覚悟で来ました」と訴えた。

山村留学の地域への定着、法人化へ

・89年、飯田の財団から独立。任意団体ダイダラボッチ協会を設立。

- 93年、任意団体グリーンウッド遊学センター、設立。活動理念を定め、山村留学の正式名を「暮らしの学校・だいだらぼっち」とする。
- 93年～、短期事業「信州子ども山賊キャンプ」開始。
- 95年～、村からの助成金交付開始。
- 01年、NPO法人グリーンウッド自然体験教育センター、設立。
- 03～05年、施設の建て替え。母屋の他にも建物を増やす。村、県、国、各1/3補助。
- 02年、地域の子ども対象の「あんじゃね自然学校」を開始。地域に眠る教育力（必ず消える"自然と共生する"技術、知恵、文化）をいかす。村の社会教育を肩代わり。

今後：株式会社の設立と学校法人化を手探り
- 09年2月、株式会社グリーンウッド、設立。"村への恩返し"が、コンセプト。豊田市にとってのトヨタのような収益体として貢献したい。当座の売上目標は5千万円。
- 10年4月～、村立小学校を1校に統合。グリーンウッドは地域の教育機関の役割も？

● **現在のおもな事業内容**
- 長期事業 → 山村留学。「暮らしの学校・だいだらぼっち」。年間の定員20名。
- 短期事業 → フリープログラムのショートキャンプ「信州子ども山賊キャンプ」。09年は1,030人の子どもたちが全国から参加。
- 各種教育プログラム → 教師・指導者育成、キャンプボランティア育成など。
- 地域活動や持続的な暮らしの伝承。「あんじゃね自然学校」を地域の子どもや子育て世代を対象に月1回開催。

● **地域とのかかわりのトピック**

行政が"持続可能な村づくり"に教育を位置づけ
- 役場）泰阜村は福祉の村、持続可能な村を目指す。観光立村を否定、ゴルフ場はいらない。信号もコンビニもなくていい。→ 自然を守り先人を尊ぶ、19世紀の村でいこう。教育も持続可能な村づくりの一端として村で支援。

- 短期キャンプでは、1カ月間に村の人口の半分1,000人が地域の外から来る。
- 役場）08年からIUターンプロジェクト開始。10年後には人口1,500人の危機感。空き家の改修費を村が補助。子育て世代がねらいで"都会で失われた教育"を売りにする。グリーンウッドのスタッフを検討委員会の座長に任命。シンクタンクとして期待。
- 役場）年間400万円の補助は、小学校が複式学級になると村の負担となる教員1人の年収分、との考え方。全国100ほどある山村留学の中でも、最安の補助額。

波及効果、地域への教育を見直す
- 「村の税金で都会の子を育てるのか」という地域からの批判は根強い。
- 講師として協力する地域のひとたちから、「地元の子どもどころか、親世代にも生活文化や技術が伝わっていない」という反省。→ 親世代にも体験させる取り組みへ。
- 山村留学の子たちと机を並べた、地元の若者が地域に戻り始めている。いったん村の外に出て初めて、なぜ都会の子が山村留学に来ていたのか、村の価値を理解。
- 自分の子どもを「村にいてはダメだ」と外に出した60歳代の人が、都会の子に村のよさを教える体験プログラムに人生を否定されるほどの衝撃。率先してキャンプに協力。

地域に産業を生む
- 短期キャンプなどの地域協力者が集まり、グリーンツーリズム研究会を発足。民宿の開業、キャンプ地の整備など活動を始めている。地域に活気。
- 地域に小さな産業を生む。キャンプの野菜は地元農家15戸が契約栽培。自主的に有機減農薬で栽培している。NPO事業すべてで、年間6,900万円が地域に還元されている。

地域にいかに溶け込むか
- 地域の拒絶反応は、「なぜ泰阜村のような田舎に大学出の優秀な人材が来るのか？ オウムのような集団ではないか」、「都会の不良が、純粋な村の子を汚染するのでは」との警戒心が根底に。その上、"50年たって

も養子は養子"という風土。→ 単なるIターン者ではなく、ここに骨をうずめるという覚悟が徐々に理解され、認知が進んできている。
・役場の職員とスタッフは、子どものPTAが一緒など地域の住民同士のお付き合い。
・集落の自治会、消防団、青年会にはすべて参加し、イベント役員、PTA役員も受ける。

●パネリスト紹介●

辻　英之さん (NPO法人グリーンウッド自然体験教育センター　代表理事)
・1970年、福井市生まれ。大学卒業後、北海道のへき地での体育教員を目指す。教育実習のついでに「だいだらぼっち」を見学。学校教育の枠外で2年ほど学ぼうかと職員に。
・北海道から妻がきてくれて、小6～小1の2男1女の子ども。スタッフもだいだらぼっちの子どもたちも、ひとつの大家族のように暮らす。
・移住から15年たったころ、地域のひとから「土地があるぞ」「家は建てないのか」などと話してもらえるようになった。「15年たってやっと、理解してもらおうというあせりがなくなった。肩の力が抜けたら、地域との距離が近くなりました」。

横前　明さん (泰阜村役場総務課村づくり振興係　係長)
・1961年、泰阜村生まれ。役場職員ひと筋30年。前の所属は、教育委員会教育振興係長。村長が描く"福祉が産業の泰阜村"を支える役場職員の職に誇りと自負。
・村は今が一番たいへんな時期だが、「21世紀は必ず都会から人がくる村になる」と信じる。人口2,000人の今、住民ひとりひとりの親戚筋から性格まで、全部頭に入っている。
・若いころには、信号もコンビニもない田舎に疑問。「自然は腹の足しにならない」と。しかし今では、四季で変化する山々など、自然豊かな空間を提供できることがすばらしいと思える。「田舎のよさがわからないのか？　と、全国に向かっていいたいですね」。

NPO法人大杉谷自然学校

●風　土
- 伊勢湾に注ぐ宮川の源流と最上流部。三重と奈良の県境の、1,000m前後の山に刻まれた深いV字谷に沿って集落が点在する。自然学校は標高200mほど。宮川は国交省が"水質日本一の川"に選ぶ清流だが、大台町中心地のやや上流にダムがつくられており、アユは放流である。
- 吉野熊野国立公園、原生林で有名な大台ケ原（日本百名山）への三重県側からの登山口があるが、04年の水害で道が崩れ現在は通行できない。
- 宮川の河口は、漁業がさかんな伊勢湾。海の環境を育む森への、漁民の信仰が篤い。
- 多雨。04年9月、台風に伴う豪雨により大規模な土砂災害が発生、深い傷を負った。
- シカの食害が深刻。

●活動理念
- 地域の教育力（自然、人、文化）を生かした環境教育事業を通し、持続可能な新しい未来を創造することを目指す。
- 各種自然体験の特色は、①懐かしい未来のためのアイデア箱、②昔の日本人のすごさを伝える劇場、③宮川の山と川など自然が遊び場。

●自然学校の来歴・変遷
　自然学校発足の背景
- かつては林業が主要産業。山1,000ha（ヘクタール）あれば3代先まで暮らせるほどの価値。町に住む大山持ちが、集落の人を雇用する構造。戦後、スギやヒノキの人工林に。
- 昭和30年前後、大杉谷の上流に宮川ダムの建設。作業員が家族ぐるみで移住し、ピーク時の大杉谷の人口は1,000人、映画館が3軒もあった。工事が終わると人口は流出。
- 昭和50年代以降、木材の自由化で林業が業として成り立たなくなる。
- 大杉谷周辺の山は1,000ha単位で同一所有者。まとまっていて買いやすいため、最近になって、森林資源の木材以外の価値が注目され、地域に新たな不安要因も。

→　CO_2クレジット（森林管理をCO_2吸収量にカウント）として森林獲得（すでに大手企業が1,400haを購入）。あるいは、水資源目当てに水源の山に外部資本（国外も含め）が関心を示し視察が入る。新興宗教の移住、自然保護団体の森林購入もすでにある。

自然学校を地域拠点として行政が設置

- 99年、大杉小学校、閉校。地域の4小学校を統廃合。当時の県知事が大杉谷の自然のファン。「三重県宮川流域ルネッサンス事業」としてフィールドミュージアムの構想。
- 01年、大杉小、廃校。校舎を利用し、地域総合センター（デイサービス機能）と大杉谷自然学校を開校。大西さんがUターンし、村役場からの出向職員と2人で立ち上げ。
- 07年、NPO法人化。理事は町内の有識者で、通常の活動はあまりない。

地域の教育力を生かしたプログラムを

- 当初、自然学校のコンセプトは"癒し"に。都会人に自然体験と癒しの場を提供。交流人口拡大は地域活性化につながるという意識はあったが、地域貢献は考えなかった。
- やがて、日々の暮らしの中で"地域に残る豊かな暮らし"を再発見、地域の大きな教育力に気づく。
- 04年9月、台風の豪雨で大規模な土砂災害が発生。町全体で7人の犠牲。自然学校近くの久豆集落でも唯一の商店が流される。→　ひとがいなくなることを実感。
- 05年ごろから"地域がなくなる"危機感。地域の人材が"飯のタネ"の自然学校は、存亡の危機。地域の知恵をいかした体験プログラムをいっそう充実。

自然学校を、限界集落対策の中間支援組織に？

- 09年、町の「限界集落対策のモデル事業」が大杉谷出張所でスタート。
　　→　窓口業務だけだった出張所を機能強化。職員を2名から4名に増員（ほかに集落支援員1名）、産業課長を出張所長に抜擢、など。
- 出張所では、限界集落対策の具体案を模索中。自然学校には、実行にあたっての中間支援組織として役割を期待。出張所を自然学校の中に移す案も出されている。

・10年3月、「ふるさと交流会」を開催予定。集落の出身者を呼び戻すUターン作戦。大杉谷と大阪、名古屋の3カ所で地域出身者の交流会を開催。自然学校が業務を担当。

● 現在のおもな事業内容
・環境教育事業　→　一般参加者向け体験事業、学校・団体向け体験事業など。
・環境教育普及事業　→　人材育成のための研修や講演会など。
・調査研究　→　豪雨災害後の魚類調査、地域調査など。
・合計して年間140本ものプログラムを開催（08年度）。

● 地域とのかかわりのトピック

経済的に自立した自然学校を
・開校時、「5年以内に経済的に自立せよ」と村。初年度（01年度）の運営費は、100％村の助成（1,377万円）。08年度には650万円まで減、自立度が高まっている。
・行政の担当は教育委員会。合併時に、産業課へ移行する話があったが、「教育機関に事業収益は見込めない」と自然学校側が反対。
・町議会の中には、町人口の3％足らずの大杉谷に予算をつぎ込むことへの批判も。
・行政は「町職員1人分の人件費でNPO職員は2人雇える」とNPOを位置づけ。

地域の資源（人）が消える危機感とは
・出張所）09年、出張所職員が地域の全戸を訪問し、聞き取り調査。→結果は職員を驚かせた。「地域のひとびとは今の生活に満足している。幸せだと感じている」。
・出張所）限界集落への不安感は、川の下流の集落や町が抱く不安感。つまり、上流の集落がなくなると、「次は下流の自分たちの集落がなくなる番だ」という不安。
・大西さん）残る必然のない集落は、消えるのが自然のなりゆき。集落が消えても地域は困らない。困るのは地域の資源を飯のタネにしている自然学校のみ。
・大西さん）村社会は、何百年も持続してきた巧妙な仕組み。田舎は都会

人の癒しの場ではなく、社会の巧妙な仕組みを学ぶ場。現代社会の諸問題を解決する糸口。村を捨て、ないがしろにしてきた現代人は、ここに来て"ざんげ"すべきではないだろうか。

自然学校に期待される役割
・これまでの活動で、地域のひとがプログラムの先生として活躍、郷土料理研究の女性グループが地域で頼られる重要な存在になるなど、地域が生き生きと元気になった。
・久豆集落）自然学校のおかげで外からもひとが集まる。今後、空き家対策で定住に期待。
・出張所）雇用の場でもあり、町が600万円出す価値はある。環境教育プラス新たな産業へ拡大を期待。自然学校の存在自体が「見放されていない」安心感を地域に与える。
・出張所）大西さんの働きは大きく評価。かつ逸材を採用した町の功績でもある。
・地域の民泊協力は14軒。自然学校の事業と連動し一般客の受け入れはない。貸布団、給食サービス（地域の郷土食研究グループ）を利用し、高齢の民家への負担を軽減。

●パネリスト紹介●

大西かおりさん（NPO法人大杉谷自然学校　校長）
・1972年、旧宮川村出身。高校時代から下宿して地域外の学校へ。大学卒業後、JICAの青年海外協力隊で3年間、フィリピンで理科の教員をつとめる。
・帰国後、「生まれた地域で働ける仕事」を求め、自然学校に可能性を見出す。北海道の自然学校で研修中に、大杉谷自然学校立ち上げの話があり、就職を即決した。
・両親は近郊都市に出て、86歳の祖父と2人暮らし。やがて地域の暮らしの技術や知恵が自然よりすごいことを発見。「じつは祖父もすごかった」と思い知る。
・仕事を終えて帰宅すると、エプロン姿の祖父が食卓をととのえて待っ

ている。「食べ物にお金がかからず、通勤は車で15分。田舎サイコー！田舎暮らしはやめられない！」。

寺添幸男さん（大台町役場大杉谷出張所　所長）
- 1956年、旧宮川村出身。行政マンひと筋。08年度まで産業課長として、町に産業と雇用をつくる仕事をしてきた。道の駅、温泉宿泊つきアウトドアレジャー施設、食品加工施設、製材加工業など多彩。「大杉谷でも産業を」と地域外にも広くアンテナを張る。
- 「あと2年で何とかせなあかん。町は大杉谷を廃村にする考えはいっさいないです。そのために自然学校を置いているんですよ」。

TAPPO南魚沼やまとくらしの学校

●風　土
- 新潟県南部、群馬との県境に近い南魚沼市。魚沼産コシヒカリの産地、魚沼盆地をぐるりと囲む山間地に散在する集落のうち、栃窪は盆地の北の標高500m、清水は盆地の南東、上越国境の清水峠に続く標高600mに位置する集落。いずれも豪雪地域。
- 栃窪は、近くにシャトー塩沢スキー場ができた昭和40年代ごろから民宿業（約10軒、今は1軒）やスキー関連の雇用で出稼ぎがなくなる。60町歩の棚田でコメを栽培。
- 清水は、かつて峠の関所があったほか、修験道や登山で知られる巻機山の登山口で、宿坊や民宿（かつて7軒、現在3軒）。昭和30年代から、登山口に東京などの大学山岳部が山小屋を建て、学生が子どもに勉強を教えるなど集落との交流があった。また、東京のJR各線に電力供給する送電線が清水峠を通り、保守関連でJRの雇用も。

●活動理念
- 長年にわたって地域社会が自然環境と調和して存続してきた知恵と技を、持続可能な社会づくりという現代社会の課題解決に活かすことを目指す。
- 特定の施設だけで実施するのではなく、地域全体を「学びの場」とする。

地元のお年寄りや子どもたちも指導者となり、外部の人々とともに学び合う「地域まるごと自然学校」。

● 自然学校の来歴・変遷

栃窪で小学校の存続委員会

・栃窪小学校で、子どもの減少と木造校舎の老朽化。→ 塩沢町の合併前に新校舎を建設し廃校を食い止めようと、集落で「学校建設委員会」を発足し町議会への要請活動を。
・04年、栃窪小学校の新校舎落成。次は存続のために集落で「学校存続委員会」を発足。
・05年、山村留学で児童数増を検討。高野さんに相談し、勉強会と視察（泰阜村のグリーンウッド自然体験教育センター）。→ 「半端な覚悟では実行できない」と断念。
・08年、特認校（市内在住なら入学が可）指定。現在11人中4人が学区外からの通学。

栃窪に集落営農組織の法人誕生

・06年、国の中山間地直接支払制度の2期目。1期と違う営農をしないと2割減。→集落営農組織の法人、㈲とちくぼパノラマ農産、設立。棚田のすばらしい展望から命名。
・社長は、元町役場職員で、栃窪集落の現区長。地域の公益性と事業として成功させる覚悟をこめて、法人化。高齢の人の田んぼ受託作業なども。出資者は9軒→20軒。また、社長は埼玉の自由の森学園との縁で、20年近く田んぼの体験学習を受け入れている。

清水集落では

・77年から、巻機山の自然環境を保全するナショナルトラスト活動。清水集落もかかわり、交流も。登山ブームもあり、巻機山を媒体に多くのひとが清水集落に来る。
・08年、3月。清水地区活性化委員会、発足。産業の検討など活動が活発に。

事務局（NPO法人ECOPLUS）の活動と地域とのかかわり

・10数年前、スノーキャンプのフィールドに栃窪を。高野さんの父の知人が当時の区長。

- 06年、県の「南魚沼のボランティア活動に関する潜在的な資源の発掘検討事業」をNPO法人ECOPLUS（東京、代表は高野さん）が受託。アンケート調査、都市参加者を募ったモデル事業など実施。第1回「南魚沼・風と土のフェスティバル」開催。
- 06年、清水集落で、「環境と教育」をテーマに、村の暮らしや知恵を学ぶ国際的な研修会を開催。清水集落とのつながりが生まれる。
- 07年、栃窪で、第2回「南魚沼・風と土のフェスティバル」開催。テーマは「環境教育で地域を元気に！」。体験を通して、持続可能な地域づくりを考える試み。

助成金でTAPPOの事業開始
- 07年、ECOPLUSが「セブン-イレブンみどりの基金」の助成金申請。07～09年度の3年間（300万円×3年）の助成が決定する。
- 07年4月、TAPPO南魚沼やまとくらしの学校、事業を開始。"たっぽ"は地元の方言で田んぼの意。事務局はECOPLUSが務め、栃窪の事務所に専従職員を配置している。
- 評議員（11人）は、南魚沼市長ほか学識経験者、有識者ら。運営委員会のメンバー（17人）は、栃窪と清水の地域役員、婦人会役員、PTA役員、小学校長など。応援団は新潟県知事はじめ10年1月20日現在96人を数える。

今後の展開と可能性
- 「みどりの基金」は09年までだが、事務局の運営はECOPLUSが支えて事業を継続。
- 地域に"小さなビジネス"を。栃窪は米の販売、加工品も検討、清水はナメコの販売。
- 栃窪での山村留学の可能性も、まだ完全には消してはいない。

●現在のおもな事業内容
- いきものプロジェクト　→　集落周辺の動植物の定期的な生態調査、栃窪小も参加。
- 田んぼのイロハ講座　→　年間5回、都会からの参加者が地域農家にコメづくりを学ぶ。
- 連続キャンプ、やまざと子どもショートステイ　→　子ども対象の体験

プログラム。
- その他：南魚沼の他の中山間地集落とのネットワークをつくる活動やイベント。

  清水集落では、やまざとワークショップ → 清水集落の価値や可能性を地域と外部が一緒に見つめ直すワークショップ。ナメコ栽培の共同作業なども。

● 地域とのかかわりのトピック

地域の受け入れは、期待ととまどいが半々

- 栃窪の区長）助成金の話は「はずれればいいなー」と内心。㈲とちくぼパノラマ農産の運営だけでも大変なのにお荷物が増え、地域に協力者がいるかどうかも不安だった。

  事務局や外から来た先生の「この集落の今後」の話は、高級すぎて理解できない。生活の実感とは離れていると感じる。われわれは経済が考え方の最初にある。

- 栃窪の区長）TAPPO、よかったことは多い。地域の子どもが積極的になった。自分の意見を発表できる。若いひとも来て楽しい。個人的には、都会のひとに、農業や米づくりのこと、無農薬栽培がどれだけ大変かなど、知ってもらえることが一番の喜び。

- 高野さん）集落の女性は、料理のすばらしい技術をもっているが、女性はなかなか表に出ない。本気で本当にやりたいのならハードルを越える。切羽詰ったときが飛躍のとき。

- 清水）大学山岳部との交流があったから、山の中なのにハイカラな集落。外から若者が来るのは楽しい。見返りを期待するのではなく楽しいからやっている。ただ、集落100％全員が賛成ではない。深くやるとむずかしいことがある。

- 高野さん）日本中に「中山間地の価値は何か」と問いたい。その答えをおさえないまま農山村に消えてほしくない。都市を支えているのは農山村だと、体験で理解すべき。

地域とのキャッチボールで物事が進む

- 高野さん）集落を単に残せばいいとは考えていない。栃窪には小学校存続の意思とパノラマ農産があり、清水には50、60代の「あきらめてい

ない」ひとがいるからかかわる。清水ではとくに地域と外のキャッチボールで、地域の将来のデザインが描かれている。
- 清水集落）ワークショップで、ナメコの原木栽培を集落でやる動機づけができた。ヒントをもらうのはいいこと。都会の人には、労働力も見返りも期待しないが、販路は期待。

若い世代が戻って地域に活気が
- 栃窪には20代の若い世代が戻り始めている。形はいろいろ。都会の大学に在学中でイベント時に戻る、勤めは町で住まいは集落、地域で林業に就職、など。20代の若者がTAPPOの活動でスタッフを。集落にはお嫁さんも来て09年に赤ちゃんが3人誕生。

● パネリスト紹介 ●

高野孝子さん（NPO法人ECOPLUS　代表理事）
- 1963年、旧塩沢町の酒造業（現在は販売業）を営む旧家に生まれる。
- 北極海横断などの国際的な冒険プロジェクトを重ねながら、イギリスで環境教育についての研究を行い、エジンバラ大学で教育学博士号を取得、日本の野外・環境教育を先導。
- 05年に、南魚沼市内に住まいを得て、他の地域と行き来する生活。地元の出で、父親が栃窪など集落と付き合いがあり、身元がたしか。「だから、『わたしはこの大きな地域の子どもです』といって集落の門を開け、しかもわがままなこともいえるんです」。

小野塚彰一さん（清水地区活性化委員会委員）
- 1949年、清水集落の生まれ。JRの保線、建築土木関係などの仕事をしてきた。
- 地域の仲間と一緒に、神社の鳥居やゲートボール場をつくったり、公民館新築に力を注いだりなど、集落のために熱心に活動。
- 持ち前の明るさ気さくさから、外から来る若者に人気。「都会のひとが清水に来て、ここで何かいいものを見つけて、それを自分の人生にいかしてもらえたらいいと思うよ」。

NPO法人おぢかアイランドツーリズム協会

●風土：小値賀島
- 17の島から成る小値賀諸島最大の島。五島列島の北端部、西海国立公園内。
- 自然環境に恵まれ、古来より裕福な島。五島列島の中では例外的に平坦な地形で、米がつくれる。海も遠浅なため豊かな漁場に恵まれ、漁業が盛ん。捕鯨、交易（遣唐使の寄港地）でも栄えた歴史がある。
- ひとびとには、外に開かれたおおらかな気質がある。"もてなし"を徳とし、現在でも秋祭には門戸を開き、誰でも招き入れて酒食を供する風習がある。

●風土：野崎島
- 小値賀島に隣接し、町営船で30分。
- 江戸後期に五島藩の殖産殖民政策で開拓。野首集落には隠れキリシタンが移住した。明治初期の弾圧を機に、集落で教会建設を一念発起。集落の全17戸が結束し、40年近くかけ日々の食を削って貯蓄。明治41（1908）年、長崎の教会群の中でも屈指の建造物、野首教会を建堂した。
- 昭和40年代から集団離村始まる。88年に最後の1戸（神主夫妻）が野崎島を離れた。
- 野生のキュウシュウジカ500頭が生息し、"園丁"の役割。島の景観が荒れていない。

●自然学校の来歴・変遷
自然や文化を生かした観光立地化へ
- 平成に入るころ、島の文化遺産を守り観光にいかすことを町の方針に掲げる。
- 外部資本のリゾート開発を否定。町として、「野崎島ワイルドパーク事業」に着手。
    - → 廃校舎（84年廃校の小中学校）利用で、自然学校整備（宿泊機能、キャンプ場）。
    - → 旧野首教会の復元修復。町が数千万円を投入し、単なる修復ではなく"復元"したことで、県の文化財に指定。→ 世界遺産暫定リストに登録。

野崎島の自然学校からスタート
- 98年、野崎島が拠点の自然学校「ながさき・島の自然学校」発足。01年に本格始動。子ども自然体験キャンプ、各種体験ツアー、島内ガイドなどを実施。
- 01年〜、野崎島で"おぢか国際音楽祭"開催。以後、毎年開催している。

ツーリズムへと軸足を転換
- 05年、高砂さんがスタッフとして参加。同年、長崎県で民泊の規制緩和。
- 05年、町が運営する観光協会、自然学校、民泊を進める協議会の3者を統合し、任意団体小値賀アイランドツーリズム協会、設立。事務所を小値賀島に設置する。
- 06年、民泊を事業としてスタート（当初は7軒、現在は50軒が登録）。
    → 自然体験、民泊体験を含む"ツーリズム業"へ事業拡大。旅行会社などに営業を展開して、各種ツアー、修学旅行の誘致を積極的に行う。県や国の助成事業も申請。
- 07年、NPO法人おぢかアイランドツーリズム協会、設立。

産業化の限界突破を図る
- 産業化の限界。①離島のハンディ：季節によって船の運航が不安定、修学旅行（max10校）や団体受け入れ数の限界。②価格の限界：教育旅行、民泊の料金設定の限界。
- 高付加価値の観光業（古民家ステイ）と、島の物産開発と販売などへ事業拡大を図る。
- 09年、株式会社小値賀島観光まちづくり公社、設立。（資本金390万円、うち町の出資20万円で今後の出資予定はなし）
- 古民家再生事業。国の補助事業など約2億円で4軒の古民家を修復。レストランとバー、レセプションを備えたセンター棟1軒、ステイ施設3軒。1泊1人約3万円見込み。

●現在のおもな事業内容
- "島のコンシェルジュ"機能として、ツーリズム全般。修学旅行などの教育旅行、団体ツアーの受け入れ、民泊を含む個人旅行コーディネートも一括して受ける。
- 「ながさき・島の自然学校」で野崎島をフィールドにした、各種自然体験、

キャンプ、ガイドツアーなどを実施。日本人が失った"本当の豊かさ"を考える問いかけも。
- 各種国際交流やイベントの開催。

● 行政の担当
- 一貫して産業振興課が担当。吉元勝信課長は、自然学校発足時から二人三脚で活動を支えてきた。吉元課長は、「本当の"まちづくり"とは、歴史、文化が次の世代に伝わるための仕組みづくり」だと考える。一度島を出た若者がUターンできる町、子どもたちがこの町に育ってよかったと思える町づくりを目指すという。

● 地域とのかかわりのトピック

少子高齢化対策
- 役場）交流人口増加を歓迎。移住者の受け入れも積極的。農業では町が運営する（財）担い手公社が研修・就農支援事業を展開し、成功している。ただし、「Iターンもいいが、Uターンが増えて初めて次の展開ができる」と、Uターン者増加を願っている。
- 高砂さん）数年内に高校がなくなる危機感が切実。年間の出生は10人以下。せっかく若い世代が移住してきても、高校がなければ島に残れないリスク。

スタッフの人材と町の受け入れ
- 役場）高砂さんのような人材が来てくれたことが大きい。全国から来た若者が、地域によく溶け込んでがんばっている。ただ、スタッフにもう少し地元出身者を入れてほしい。小値賀の本当のよさを知っているのは小値賀で育った者のはず。
- 高砂さん）高齢化のスピードに追いつくためには、事業化を急がなくてはならない。スタッフは、専門分野での経験とスキルをもち、即戦力となる人材が必要。

NPOの経済的な自立
- 町行政は自然学校（→NPO）に"足枷をかけない"という基本姿勢。ただし「発足後3年以内に、目標を決めて経営計画を立て実現する"自立したNPO法人"に」と注文。
- 初年度は、運営費を100％町が拠出（年間500万円）。2年目は、町の委

託事業、NPOの企画事業に補助金。NPO事務局でも、町外から助成金を集めた。3年目、町は人件費は出さず、プログラム開発事業費を若干補助。3年目以降も、まだ多少の補助あり。
・高砂さん）小値賀町は「地方行政はかくあってほしい」という秀逸な行政。Iターン2年目の自分を、町の命運をかけた観光事業の専務理事をすえた度量の大きさはすごい。

株式会社化

・役場）ここまで大きくなるとは思わなかった。事業展開が速すぎて、もはや行政はついていけない。今後の事業には、より多くの島の住民がかかわれるようにしてほしい。
・高砂さん）観光を、漁業や農業と並び立つ産業にするために、NPOでは限界がある。NPOでは資産の蓄積ができず、投資がしにくい。株式会社だと出資を募れるので事業の資金調達ができる。この会社の事業は労働集約型なので、経費の8割を島に落とせる。子育て世代の雇用創出のためにも有望だ。年商の目標5億円。
・高額の古民家ステイは、観光客のためにハードルを下げる仕組み。民泊か古民家ステイかを選択できるようになる。

◉パネリスト紹介◉

高砂樹史さん（NPO法人おぢかアイランドツーリズム協会　専務理事）
・1965年、大阪府八尾市出身。大学卒業後、インド、ヒマラヤを放浪。額に汗して働くひとびとの姿、都会なのに鶏がいる暮らしにふれ、「日本は異常だ」と感じたのが原点。
・25歳で劇団わらび座の公演に感動し入団。在籍10年のうち2年間は、東京事務所でプロデュース的な仕事も。00年に退団。島根などで有機農業を学んだ後、「昔の大阪のような町、食べ物が体になじむ、完全な田舎」が気に入って、04年末に小値賀島に移住。
・わらび座の劇団員だった妻との間に3人の娘（9歳から3歳）。自給的な1反の田を耕すほか、畑作なども。「田の力と書いて男。田んぼを作らなければ男じゃないでしょう」。

第3編

自然学校宣言2011

2011年3月2日
於：立教大学
シンポジウム報告書（抜粋）

開催趣旨

立教大学 ESD 研究センター長　阿部　治

　立教大学ESD（Education for Sustainable Development：持続可能な開発のための教育）研究センターは、今年で設立6年目になります。日本で最初のESD研究センターとして設置して以来、日本を含むアジア太平洋のESDの人材育成に関する実践的研究に取り組むとともにESD研究のハブとして機能を発展させてきました。このハブ機能の一つとして、これまでにも、自然学校に関連する集まりを何度か開催しています。特に、昨年は「自然学校は地域を救う」と題して、自然学校関係者によるシンポジウムを開催しました。このシンポジウムでは、事前に全国の主要な自然学校の取り組みを整理し、報告するとともに、取り組みを各自然学校からご報告いただきました。その結果、自然学校が地域再生のキーマンとしての役割を発揮していることが鮮明に浮かび上がってきました。

　今年度は、昨年度のシンポジウムの成果を踏まえて、「自然学校宣言2011シンポジウム」として開催しました。このシンポジウムでは、約20年間にわたる日本における自然学校の活動を俯瞰し、持続可能性あるいはESDの視点から今日の自然学校の役割を明確にし、特に持続可能な地域づくりや地域再生に果たす自然学校の方向性を明示することが目的でした。今、過疎化や格差の拡大、「無縁社会」といった、まさに持続不可能性を助長するような状況の中で、持続可能な地域や日本をどう創っていくのか、地域から地球規模までをも含めた幅広い視点で地域づくりにかかわる新たな切り口を自然学校の視点から見ることができるのではないかというのが本シンポジウム主催の意図です。

　この意図は、その後の東日本大震災や津波、福島第一原発事故という未曾有の事態に直面することとなった日本社会において、被災地での地域再生拠点としての自然学校への期待が高まっているという事実を通じても、意味あることであったと確信しています。本シンポジウムが、日本の持続不可能性を打破する持続可能な地域づくりの担い手の創出に貢献できることを心から

願っています。

　ESD研究センターは、日本国内のみならずアジア太平洋というグローバルな視点からESDに取り組んでいます。また、産業界やNGOなど多くのステークホルダーとともにESDに取り組んできています。この意味で本シンポジウムの成果がグローバルな発信やステークホルダーをつなぐことにも役立てるのではないかと思っています。

2011年3月

開催概要

▶主催
　立教大学ESD研究センター

▶会場
　立教大学池袋キャンパス太刀川記念館3F多目的ホール

▶日時
　2011年3月2日㈭　14時～20時30分

▶共催
　公益社団法人日本環境教育フォーラム
　NPO法人日本エコツーリズムセンター
　NPO法人自然体験活動推進協議会

▶調査協力
　㈱日能研

▶事例発表（中央省庁）

　小野　保
　（文部科学省スポーツ・青少年局青少年課　青少年体験活動推進専門官）

　堀上　勝
　（環境省自然環境局総務課自然ふれあい推進室　室長）

　福島　行我
　（林野庁森林整備部計画課森林総合利用山村振興室　森林環境教育推進専門官）

　福住　知宏
　（経済産業省地域経済産業グループ立地環境整備課　開発1係長）

　古市　秀徳
　（国土交通省河川局河川環境課　課長補佐）

　遠藤　知庸
　（農林水産省農村振興局農村政策部都市農村交流課　課長補佐）

▶事例発表（企業）

　湯浅　隆
　（東京電力自然学校、東京電力株式会社環境部環境企画G）

山田　俊行
（トヨタ白川郷自然學校　事務局長、NPO法人白川郷自然共生フォーラム　理事・事務局長）

藤木　勇光
（J-POWERエコ×エネ体験プロジェクト）

落合　真
（ろうきん森の学校）

▶事例発表（広域団体・自然学校）

坂元　英俊
（財団法人阿蘇地域振興デザインセンター　事務局長）

大武　圭介
（ホールアース自然学校）

飯田　洋
（NPO法人千葉自然学校　理事長）

大前　純一
（NPO法人ECOPLUS　理事・事務局長）

▶専門家によるパネルディスカッション

阿部　治
（立教大学社会学部/大学院異文化コミュニケーション研究科教授、ESD研究センター長）

広瀬　敏通
（NPO法人日本エコツーリズムセンター　代表理事）

西村　仁志
（同志社大学政策学部政策学科准教授、環境共育事務所カラーズ　代表）

佐藤　初雄
（自然体験活動推進協議会　代表理事）

中西　紹一
（プラスサーキュレーションジャパン　代表）

川嶋　直
（財団法人キープ協会環境教育事業部　シニアアドバイザー、ESD研究センターCSRチーム　主幹）

本編では、「中央省庁」からの報告全体、ならびに、「広域団体・自然学校」の大前純一氏の発表は、編集上の都合により省略しています。

第1部 企業が取り組む自然学校

東京電力自然学校の活動について

湯浅　隆
（東京電力自然学校、東京電力株式会社環境部環境企画G）

　我々は、電気をつくる、電気を送る事業活動をしています。電気の源は水や、石炭、石油など自然からの恵みによってできています。天然の資源がなければ仕事ができません。発電・送電・配電という仕事の中で、自然の一部の改変も行いますし、発電の運用過程においてはCO_2の排出が行われます。だからこそ、大切な自然を守り、次世代に引き継いでいくことは「社会的責任」であると東京電力では考えています。とはいえ、一企業の立場でできることは限られておりますので、より多くの方とコミュニケーションを図りながらできる活動をしようという視点から、2008年に「東京電力自然学校」を設立しました。

　活動の特徴としては、より広がりを持たせるために「各事業所が主体となり、それぞれが企画して活動する」ことがあげられます。例えば、自然観察指導員の研修などを行い、社内に自然観察指導ができるスタッフを200人ほど育成し、各スタッフが各事業所の中核となって活動を展開しています。

　自然学校の主な活動拠点として、尾瀬・戸倉があります。尾瀬・戸倉は、平成19年、29番目の国立公園となった場所です。長い間、東京電力にとって自然保護や保全の原点であり、原生的な自然の残る場所でもあります。東京電力は、国立公園の4割、特別保護地区の7割を所有しており、自然保護のために半世紀にわたって、木道施設などを整備してきた実績があります。

　この尾瀬の群馬県側の玄関口である戸倉に、尾瀬ぷらり館「東京電力自然学校尾瀬・戸倉教室」があります。平成15年に中止となった戸倉ダムの補償事業として進められていた「戸倉地区整備事業」の一環としてつくられたもので、その建物の一部を貸してもらって活動しています。場所もとてもいいところで、ちょうど鳩待峠に向かう分岐点に位置していて、たくさんのお客様をお迎えすることができます。尾瀬・戸倉教室にはスタッフが4名常駐

しており、尾瀬への入山前、入山後にお立ち寄りいただき、今年度におきましては3万2千人のお客様をお迎えしております。尾瀬ケ原は特別保護地区のため、なかなか五感を使った体験型の活動はできないのですが、尾瀬ケ原を取り囲む戸倉山林は第二種、第三種保護地区なので、ある程度の体験型の活動ができます。こちらでは季節ごとの自然体験活動やECOツアーを実施しています。

　次は、里山的環境の残る当間高原の活動です。魚沼産コシヒカリや豪雪で有名な地域です。ここでは、森と水辺の教室「ポポラ」と名づけた活動をしています。敷地も広く、東京ドーム109個分ほど、標高差も300mほどあるため、同じ季節に行っても様々な動植物を楽しむことができるようになっています。中心にはホテル（当間高原リゾート　ホテル　ベルナティオ）があり、雄大な自然の中でゴルフや温泉なども楽しみながら、自然を体験できる施設になっています。代表的なプログラムとして、水辺の観察会があげられます。子どもたちにとても人気のプログラムです。また、日本海型の魅力的なブナ林散策も幅広い層に人気を集めています。15名のスタッフで、本年度は3万9千人の方に参加していただきました。

　最後は発電所です。東京電力では各地に発電所があり、すべてではありませんが、創出緑地が多いことが特徴です。横浜火力発電所では敷地の4分の1が緑になっており、こういった部分を使って活動しています。たとえば千葉火力発電所では構内で自然観察会を行っています。また、玉原水力発電所は自然豊かな場所にあり、今年は3千人の方にECOツアーを体験していただきました。

　このように多岐にわたって活動していますが、ターゲットを、一般のお客様と東京電力社員とその家族としています。これが我々の特徴で、まず社員の自然に対する考えを変え、同時に社員の家族も変えていこうと。社員とその家族は合わせて20万人いますが、この20万人の姿勢が変わっていけば、社会に大きな影響を与えることができるだろうという思いで活動をしています。

　そうはいっても、全社員が体験するのはなかなか難しいので、まずは新入社員からと考え、今年度は大卒の2年目社員全員を4回に分けて尾瀬に案内する研修を実施しました。自然の大切さを学ぶことはもちろん、一緒に汗を流す中で連帯感を得られる内容になっています。

（※シンポジウムが開催された3月2日時点での報告です。）

第1部　企業が取り組む自然学校

自然学校宣言　2011

東京電力自然学校の活動について

豊かな自然、育む心を次世代に。
東京電力自然学校

2011年3月2日

© 2011 TEPCO

1

●**東京電力の事業と自然との関係**

＜事業活動＞

◆ 電気をつくる

◆ 電気をおくる

© 2011 TEPCO

2

＜事業と自然との関係＞

水　石油　ウラン
石炭　天然ガス　太陽　風

電気の源

自然からの恵み

© 2011 TEPCO

3

第3編　自然学校宣言 2011　シンポジウム

＜事業と自然との関係＞
自然の一部改変　CO₂の排出
発電　火力発電所　水力発電所　原子力発電所
送電・配電
4

大切な自然を守り次世代にそれを引き継いでいくことは「社会的責任」である。
5

より多くの方とコミュニケーションを図りながら。。。

豊かな自然、育む心を次世代に。
東京電力自然学校
2008年春開校
6

活動の特徴

各事業所が主体となり、それぞれが企画をして活動する。これを環境部や自然環境系のグループ会社がサポートしていく

⇩

「各事業所が主体」

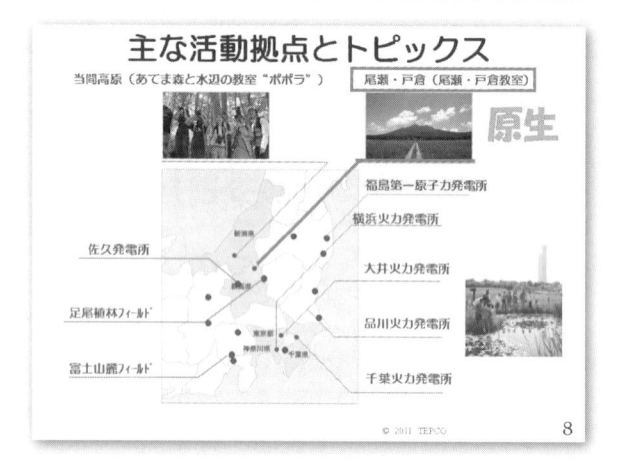

主な活動拠点とトピックス

- 当間高原(あてま森と水辺の教室"ポポラ")
- 尾瀬・戸倉(尾瀬・戸倉教室) 原生
- 福島第一原子力発電所
- 横浜火力発電所
- 佐久発電所
- 大井火力発電所
- 足尾植林フィールド
- 品川火力発電所
- 富士山麓フィールド
- 千葉火力発電所

◆尾瀬の自然を次世代へ

尾瀬の木道(20km/65km) 補修、架替実施

尾瀬国立公園の4割、特別保護地区の7割を所有

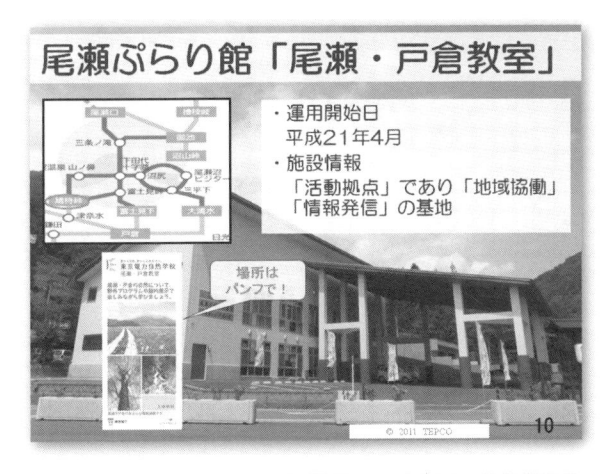

第3編　自然学校宣言 2011　シンポジウム

尾瀬ぷらり館「尾瀬・戸倉教室」

- 運用開始日
  平成21年4月
- 施設情報
  「活動拠点」であり「地域協働」
  「情報発信」の基地

場所はパンフで！

館内展示解説・スライドショー

ECOツアー（夏）

ECOツアー（冬）

第1部　企業が取り組む自然学校

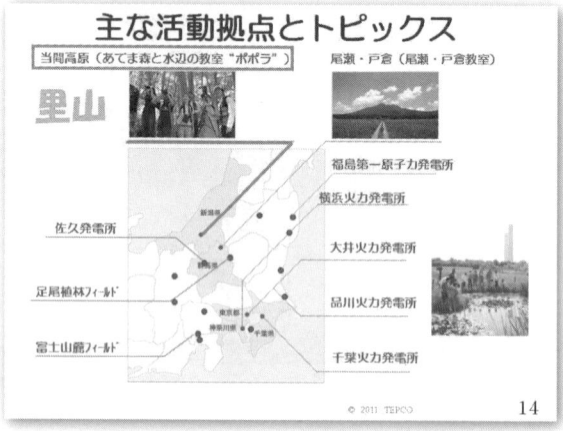

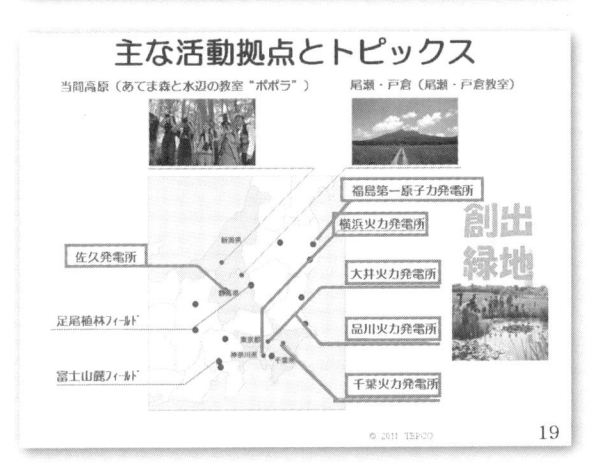

第3編　自然学校宣言 2011　シンポジウム

第 1 部　企業が取り組む自然学校

発電所　自然観察会 20

緑豊かな発電所　横浜火力 21

水力発電所　玉原発電所 22

第3編　自然学校宣言 2011　シンポジウム

東京電力自然学校のターゲット

まず
社員が変わらなければ。。。

ついでに
家族も変えちゃおう！！

20万人が変われば、
社会を変える「力」に
　　　　なれるかも

社員と
その家族

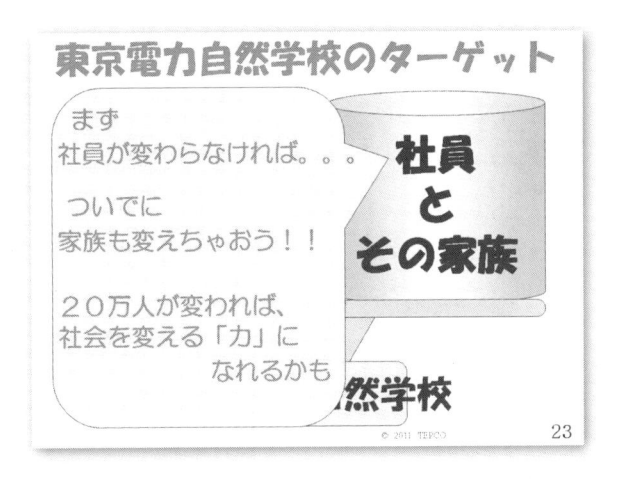

〜然学校

23

全社員に
体験して欲しい。。。
まずは新入社員から

24

- ■対象者：入社2年目大学卒社員全員（282名）
- ■実施時期：6月1〜2日、2〜3日、7〜8日、8〜9日
- ■実施場所：尾瀬・戸倉教室、尾瀬、戸倉

25

第1部　企業が取り組む自然学校

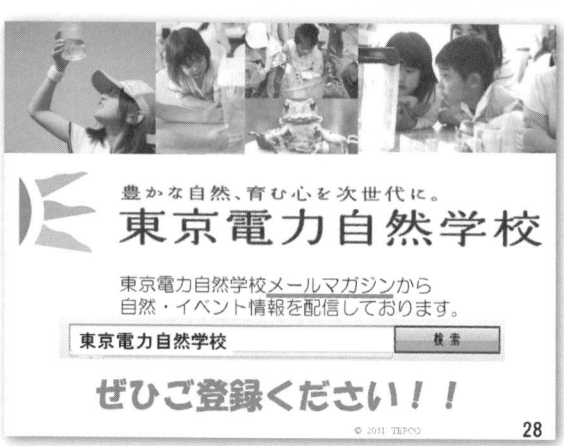

トヨタ白川郷自然學校の活動について

山田　俊行
（トヨタ白川郷自然學校　事務局長）
（NPO法人白川郷自然共生フォーラム　理事・事務局長）

　まず、自然学校設立の経緯をお話しします。昭和48年に地域の集団離村があり、その土地をトヨタが買い取りました。その後、保養施設として使っていましたが、豪雪などで設備や合掌家屋が壊れたりして、20年の間遊休地のままでした。世の中の環境意識の高まりの中、2000年にCSRとして自然学校を設置することが決定しました。

　トヨタ白川郷自然學校設立の目的は大きく4つあります。(1) 環境意識の啓発と癒しの場の提供、(2) 日本の自然学校のレベルアップに寄与、(3) 白川村の持続可能な発展に寄与、(4) 地域周辺の環境保全・回復です。

　そして、以下のような特徴があります。(1) 大人の方も満足いただける自然学校。ホテル風の部屋などを用意して、子ども向けではなく、大人も来てもらえる設備を目指しています。(2) NPO・地域・企業の3社協働で運営。3者の強みを持ち寄った運営をするために、白山麓の豊かな自然はNPOの方々、世界遺産白川郷の伝統文化は地域の方々、最先端の環境技術はトヨタという考え方でやっています。(3) 共生プロジェクトの実施。宿泊プログラム事業以外に、地域の課題解決という活動も行っております。

　敷地は172ヘクタールあり、トヨタ、白川村役場・村民、NPO法人（日本環境教育フォーラム、日本野鳥の会、WWFなど）により設立されました。運営は白川郷自然共生フォーラムが行っており、私はその職員です。

　自然体験を通じて白川郷をどう紹介するかと考え、私たちは「人に会う」ということをコンセプトにしました。合掌家屋のある世界遺産を歩くのですが、合掌家屋には一切触れず、そこで生活している人に会おうというプログラムなどを展開しています。私たちができるのは世界遺産そのものを紹介するというものではない、というスタンスでプログラムをつくることを心がけています。

地域の課題解決のために、自然学校が取り組んでいる共生プロジェクトを紹介します。

(1) 里山・奥山・いきものプロジェクトは、敷地の風景を維持しようというプロジェクトです。里山の象徴である岐阜蝶やツキノワグマなど。(2) 雑木の森手づくりプロジェクト、(3) 田んぼの楽校（がっこう）プロジェクト、(4) 古道（みち）ぶしんプロジェクトは、古い道を復元しようという活動です。古い航空写真などを手掛かりに道を復元しています。

トヨタ白川郷自然学校
（2005.4 開校）

「自然との共生」
「地域との共生」

設立の経緯
- 集団離村した土地を昭和48年にトヨタが取得。
  （10家族）
- 残存の合掌家屋を従業員の保養施設として活用
  （トヨタ自動車白川郷自然保養村）
- 昭和56年豪雪（8m）で合掌家屋倒壊。
  （2つの合掌家屋のみ残存）

↓

以降20年以上の間、未使用のまま遊休地の状態
世の中の環境意識の高まりの中、
トヨタがCSRとして自然学校設置を決定(2000年)

自然學校設立の目的
(1) 環境意識の啓発と癒しの場を提供
　　自然との共生を図り、多くの人に来校いただき
　　自然・環境への思いを深めていただく

(2) 日本の自然学校のレベルアップに寄与
　　・国内外の自然学校との交流
　　・質の高いプログラムの開発、提供
　　・人財の育成

(3) 地域(白川村)の持続可能な発展に寄与
(4) 地域周辺(含環白山)の環境保全・回復

第1部　企業が取り組む自然学校

特徴
(1) 大人の方にも満足頂ける自然学校
　・広く一般に開放(子供～大人、家族～団体)
(2) NPO・地域・企業の3者協働で運営
　3者の強みを活したプログラム提供
　・白山麓の豊かな自然を素材　　　・・・(NPO)
　・世界遺産白川郷の伝統文化を素材・・・(地域)
　・最先端の環境技術を素材　　　　・・・(企業)
(3) 共生プロジェクトの実施
　・雑木の森手づくりプロジェクト
　・里山、奥山いきものプロジェクト
　・田んぼプロジェクト
　・古道ぶしんプロジェクト

建設地

白山スーパー林道
自然学校
(4.5ha)
トヨタ用地
自然回復ゾーン
(7ha)
トンネル残土埋立地
白川郷
敷地：172ha
(52万坪)

施設の運営

(施設：トヨタの所有　　運営：白川郷自然共生フォーラム)

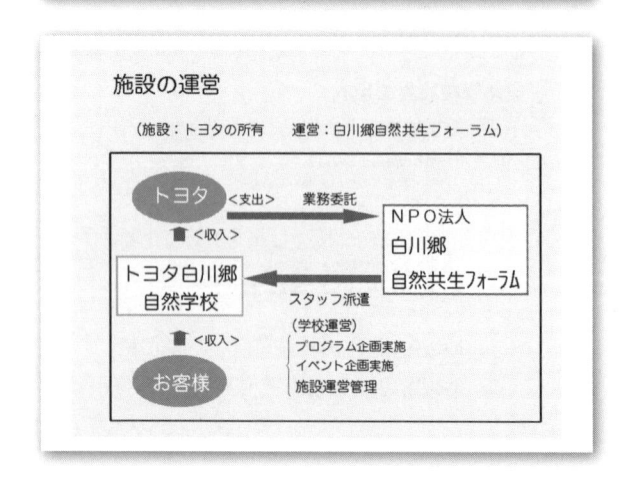

トヨタ　<支出>　業務委託　→　NPO法人 白川郷 自然共生フォーラム
　<収入>
トヨタ白川郷自然学校　←　スタッフ派遣
　<収入>
お客様

(学校運営)
プログラム企画実施
イベント企画実施
施設運営管理

NPO法人「白川郷自然共生フォーラム」の設立

① 設　　立　・04年10月
② 活動内容　・トヨタ白川郷自然学校の運営業務
　　　　　　・自主的な地域自然保全活動等
③ 構　　成　・トヨタ
　　　　　　・白川村役場・村民
　　　　　　・NPO
　　　　　　　├ 日本環境教育フォーラム
　　　　　　　├ 日本野鳥の会
　　　　　　　└ 世界自然保護基金　等

（NPO　白川村役場・村民　トヨタ）

④ 会　　員　・法人会員58社、個人会員248名
⑤ 職　　員　・31名

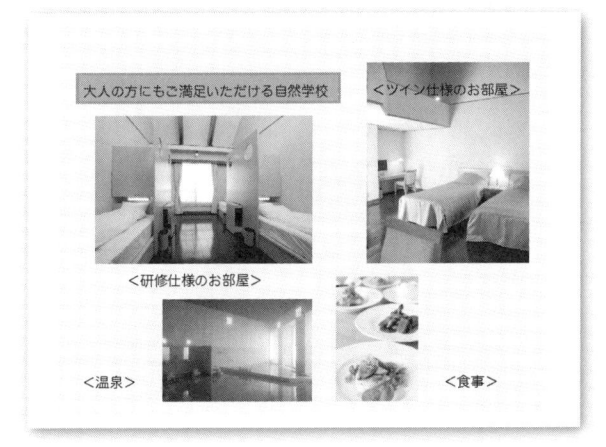

大人の方にもご満足いただける自然学校　　＜ツイン仕様のお部屋＞

＜研修仕様のお部屋＞

＜温泉＞　　＜食事＞

第1部　企業が取り組む自然学校

②共生プロジェクト
長期間にわたり賛同頂ける方々と共に実施。

| (1) 里山・奥山・いきものプロジェクト |
| (2) 雑木の森手づくりプロジェクト |
| (3) 田んぼの楽校プロジェクト |
| (4) 古道（みち）ぶしんプロジェクト |

12

<里山・奥山・いきもの>　<雑木の森>

<田んぼの楽校>

<古道ぶしん>

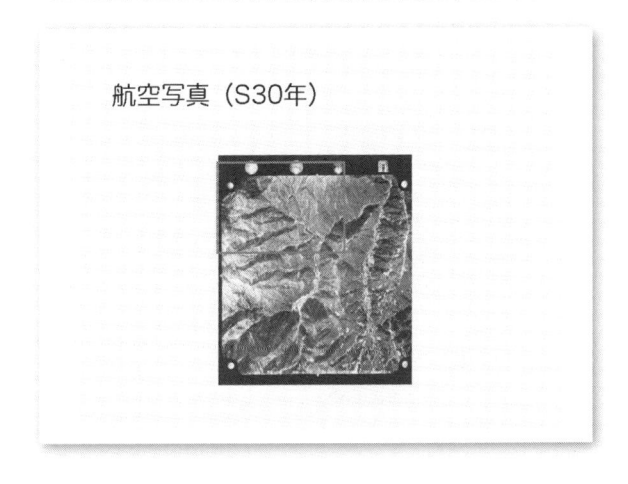

航空写真（S30年）

航空写真（S30年）

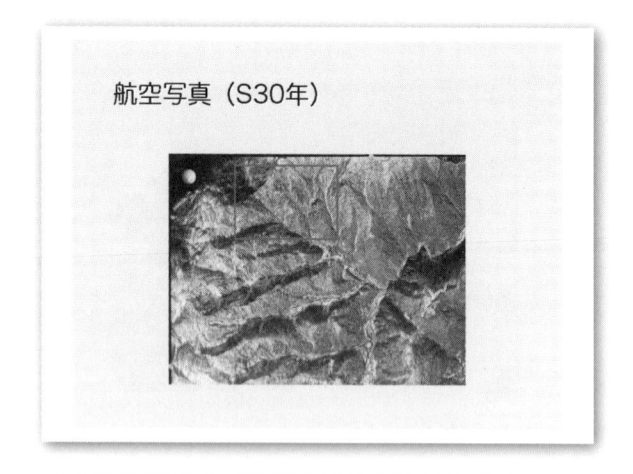

航空写真（S30年）

復元された道と蓮如岩

エコ×エネ体験プロジェクトのご紹介

藤木　勇光
(J-POWERエコ×エネ体験プロジェクト)

　J-POWERは卸売りの電力会社ですが、多くの水力発電所を持っております。発電所の周りに広がる自然を舞台にして、「エコ×エネ体験プロジェクト」を行っております。「エコ×エネ体験プロジェクト」はJ-POWERグループが一体となって、環境等の専門家と協働で進めている社会貢献活動という位置付けです。この活動を通して、持続可能な社会の発展への貢献を目指しています。分かりやすいように、「エコとエネのバランスした社会をめざす」という合言葉を持っています。

　プロジェクトの特徴として、「つながり」に着目したプログラムを構成しています。「森と水と電気のつながり」をメインにしながら、「地方（電源の地域）と都会のつながり」「戦後復興期にダムや発電所を造ってくれた昔の人たちとのつながり」など、空間や時間を越えてつながっているということをプログラムの中で紹介しています。

　「エコ×エネ体験プロジェクト」で大切にしているのは、五感を使った体験、専門性の異なる方々との協働、参加者とお互いに学び合う姿勢です。その中でも、楽しく学ぶことを一番大切にしております。

　ツアープログラムは、小学生の親子を対象にしたものと大学生を対象にしたものがあります。新潟県と福島県の県境にあります奥只見と岐阜県の御母衣ダム・発電所で、その周辺の森や小川を舞台に実施しています。プログラムでは、葉っぱを使ったジャンケンや、草笛を行ったりもします。初めてお会いになる方も多いので、まずは仲良くなるために、遊びも兼ねて自然に親しんでもらいます。森のプログラムでは、目をつぶって、列をなして森に入っていきます。森の落ち葉を使って、クッションをつくってブナのもとでたたずんでみることなどをしています。御母衣では水がわき出てくるところがあります。その源流の森を探索しようということで、「源流の森ハイキング」

という名前をつけて森遊びをしています。

　二つ目の柱になるプログラムとして、実物のダムや発電所をご案内しています。ダムの設備の点検で使っている監査廊などをご案内しながら、発電機が回って電気が発生していることを手で触って振動を確かめて、「今ここで電気が起きているんだよ」ということをご案内しています。

　また、森の中で、森と水のつながり、森の保水力を確かめる実験をしています。豊かな森が安定的に水を供給してくれることで電気が起きているということを確かめてもらう体験です。水車を使って自分で電気を起こしてみる川遊び活動もしています。

　本日お伝えしたいこと一つ目は「協働」です。異なる立場の方と協働することが大切だと考えています。それは、我々にとても新鮮な驚きと自らを振り返ってみるよい機会と意味があったと思っています。

　本日お伝えしたいこと二つ目は「エコとエネのつながり」です。心豊かに暮らしていくためには、豊かな自然環境もエネルギーも両方必要です。対立するものではなく、つながりとしてとらえ、適切なバランスを考えていけるきっかけとなる場を提供するために実施しています。

エコ×エネ体験プロジェクトのご紹介

2011.3
J-POWER 藤木 勇光

「エコ×エネ」の位置づけ、目指すもの

- J-POWERグループが、キープ協会などと協働で取組む社会貢献活動

- 持続可能な社会の発展への貢献をめざす

「エコとエネのバランスした社会をめざす」

「エコ×エネ」の特徴

- 特徴
  「つながり」に着目したプログラム

「森と水と電気のつながり」…
「地方(電源地域)と都会のつながり」…
「ダムを造ってくれた昔の人たちとのつながり」…
　　　　　　　　　　　　　　　など

第1部　企業が取り組む自然学校

「エコ×エネ」で大切にしていること

- 体験
- 協働
- 学び合い

▼

- そして、なにより楽しいこと

ツアープログラム

- 小学生(高学年)親子対象のプログラム
  - 夏季に15組30人のツアー(1泊2日)を4回
  - 場所は、奥只見と御母衣(ともに当社施設周辺)
- 大学生対象のプログラム
  - 9月上旬に、30名規模で、2泊3日のツアー
  - 場所は、奥只見
- 概要はスライドでご覧下さい

第3編　自然学校宣言 2011　シンポジウム

第 1 部　企業が取り組む自然学校

体験ツアーからの発展

○ エネ×エネ・カフェ

○ 各種の出展、情報発信
○ 様々な方々との連携

本日お伝えしたいこと①:「協働」

○ 目的をすりあわせ、協働することの大切さ
  - 異なる立場、背景があっても目的は共有できる
  - 異なる専門性を尊重し、活かしていくところに、気づきが生まれ学びを深めることができる
○ キープ協会さんとの協働による気づき
  - 伝え方、見せ方(インタープリテーション)
  - 気づきを誘発する仕組みづくり
  - 気づくこと、分かることを通じて、楽しさが自然に湧き出てくること、など

本日お伝えしたいこと② :「エコとエネのつながり」

私たちの心豊かな暮らし

豊かな自然環境 / エネルギー(電気)

二律背反ではなく、つながりとして捉え、未来志向でその適切なバランスを考えること

現況、課題、展望……

- 体験ツアー、カフェは、一定のクォリティと楽しんでいただける仕組みを実現。更に、より良いものへ
- 課題のひとつ目は、訴求力。ふたつ目は、火力編プログラムの検討と具体化。その他もいっぱい…。
- 関心を持っていただける方との出会い、連係が拡大。今後、更に多様な展開がありそうで、楽しみです。

最後に……

- KEEP協会さんとの協働がスタートして6年。
- きっと、エコ×エネはこれからも進化していくはず。
- 良かったら、関心を持っていただいた皆さん、是非、仲間になってください。

労働金庫連合会50周年記念事業
森の学校紹介

落合　真
（ろうきん森の学校）

　森の学校は10年間のプログラムで、既に6年目に入っております。労働金庫（ろうきん）は、労働組合がつくった協同組織の金融機関で、全国に13あります。労働金庫連合会の直接のお客さんは、13の労働金庫ということで、東京と千葉と大阪に事務所がありますが、なかなか表に出てきません。仕事としては労働金庫どうしの資金の決済とか、事務センターといった地味な活動をしています。

　50周年の記念事業ということで、労働金庫の理念に沿った特徴のあることをやりたいということ、また、労働金庫そのものが社会に貢献する業務を行っていると思っていますが、それにとどまらない社会貢献事業をやろうということを考えました。

　環境への取り組みは植林などのような単発的な事業で終わらせたくない、残るようなものにしていきたい、それは人を育てるということにつながっていくのではないかという議論をしてきました。労働金庫連合会は支店がありません。そういう中で、どのように地域に根ざした展開ができるのか、計画的で持続的な取り組み、職員の自主的な参加ということも議論を重ねてきました。

　私たちの理念に、会員である労働組合の皆さんの経済、福祉、環境、文化活動を促進し、共生社会の実現に寄与するということがあります。共生をコンセプトに、勤労者の皆さんに安らぎを与える「緑」、身体を動かして「健康」になること、そして、「地球環境保全」をキーワードに進めてきました。

　支店がないことから、中核となるNPOとしてホールアースと提携して、地元のNPOとのネットワークをいかして、地域の方々との協働を進めています。環境教育、人材育成事業、人づくりを進めていこうと、現在では自然学校を全国3カ所（NPOホールアース、NPOいわきの森に親しむ会、NPO

法人ひろしまの自然学校）に設置しております。

　活動の概要として、（1）里山の再生など、豊かな森の再生、（2）自然体験活動指導者の育成など、人材の育成、（3）楽しみながら自然を学べる、食を組み合わせたプログラムの開発、（4）フェスティバルなど、地域と共に行う、を掲げております。

　労働金庫連合会の取り組みとして、職員体験研修を富士山地区で行っています。必ず新入職員研修を行い、木工でイスをつくったり、ブランコをつくったりします。また、ホールアースの方に来ていただいて、職場の近くの公園で自然観察も行います。近くの公園にもいろんな自然があると感じられます。各地域で職員向けのメニューも行っており、5年を経て、延べ4万6千人が参加しています。

　つながりを広げていきたいというのが私たちのこれからの課題です。

労働金庫連合会50周年記念事業
森の学校 紹介

- ろうきんは、労働組合や生活協同組合のはたらく仲間が、お互い助け合うために資金を出し合ってつくった協同組織の金融機関です。
- ろうきんはすべての都道府県を１３のろうきんでカバーしています。
- ろうきんは営利を目的としない、生活者本位に考える金融機関です。
- 労働金庫連合会は、１３のろうきんを会員とする中央金融機関です。ろうきんの資金決済、資金運用、事務集中、総合事務センターの運営　などを担っています

「50周年記念事業」⇒構想段階での課題

- ろうきんの理念に合った特徴のある取り組みにしたい
- ろうきんの業務以外でも社会貢献事業に取り組みたい
- 環境の取り組みも単なる「植林」に終わらせたくない
- 労金連には支店がないが地域に根ざした展開ができないか
- 持続的、計画的な取り組みにしたい
- 職員の自主的な参加、人づくりに活かしたい

ろうきんの理念
　　会員の経済・福祉・環境・文化の活動を促進し
　　共生社会の実現に寄与

50周年記念事業の構想

- キーワード；勤労者に安らぎを与える「緑」、身体を動かす「健康」、「地球環境保全」
- ネットワーク；中核となるNPOと地元NPOなどの協同で、広範な勤労者・市民の参加を可能とする
- 人づくり；人材育成事業や環境教育を進める。
- 「ろうきんの森」を全国3箇所に設置
- 10年間の事業とする。

第1部　企業が取り組む自然学校

森の学校　3つの地区とネットワーク

全国事務局　　NPO法人ホールアース研究所

労金連の役員とNPOによる事務局会議

3つの地区の地区連絡協議会

- 富士山地区（中日本）
  NPO法人ホールアース研究所
- 福島地区（東日本）
  NPO法人いわきの森に親しむ会
- 広島地区（西日本）
  NPO法人ひろしま自然学校

活動概要

① 豊かな森の再生～里山の再生～
　　荒廃した人工林、二次林を除間伐し、美しい森を再生する
② **人材の育成～森づくりから始める人づくり**
　　森林を活用した自然体験活動指導者の育成の他、森林整備や地域環境の整備など、活動を通じて関係者の**環境意識醸成**にも取り組む
③ プログラムの開発～「循環型地域モデル」の発信
　　楽しみながら里山の自然・地域の知恵を学べるプログラムを開発
④ 地域と共に行う～様々な関係者との協働
　　地域住民、地区労金など**関係者の理解と支援、協働**による活動展開

労働金庫連合会の取り組み

職員の自主的参加、人づくり～まず体験、リピーターからサポーターに

① 「ろうきん森の学校だより」でプログラムを紹介
② 「職員体験研修」（バスツアー）
③ 「新入職員体験研修」（プレ研修、フォロー研修）
⑤ 「プレゼンテーション」　職場近くの公園で自然観察
⑥ 福島地区で年3回程度職員向けメニューを実施
⑦ 広島地区で西日本勤務者など職員向けメニューを実施
⑧ 各地区の実情に応じて地元ろうきんと連携
　　広島地区で中国労金の新入職員研修
　　富士山地区で静岡労金の新入職員研修

これまでの5年 これからの5年

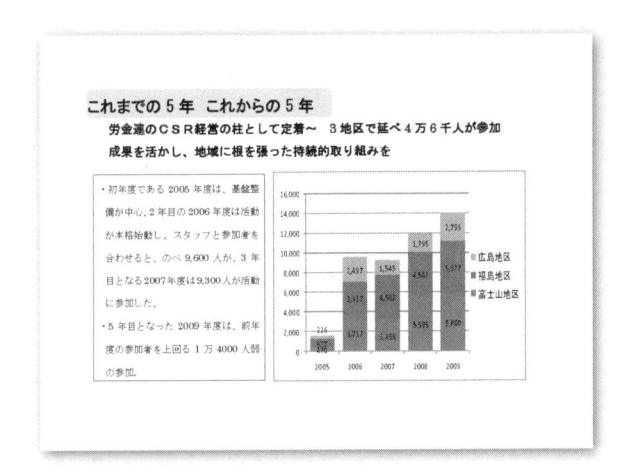

労金連のCSR経営の柱として定着～ 3地区で延べ4万6千人が参加
成果を活かし、地域に根を張った持続的取り組みを

- 初年度である2005年度は、基盤整備が中心、2年目の2006年度は活動が本格始動し、スタッフと参加者を合わせると、のべ9,600人が、3年目となる2007年度は9,300人が活動に参加した。
- 5年目となった2009年度は、前年度の参加者を上回る1万4000人弱の参加。

パネルディスカッション(第1部)

[パネリスト　企業]
　　湯浅　隆　（東京電力自然学校、東京電力株式会社環境部環境企画G）
　　山田　俊行　（トヨタ白川郷自然學校　事務局長、NPO法人白川郷自然共生フォーラム　理事・事務局長）
　　藤木　勇光　（J-POWERエコ×エネ体験プロジェクト）
　　落合　真　（ろうきん森の学校）
　進行：中西　紹一（プラスサーキュレーションジャパン　代表）

質問1　自然学校の取り組みは企業内でどのように評価されていますか？
質問2　自然学校という名称を使用することに関して、企業内の反応はいかがでしたか？
質問3　企業自然学校の「これから」について、企業の視点からその可能性をご示唆ください。

注：発言の前の太字見出しは、各パネリストがその場でフリップボードに書いたものである。

質問1　自然学校の取り組みは企業内でどのように評価されていますか？

● 総論賛成・各論…
　湯浅　総論については賛成です。ただ各論になってくると反対とまでは言いませんが……　という表現にしました。活動については好意的に受け止められているのですが、自分に担当が回ってくると、本業がある中でどうしようかなというところです。
　中西　「総論賛成・各論…」というのは「こんな忙しい時に研修をやるな」ということもあるのですか？
　湯浅　そうですね、そういうこともありますし、すぐに申し込んでくれる方もいます。

● 4割の現実・関心を育む
　落合　最近のアンケート結果によると、4割の方が参加しており、4割の方が関心を持っています。職場によって6割や2

中西紹一 氏

割の場所もあるかと思いますが。5年間やってここまで来て、さらに広げていくときに、ここからのように関心を育んでいけるかというのがこれからの課題になると思います。

● 大いに評価・独自EEといやし
山田　私はトヨタから運営を受託しているNPOの職員ですので、トヨタではどう考えているかを事前に聞いてきました。大いに評価しているとのことです。特に独自の環境評価プログラムを提供していることと、癒しという点。おいしい食事と体験的な空間で癒しを与えるということの2つを合わせて高い評価をしています。

● まあまあ
藤木　社内の評価はまあまあとしましたが、私たちは2004年に国策会社だったものが完全民営化しましたので、民営化した我々らしい取り組みをしようということで、トップダウンで始まりました。そういう意味ではトップの理解は深く、担当の副社長がただのおじさんとしてツアーに参加して小学生と自然体験をしたりもしています。ただ、中間の実務層は、話せば「いいね」と言ってくれるのですが、なかなか関心は広がっていないという状況です。

質問2	自然学校という名称を使用することに関して、企業内の反応はいかがでしたか？

● 違和感なし
湯浅　グループ会社に1996年発足のあてま自然学校が過去にありましたので、違和感なく受け止められて東京電力自然学校になりました。

● 人を育む
落合　森の学校がミソでして、「ろうきんの森」をやっている労働金庫もあります。それと何が違うかというと、人を育むという点になると思います。里山再生事業そのものは重要です。ただ、規模の問題も

第1部　企業が取り組む自然学校

あるので、それ自体の効果もさることながら人手を残していきたい。そういう面で、森の学校というものがヒットしました。

● イメージ良い「自然、環境」・保養施設とは異なる

山田　「自然」と「学校」という言葉が入っていることから、自然について、環境について学ぶ場所だなという印象。「トヨタ」とついていることから保養施設と間違われる方も多いのですが、そうではないことを意識づけすることにも役立っているのではないかという話がありました。

中西　「自然学校」という言葉が入ると公共的な性格が強くなるイメージがありますが、お客さんから見るとトヨタの施設に来ているのか、自然学校に来ているのか、どちらの意識が強いのでしょうか？

山田　両方いらっしゃいます。「トヨタ」とついているので、トヨタの人しか使えないかと思ったという感想をいただく方も今でもたくさんいらっしゃいます。それとは別に自然学校としての施設の楽しさを味わう方もいらっしゃいます。リピーターの方も多いので。

● 学習支援

藤木　私たちは自然学校とは言わずにプロジェクトと言っているのですが、学習支援と書きました。基本的には私たちは事業者なので、何かを教えるというよりも、我々がやっていることをそのまま見ていただいて、そこから感じ取っていただくというスタンスで、場の提供で学びをサポートしていくということを考えています。

> **質問3**　企業自然学校の「これから」について、企業の視点からその可能性をご示唆ください。

● 多面的な機能を発揮

湯浅　自然学校の可能性としては、多面的な機能を発揮する場面が沢山あると思っています。社会的貢献はもちろんなのですが、企業は新しい対話の場であったり、あるいは信頼の源泉であったり、技術の集

積場所であったりということを感じております。
中西　信頼の源泉というのは、ステークホルダーとの対話をしていきたいという意志があるということでしょうか？
湯浅　そうですね。まさにフェイストゥフェイスの対話の場として、かけがえのない場だと考えています。常に業務を通じて、環境に影響がないようにと社員みんなが考えていくことがお客様に対する信頼の源泉につながっていくのではないかと思います。
中西　お客様との信頼の源泉としていきたいということですね。
湯浅　そういう大きな役割を担っていくこともあるのではないかと。

● つながりを育む
落合　労働金庫連合会には支店がないのですが、3カ所の森の学校が地元の労働組合員の方、市民の方との結びつきを広げてきまして、お祭りや行事を協働で行っています。当初の計画からは予想外のところから広がってきていますので非常に楽しみで、その中から10年プログラムが10年プログラムで終わらないようにと願っています。
中西　つながりを育むということについて、ろうきんの場合はNPOと組まなくてもつながりはつくれるものですか？
落合　ろうきんの場合は、労働者福祉協議会という形で各地域にいろんなネットワークがあります。それぞれの13の労働金庫がネットワークを通じて、いろんな社会貢献事業を行っています。それぞれの金庫も、労働金庫連合会も網の目のように重層的にやっていく形ですね。
中西　お話を聞いてみるとNPOと協働することの意味が大きかったように思えますね。
落合　大きいですね。ろうきん自身NPO融資という形で結びついておりますので。
中西　なるほど。まさにビジネスそのものに近いところにきているということですね。

● これからです…・NPOからの提案としてはいい
山田　来年度について折衝している最中で、NPO法人である私たちから

いろいろと提案しています。例えば地域との関係で、世界遺産集落には交通規制が入るが、それに対してトヨタはどのように関わるのか、ということなどをご提案するのですが、トヨタの経営状況の中で決裁に時間がかかっているようでして。まさにこれからという状態です。

● 続ける　広げる　伝える

藤木　トップからは評価されていますが、活動する範囲も広げることができましたし、いろんな形でのつながりもでき、カフェのような東京で取り組む場もできているので、こういった動きをずっと続けていきたいと思います。

中西　「続ける　広げる　伝える」といった場合には、多様なステークホルダーとコラボレーションしていかないといけないという解釈でよろしいですか？

藤木　その通りです。スタートした当初の協働の相手はキープ協会さん。その後、トヨタ白川郷自然學校さんや熱心に環境運動をなさっている方々に広がってきました。最近では科学技術リテラシーのようなことをされている団体・企業の方々へと広がってきています。私たちも水力だけでなくて、電力の6割は化石燃料を使って火力発電でつくっていますので、火力についても面白いプログラムがつくれればいいと思っています。

中西　これから、この4名の方々には自然学校をよりメジャーにしていくためにお力添えいただきたいということと、ネットワークをいろんな形で組み立てる軸のひとつになっていただければと願っております。

第2部 自然学校類型化の試み

地域づくりと観光をつなげる自然学校

坂元　英俊
(阿蘇地域コンソーシアム、財団法人阿蘇地域振興デザインセンター　事務局長)

　阿蘇は九州の中心、中山間部にあります。中山間部がかかえる課題をどうやって解決していくかを考えています。阿蘇地域振興デザインセンターは、理事は県から2名、阿蘇地域の市町村長8名の計10名、幹事11名、事務局6名となっています。阿蘇を訪れたお客さまがゆっくり・のんびり滞在し、地域の人々と交流できる「スローな阿蘇づくり」というテーマを掲げて、人を受け入れていく地域づくりをすることで、人が集まり観光につながる。そのことが結果的に地域の暮らしの継続や地域の魅力の発掘にもつながるといった展開を行っています。

　デザインセンターは市町村の枠を超えた、地域振興、観光振興を展開しています。行政枠というよりも受け入れに積極的な地域のエリアを中心にピックアップして展開しています。ただあるものをつなげていくだけでなく、地域づくりのためには地域おこしをしっかり行っていかないといけません。そして、地域をおこしたところどうしがつながっていくという関係性を持たせていくわけです。ワークショップやアドバイスにより、長期的な地域づくりを目指しながら、共に実践してもらえる地域住民を育てること。地域に暮らす人たちが、自主的に活動を行うことで人が来てくれるという関係性を現場で作っていかなければなりません。ただものを作って人が来るという形ではいけないと思うからです。

　そのために、平成15年から、私たちは1年ごとに、受け入れができる地域の緻密なガイドブックを作っています。その集大成が今年の公式ガイドブックです。

　地域づくりをして人を呼ぶことに加えて、旅行者の受け入れをしていこうということで、自然学校だけに行くだけではなく、いろんな旅のコースの一つとして自然学校を活用し、自然体験や村めぐりなどをする、あるいは泊ま

るといった組み合わせが大事になると思います。そういったネットワークをつくりあげていきます。

　これらを実現するために、平成14年から「スローな阿蘇づくり」を進めています。阿蘇をゆっくり過ごせるところにするために、基本は車を使わずに、バスなどの公共交通機関を使って、受け入れ地域を連携させて、体験や地域巡り、食べ歩きなど地域の中でゆったり過ごしていただける地域づくりのことです。観光スポットをピンポイントで訪れる観光ではなく、地域での滞在交流の促進を進めることが、経済効果を産むと考えています。阿蘇には年間1,800万人のお客様が来られますが、観光に来られる人に向けて、商店街や農村、集落が一体となって魅力的な阿蘇をつくることで、地域振興が観光と連携できると考えています。その大きな役割として自然学校があります。

　自然学校、エコツーリズム、グリーンツーリズム、タウンツーリズムを一体的に進めて行くためには、①阿蘇に住む人たちが自分のこととして取り組みに関わっていく、②人が育つ地域づくりをする、③人を受け入れるために地域で何ができるか考え取り組む、④交通ネットワークを整えていく、⑤情報発信を進めていく。これだけのものをバックアップしていかないと、点と点で活動していても人には届かないわけです。農水省、経産省、国交省の色々な補助事業をこの取り組みの中に組み込み、阿蘇にゆったりと滞在できる展開をしていきました。ひとつひとつ受け入れができあがった地域やもともと人を呼ぶ魅力のある温泉地などの温泉街や商店街、農村集落、自然体験のフィールドをパビリオンに見立てて、阿蘇1市7町村と竹田市を博覧会場にしたのが、阿蘇カルデラツーリズム博覧会、愛称が「阿蘇ゆるっと博」です。

「阿蘇ゆるっと博」PRビデオ鑑賞
　阿蘇ゆるっと博には、34のパビリオンがあり、それぞれのパビリオンで、「見る・食べる・体験する・泊まる・買う・めぐる・温泉に入る」などを組み合わせて、時間をゆっくり過ごし、パビリオン間は、バスや自転車などで自由に移動できるようになっています。2011年の九州新幹線鹿児島ルート全線開業に合わせて展開をしていきます。ぜひ、九州に来られました時には阿蘇ゆるっと博にお越しください。ありがとうございました。

第3編 自然学校宣言 2011 シンポジウム

自然学校宣言2011
「阿蘇地域コンソーシアム」
― 第4部 自然学校類型化の試み ―

2011年3月2日

財団法人 阿蘇地域振興デザインセンター
塩元 英俊

1

I. 阿蘇地域の概要

豊富な水資源と豊かな自然環境

阿蘇地域は、九州の中央、熊本県の北東部に位置し、1市7町村からなる地域です。面積は、約1,200km2、標高400～800mの高原地帯で、中央部には阿蘇五岳がそびえ立ち、その周囲に外輪山をめぐらし、世界最大級のカルデラ地帯をなしています。地形上、阿蘇小国郷、阿蘇、南阿蘇の3エリアに区別されます。
また、阿蘇くじゅう国立公園に指定されており、阿蘇特有の希少な植物が自生するなど、自然資源が大変豊富な地域でもあります。阿蘇の雄大な自然は、九州4県の水源涵養地域となっており、白川、菊池川、緑川、筑後川、五ヶ瀬川、大野川の6水系が、この地域に源を発しています。
産業分野は、広大な原野、草地という土地条件や夏季の冷涼な気象条件を活かして畜産、米、野菜を大きな柱とした多様な農業生産や豊かな森林資源を活かした林業、多彩な観光資源を活かした観光関連産業も盛んな地域です。

2

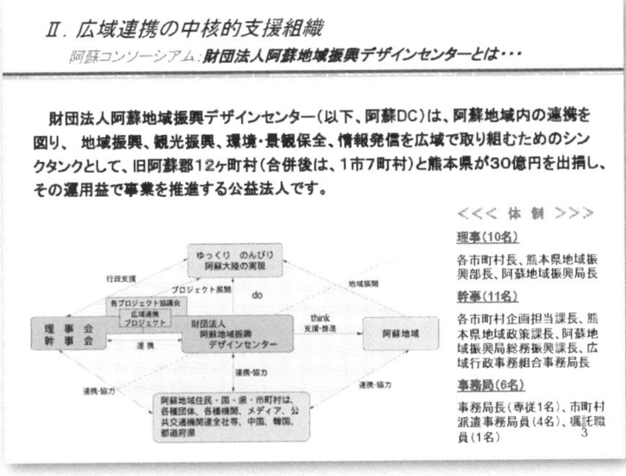

II. 広域連携の中核的支援組織

阿蘇コンソーシアム：財団法人阿蘇地域振興デザインセンターとは…

財団法人阿蘇地域振興デザインセンター（以下、阿蘇DC）は、阿蘇地域内の連携を図り、地域振興、観光振興、環境・景観保全、情報発信を広域で取り組むためのシンクタンクとして、旧阿蘇郡12ヶ町村（合併後は、1市7町村）と熊本県が30億円を出捐し、その運用益で事業を推進する公益法人です。

<<< 体 制 >>>

理事(10名)
各市町村長、熊本県地域振興部長、阿蘇地域振興局長

幹事(11名)
各市町村企画担当課長、熊本県地域政策課長、阿蘇地域振興局総務振興課長、広域行政事務組合事務局長

事務局(6名)
事務局長(専従1名)、市町村派遣事務局員(4名)、嘱託職員(1名)

3

233

II. 広域連携の中核的支援組織
阿蘇の地域づくりと観光振興の中核的な役割を果たす阿蘇地域振興デザインセンター

阿蘇地域振興デザインセンター（阿蘇DC）は、阿蘇地域において、市町村自治体の枠を超えた地域振興、観光振興の中間支援の役割を果たしており、地域課題に対応して阿蘇地域全体を考える企画立案機能と、事業の実施機能を兼ねた組織です。

広域連携に関するソフト事業は、阿蘇DCがコーディネーターの役割を果たしながら推進し、具体的な振興策は、阿蘇地域の各行政機関、広域関係機関、民間団体等、地域住民との広範な連携を図り進めています。

多様な魅力の地域資源をもつ阿蘇地域

資料）阿蘇DC発刊資料より

III. 地域づくりをベースにした観光振興への取り組み
長期的な地域づくりを行い、内発的な地域資源の活用を促進

地域でのワークショップやアドバイスなどで長期的な地域への関与

ポイント1. 中間支援組織として、地域の気づきを誘発する手法を用いている
　第3者としてのコーディネータになり、地域自身が気づき発見するための初動を促す役割を阿蘇DCが担っている。

ポイント2. 実践する地域住民を育てる
　地域づくりを実践するのは、あくまでも地域住民。地域に人が育てば、その人達が動き出し、地域に活気が放出していく効果が期待できる。

その結果 ・・・ 緻密なガイドブックができあがる

平成21年度は、『阿蘇まちめぐりガイドブック』改訂3版
阿蘇まちめぐりガイドブックは、平成15年度から平成21年の7年間で完成した阿蘇地域のバス路線と地域資源マップを一体化した集大成で、滞在交流型観光のベースガイドになる。

平成22年度は、「阿蘇ゆるっと旅」予告編と公式ブック」
滞在交流型観光のパッケージ商品化や地域コンシェルジュによる個人客向け旅行プランの提案などが行える。

JR九州豊肥線と南阿蘇鉄道沿線の3市町村でプレ版を作成

IV. 阿蘇広域連携プロジェクト：スローな阿蘇づくり

なぜ今「スローな阿蘇」なのか

観光ポイントを飛び回る旅からゆっくりと時間を過ごすスローな旅へ

　これまでの阿蘇の観光は、マイカーや観光バスを使い旅行雑誌に掲載されている有名観光地を飛び回る旅が主流。

　阿蘇くじゅう国立公園の再認識や世界的なカルデラに住む誇りを取り戻し、阿蘇の自然や歴史、文化、そして食、暮らしなどツーリズムの資源となる地域の良さを味わったり、地元の人たちとの交流は、ゆっくり歩く、自転車で走る程度のスローな旅にギャチェンジ。

阿蘇は、ゆっくり過ごすところ ・・・ 滞在交流の促進

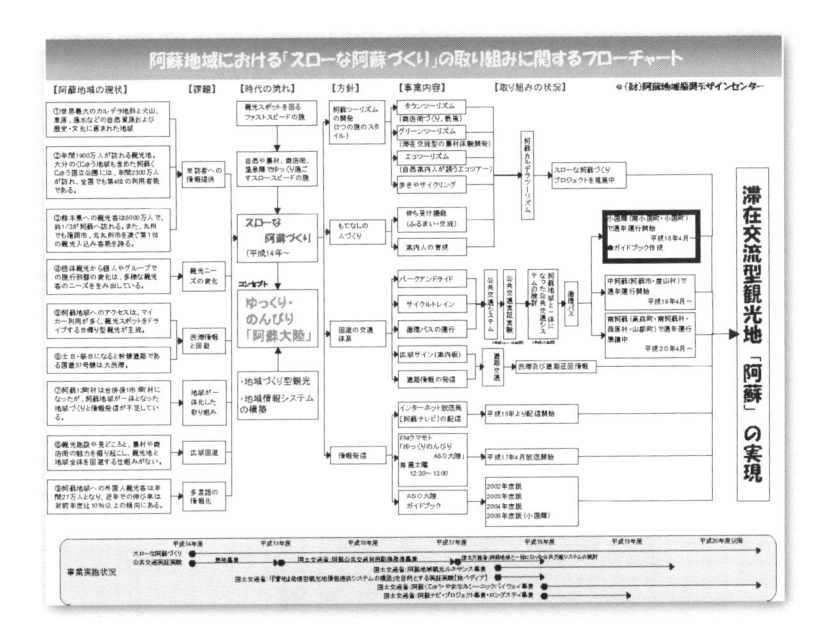

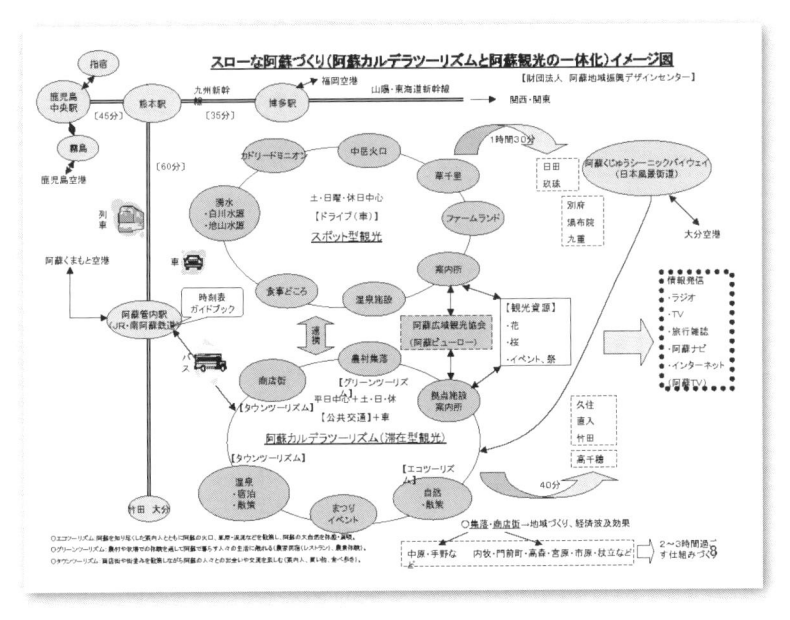

第3編　自然学校宣言 2011　シンポジウム

第2部 自然学校類型化の試み

1. ゆっくり・のんびり 阿蘇大陸
「阿蘇カルデラツーリズム」

ゆっくりと歩く、ゆっくりと自転車をこぐ・・・
スローライフに浸りながら、農村や商店街、自然の持つそのままの阿蘇を体感したり
地元の人々と交流することによって阿蘇の魅力を発見する、新しい旅のカタチ。

エコツーリズム / グリーンツーリズム / タウンツーリズム

① 阿蘇くじゅう国立公園の活用 〜エコツーリズム〜

ECO
ダイナミックな自然の息吹を
心と身体で体感する旅。

② 農村時間 〜グリーンツーリズム〜

GREEN
スローな自然の恩恵を授かる
暮らしを体験する旅。

第3編　自然学校宣言 2011　シンポジウム

③ 阿蘇神社の歴史・文化：商店街　～タウンツーリズム～

④ 阿蘇の温泉郷たち・・・

内牧温泉、小田温泉、黒川温泉、杖立温泉
わいた温泉、地獄温泉、垂玉温泉、etc・・・

237

第2部　自然学校類型化の試み

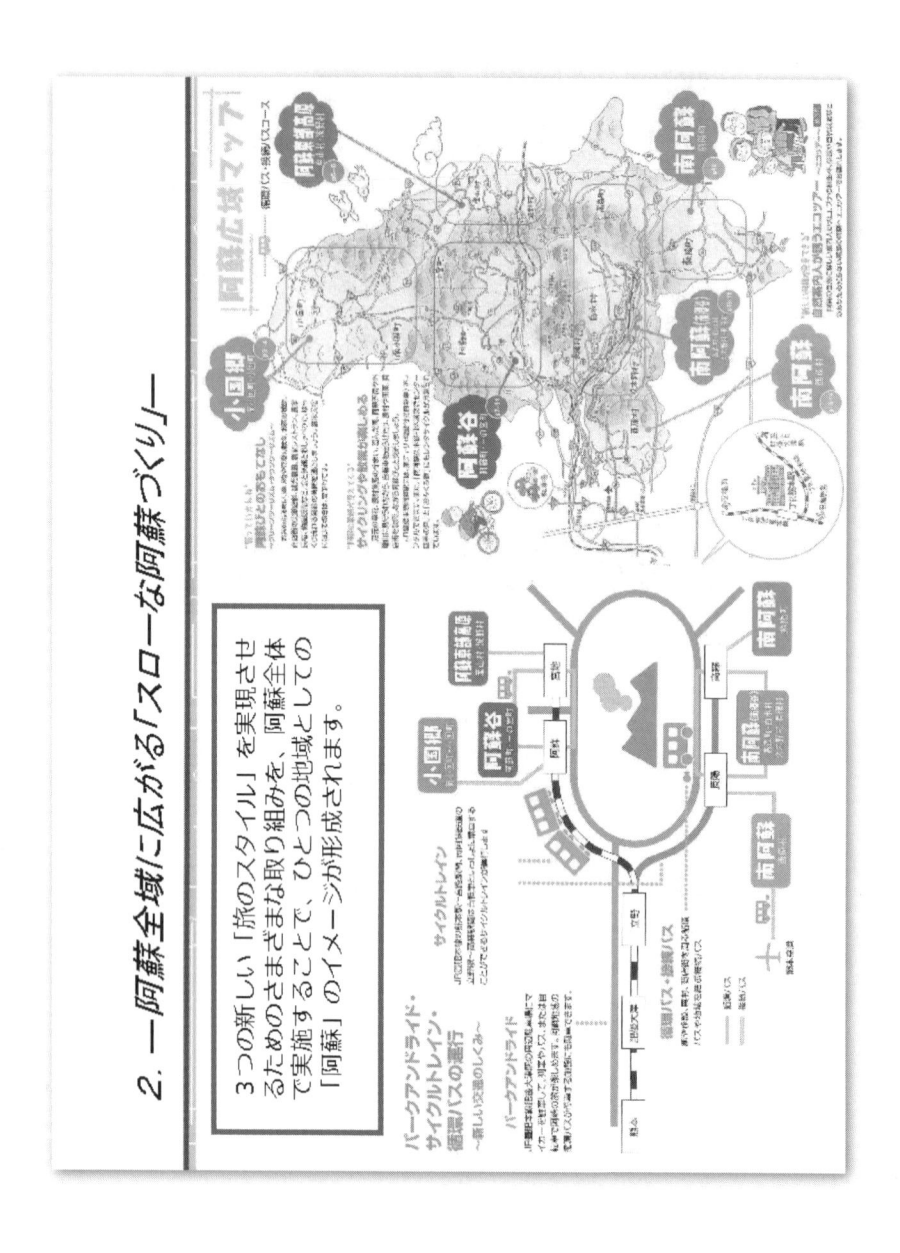

2. ―阿蘇全域に広がる「スローな阿蘇づくり」―

3つの新しい「旅のスタイル」を実現させるためのさまざまな取り組みを、阿蘇全体で実施することで、ひとつの地域としての「阿蘇」のイメージが形成されます。

238

第3編　自然学校宣言 2011　シンポジウム

3. おとなの長旅・阿蘇くじゅうin九州（ロングステイ事業）
【阿蘇カルデラツーリズムの旅行商品】

4. 阿蘇地域情報の展開

阿蘇各地の地域情報、地域の人々の活動、観光に関する情報などを阿蘇地域として一体的に情報発信しています。

①インターネット放送局「阿蘇テレビ」の配信
スローな阿蘇づくりの全体の仕組みや阿蘇カルデラツーリズムの拠点を動画で配信するインターネット放送局「阿蘇テレビ」が開局。旅の楽しみや地元の人との交流が動く映像で楽しめます。
阿蘇テレビ：http://www.aso-tv.com/

②FMクマモトのラジオ番組提供
阿蘇地域をゆっくりのんびり過ごすための地域紹介やイベントなどをテレフォン情報や現地取材で提供。
「ゆっくり のんびり ASO大陸」毎週土曜日 12:30〜13:00

③ASO大陸ガイドブック
JR、南阿蘇鉄道、循環バスなどの公共交通紹介およびゆっくりと過ごす阿蘇地域のガイドブック。平成16年度「ゆっくりと阿蘇へ・のんびりと阿蘇へ」、平成17年度「ゆっくり・のんびり ASO大陸」

④阿蘇ナビのくじゅうエリアへの拡大
私たちは、情報の受発信手段として、訪れる人のだれもが活用できる身近なアイテム「携帯電話」を利用した『阿蘇ナビ』を開発しました。

239

3つの多様性からみる社会的企業としてのホールアース自然学校

大武　圭介
（ホールアース自然学校）

　ホールアース自然学校は代表が2010年に交代しました。それにあたって、スタッフみんなで集まり、ホールアースのミッションとは何だろうということを議論して、『「人・自然・地球が共生する暮らし」の実践を通じて、感謝の気持ちと誇りをもって生きている』という言葉を紡ぎました。自然学校として目指すべき社会を言葉にするのは大切だと考えています。

　ホールアースは2012年で30周年を迎えます。組織として株式会社とNPOを持っていて、2011年1月現在でスタッフは42名おります。平均年齢は34歳。売り上げは2億5千万円です。

　社会的企業とは、社会問題の解決を目的として収益事業に取り組む事業体であると考えます。継続して活動するために収益事業に取り組むということが重要です。

ホールアース自然学校の3つの多様性

1. 多様な人材（人財）

　多様な人材（人財）は、まさに宝だと思っています。現在、42名のスタッフがおりますが、旅行会社にいた者や教員など、いろんなバックボーンを持った人間が活動しています。さらに、自然学校分野への卒業生も多く、実は本日の自然学校調査に関わったスタッフもすべてホールアースの卒業生です。そういう意味で卒業生の多彩な進路があることもポイントといえます。さまざまな人材育成事業を行っていますが、そこから就業した方もいろんな形でつながっております。つまり、ホールアースは自然体験活動をベースにやってきましたが、そこで得られた人材育成のノウハウを公開したりすることで、ネットワークを広げてきたことが大きな特色と考えています。

2. 多様な拠点（本校・分校）

　本校と分校と書いていますが、ホールアースには6つの拠点があります。

それぞれ運営形態が違っており、富士山の本校と沖縄の名護にあるがじゅまる自然学校は直営で、自前でフィールドを持ち、自前で事業を行っています。一方、田貫湖ふれあい自然塾、岡山青少年教育センター閑谷学校、柏崎・夢の森公園はそれぞれ、国、県、市と運営主体は違うのですが、そこから運営企画などを受託し活動しています。私がいる神戸六甲分校は、神戸市からの業務委託ですが、3番目の独立拠点を目指しているところです。

富士山、沖縄、新潟と全国に多様な拠点を持つことで、いろんなフィールドにあったプログラム開発をしていますので、いろんなノウハウを蓄積できます。また、全国に顧客を持っていますので、それぞれの拠点が連携することで、地域ごとの情報を共有することも可能です。さらに、ビジターセンターや青少年教育施設などの運営に関わることで、運営ノウハウを獲得することもできます。それを新しい事業につなげていけると理解しています。

3. 多様な顧客（全方位）

たとえばキャンプなどの自然体験活動では、子どもから親子、個人のエコツアーなどに加えて、学校からの教育旅行も受けています。また行政・企業の関係者、同じNPOの仲間などとも一緒に、CSR活動支援など様々なことをやっています。キャンプという自然体験がスタートでしたが、社会のニーズが変化していく中で、活動の幅を広げることにより複数の収益の柱ができ、経営の安定を図っています。

30年のホールアースの歴史を振り返った時に、社会のニーズが変わってきたということがわかりました。たとえば80年代は「子どもに自然体験が大切だ」ということがあり、そこから「自然体験の指導者が必要だ」となる。さらには地域の活性化や、CSR支援が求められています。2010年代に入ってきて、地域再生、自然や社会を再生していくというニーズが生まれてきました。そのニーズに応えられるように、ホールアースとしては着地型観光の推進や、耕作放棄地解消に向けた農業部門の独立といったことに取り組んでいます。

2010年以降、キーワードになっていく、「つながり」、「共感」、「暮らし方」といった社会のニーズや課題に私たちは応えていくべきではないかと考えています。

第2部　自然学校類型化の試み

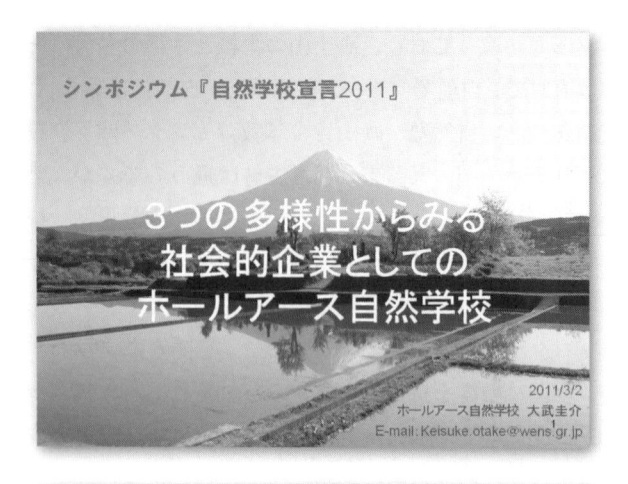

シンポジウム『自然学校宣言2011』

3つの多様性からみる社会的企業としてのホールアース自然学校

2011/3/2
ホールアース自然学校　大武圭介
E-mail:Keisuke.otake@wens.gr.jp

ホールアース = The Whole Earth

ひとつの地球

私たちが目指す社会

「人・自然・地域が共生する暮らし」の実践を通じて、感謝の気持ちと誇りをもって生きている。

ホールアース自然学校　概要

- 創設:1982年　※来年で30周年
- 組織形態:株式会社／NPO法人　※ホール・アース自然学校は任意団体
- スタッフ数:42人（平均年齢34歳）※2011.1現在
- 売上額:2億5千万円（2010年度 株式会社、NPO法人合算の見込）
- 主要事業:
  1. 環境教育系主催事業（キャンプ・エコツアー等）
  2. 受託事業（調査、研究事業等）
  3. 教育旅行、団体旅行の受託実施
  4. 企業連携／CSR活動支援
  5. 人材育成事業
  6. 地域／農山漁村振興事業
  7. ネットワーク支援
  8. 国際協力
  9. 災害救援

社会的企業とは…

《大武の解釈》

社会問題の解決を目的として収益事業に取り組む事業体

社会的企業として
ホールアース自然学校の
３つの多様性

多様性①
多様な人材（人財）

◆ 多様なキャリアを持つ常勤スタッフ
　・旅行会社添乗員、教員、救急隊員、海外でのエコツアーガイド…

◆ 卒業生（退職者）の多様な進路
　・独立して個人事務所開業、環境NPO就職、郷里で自然学校開設…

◆ 人材育成事業修了者の活動
　・環境系NPOで活動（ホールアース含む）、個人事務所開業…

> 自然体験活動をベースに培ってきた人材育成のノウハウを公開し、地道に人材育成を続けたことで、ネットワークが広がった。

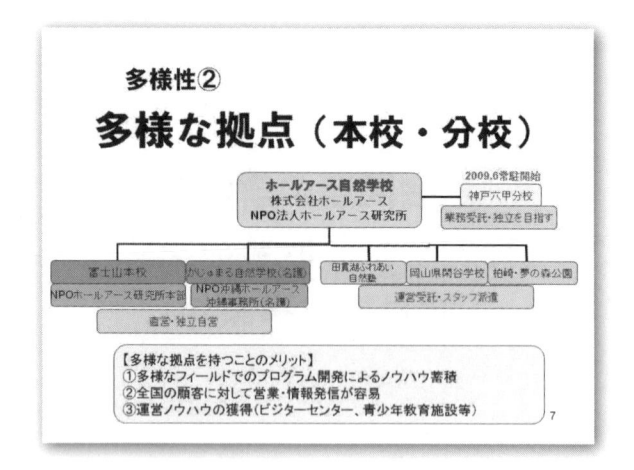

第2部　自然学校類型化の試み

多様性②
多様な拠点（本校・分校）

ホールアース自然学校
株式会社ホールアース
NPO法人ホールアース研究所

2009.6常駐開始
神戸六甲分校
業務受託・独立を目指す

- 富士山本校
  NPOホールアース研究所本部
- かじゅまる自然学校（名護）
  NPO沖縄ホールアース 沖縄事務所（名護）
  直営・独立自営
- 田貫湖ふれあい自然塾
- 岡山県閑谷学校
- 柏崎・夢の森公園

運営受託・スタッフ派遣

【多様な拠点を持つことのメリット】
①多様なフィールドでのプログラム開発によるノウハウ蓄積
②全国の顧客に対して営業・情報発信が容易
③運営ノウハウの獲得（ビジターセンター、青少年教育施設等）

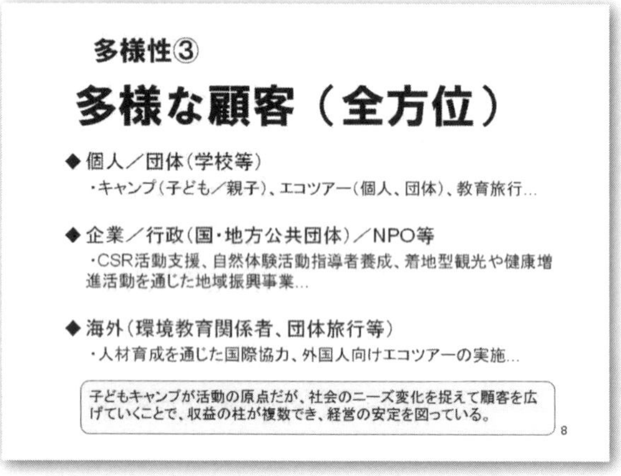

多様性③
多様な顧客（全方位）

◆ 個人／団体（学校等）
・キャンプ（子ども／親子）、エコツアー（個人、団体）、教育旅行…

◆ 企業／行政（国・地方公共団体）／NPO等
・CSR活動支援、自然体験活動指導者養成、着地型観光や健康増進活動を通じた地域振興事業…

◆ 海外（環境教育関係者、団体旅行等）
・人材育成を通じた国際協力、外国人向けエコツアーの実施…

子どもキャンプが活動の原点だが、社会のニーズ変化を捉えて顧客を広げていくことで、収益の柱が複数でき、経営の安定を図っている。

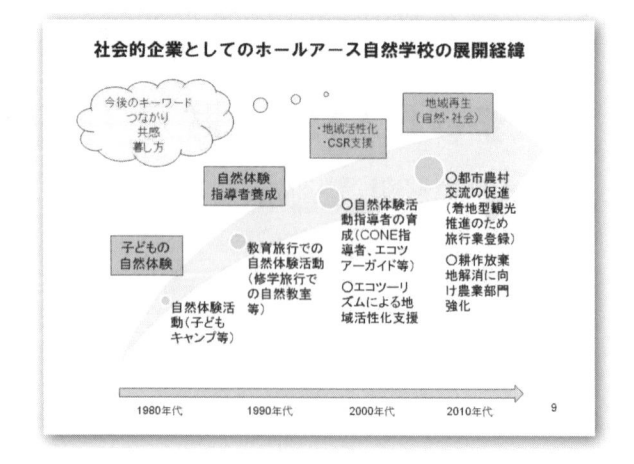

社会的企業としてのホールアース自然学校の展開経緯

今後のキーワード
つながり
共感
暮らし方

- 地域活性化
- CSR支援

地域再生
（自然・社会）

子どもの自然体験
- 自然体験活動（子どもキャンプ等）

自然体験指導者養成
- 教育旅行での自然体験活動（修学旅行での自然教室等）

- 自然体験活動指導者の育成（CONE指導者、エコツアーガイド等）
- エコツーリズムによる地域活性化支援

○都市農村交流の促進（着地型観光推進のため旅行業登録）
○耕作放棄地解消に向け農業部門強化

1980年代　1990年代　2000年代　2010年代

資料編
ホールアース自然学校が取組む多様な事業①

◆『ろうきん森の学校』事業 （企業との協働による森林環境教育事業）

○支援者：労働金庫連合会
○活動年度：平成17年度～26年度（予定）
○成果：全国3地区（富士山、福島、広島）で地元NPOが事務局となり、森づくり・森遊び・人づくりの3つを主なテーマに活動を展開。10年間の活動期間の前半5年間で、活動拠点の整備とプログラム開発が進み、平成22年10月末までに55,000人が活動に参加した。

資料編
ホールアース自然学校が取組む多様な事業②

◆『田舎で働き隊！』事業（農村活性化人材育成派遣支援モデル事業）

○委託者：農林水産省
○委託年度：平成21年度～22年度
○成果：静岡県内3箇所の農村において計6名の研修員受入をコーディネート。研修修了生の多くは、第一次産業や農村活性化に関わる仕事に従事している。

資料編
ホールアース自然学校が取組む多様な事業③

◆『環境学習指導員総合学習講座』（指導者養成）

○委託者：静岡県環境衛生科学研究所
○委託年度：平成20年度～22年度
○成果：静岡県内で環境学習普及に取り組む新たな人材を約60名輩出。修了生は、学校教育や公民館活動、所属企業の環境活動等、様々な場面で活躍している。

資料編
ホールアース自然学校が取組む多様な事業④

◆ 住友林業「富士山まなびの森」環境学習支援プロジェクト
（企業とNPOの連携による、学校教育活動における環境学習の実施）

○委託者：住友林業株式会社コーポレート・コミュニケーション室
○委託年度：平成18年度～22年度
○成果：富士山麓の住友林業が整備した森に、地元の小中学生を招待し、環境学習プログラムを提供。平成22年度までに約2,800名の児童・生徒が参加。

資料編
ホールアース自然学校が取組む多様な事業⑤

◆ 科学と環境教育連携プロジェクト
（大学・研究機関とNPOと学校の連携による、自然科学分野の教育普及）

○助成団体：三井物産環境基金
○委託年度：平成21年度～24年度（予定）
○成果：研究者・学校教員・インタープリターなどの連携により、自然科学分野の最新の知見を高校の授業や社会教育の現場に反映させるプロジェクト。完成した教材とモデル授業は、今年度までに静岡県内約500名の高校生に提供された。

資料編
ホールアース自然学校が取組む多様な事業⑥

◆ 平成22年度重点雇用創出事業　森林有効活用促進業務
（富士山！カラダの学校）

○委託者：富士宮市
○委託年度：平成22年度
○成果：失業者の新規雇用を行うことにより、富士宮市の自然資源を活用して健康を増進する事業。平成22年7月から12月までに、健康増進プログラムを22回実施し、延べ442人の参加者を得た。

地域再生をめざしたネットワーク型
自然学校～千葉自然学校の取り組み～

飯田　洋
（NPO法人千葉自然学校　理事長）

　千葉県は、面積は神奈川県と東京都を足して、さらに5万ヘクタールほど広い51万ヘクタールで、ちょうどブドウの房のような形をした県です。人口は約620万人。人口の約7割が県の西部（面積の約2割）に住んでいることが特徴です。したがって、西部以外の地域は過疎化、少子高齢化が進んでおり、それに伴って、自然が壊されているという実態があります。

　これに対してどういう挑戦をすべきかということが平成15年頃に話題になり、岡島成行さんが当時、千葉にお見えになりまして、そういった問題を解決する方法として自然学校を設立したらどうかというアドバイスがありました。そこで平成15年2月に南房総でフォーラムを開き、勉強会を経て、平成15年5月に千葉自然学校を設立したのがスタートでした。

　私たちは「ひとりよりもみんなの力で」をスローガンに、「だれもが自然豊かに、人生を豊かに生きる力を育みたい」「団体とネットワークの輪を広げたい」「千葉らしい、地域の活性化を図りたい」という3つのミッションを掲げて活動しています。

　千葉県内に4カ所の拠点があります。その他、平成20年よりドラッグストア千葉薬品から35年の歴史を持つ自然学校の運営を受託しております。こちらは千葉大学の教育学部の生徒がリーダーとして連綿とやっており、何千人という生徒がそこに関わってきたことが大きな特色です。

　活動内容としましては、私たちのミッションの柱である自然体験団体のネットワークづくりがあります。実はあまりお金になる仕事ではありませんが大事にしていきたい。また、様々なプログラムを有しておりますが、最近は乳幼児から高齢者まで、四季を通じたプログラムを年間で提供しています。さらに、指定管理施設として県や市の施設を管理しておりますので、そのような所を拠点として活動しております。

イベントは年間約240本のプログラムを展開しており、学校経営では年間約300本のプログラムを展開しています。

ネットワークについては、現在、53団体が加盟しています。設立当初は25団体でした。農林漁業、観察研究、自然体験、体験観光、工芸など多様なジャンルの団体とネットワークを築けたことで、様々なプログラムを提供できることが強みではないかと考えています。

一口にネットワークと言いますが、温度差のある団体をまとめるというのはなかなか難しいものですので、平成22年度からは3箇所の拠点ごとに団体をまとめ、地域ごとの課題を解決するために事業部会を立ち上げて、それぞれのプログラムづくりや集客につなげる活動をしています。

今後は、受け入れ側、私たちが売り込む先をきちんと確保し、情報発信しながら、営業活動の一元化を図りたいと思います。そして、中間支援のシステムを立ち上げて、新しい事業をつくっていきたいです。そのことによって、地域再生の起爆剤になりたいと思います。

第3編　自然学校宣言 2011　シンポジウム

平成23年3月2日 自然学校宣言2011
地域再生をめざしたネットワーク型自然学校
～千葉自然学校の取り組み～

NPO法人千葉自然学校
理事長　飯田洋

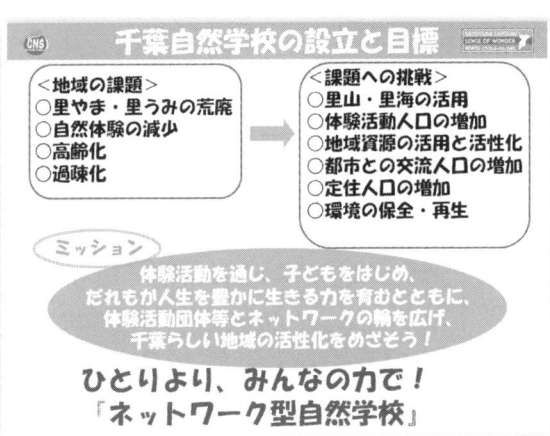

千葉自然学校の設立と目標

＜地域の課題＞
○里やま・里うみの荒廃
○自然体験の減少
○高齢化
○過疎化

＜課題への挑戦＞
○里山・里海の活用
○体験活動人口の増加
○地域資源の活用と活性化
○都市との交流人口の増加
○定住人口の増加
○環境の保全・再生

ミッション
体験活動を通じ、子どもをはじめ、
だれもが人生を豊かに生きる力を育むとともに、
体験活動団体等とネットワークの輪を広げ、
千葉らしい地域の活性化をめざそう！

ひとりより、みんなの力で！
「ネットワーク型自然学校」

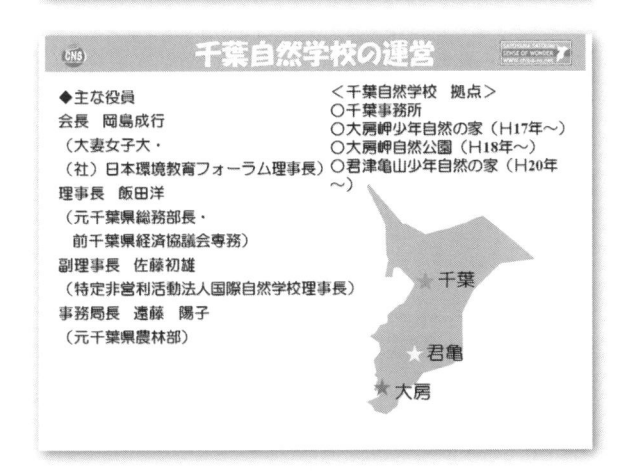

千葉自然学校の運営

◆主な役員
会長　岡島成行
　（大妻女子大・
　（社）日本環境教育フォーラム理事長）
理事長　飯田洋
　（元千葉県総務部長・
　　前千葉県経済協議会専務）
副理事長　佐藤初雄
　（特定非営利活動法人国際自然学校理事長）
事務局長　遠藤　陽子
　（元千葉県農林部）

＜千葉自然学校　拠点＞
○千葉事務所
○大房岬少年自然の家（H17年～）
○大房岬自然公園（H18年～）
○君津亀山少年自然の家（H20年～）

★千葉
★君亀
★大房

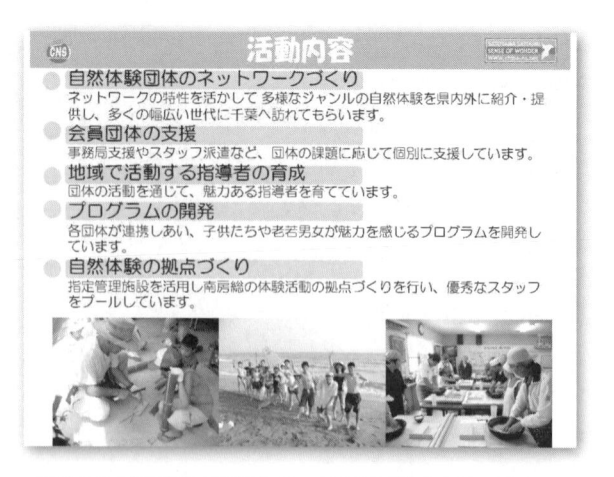

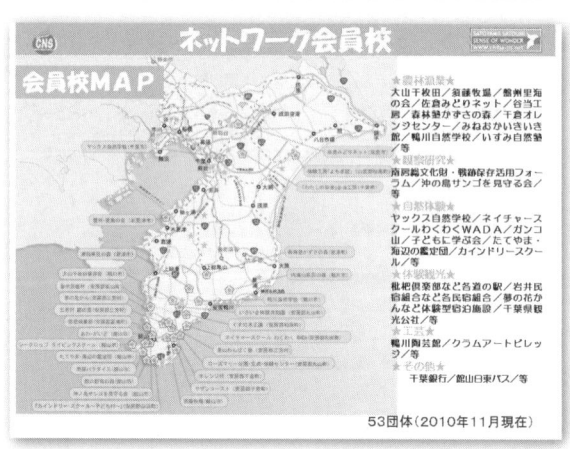

第 2 部　自然学校類型化の試み

第3編　自然学校宣言 2011　シンポジウム

地域資源を活用したプログラムの開発

- 南房総サイクリングラリー
- ロングトレイル
- 印旛沼漁船クルーズ
- タラソテラピーとヨガ

自然学校ネットワーク形成事業

- ネットワーク会議（全
- 事業部会（地域毎の会員校会
- フィールド視察
- プログラム開発

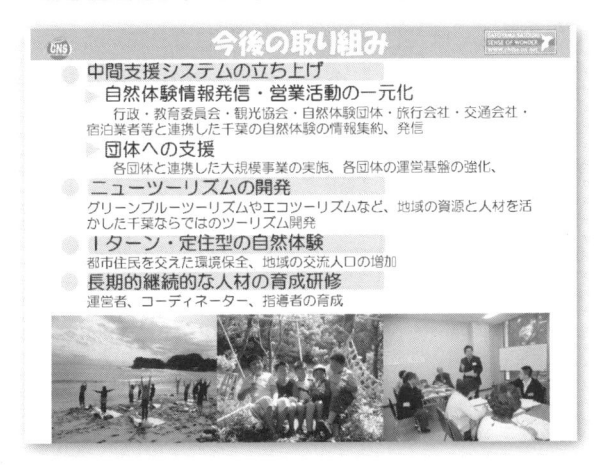

今後の取り組み

- 中間支援システムの立ち上げ
  - ▶ 自然体験情報発信・営業活動の一元化
    行政・教育委員会・観光協会・自然体験団体・旅行会社・交通会社・宿泊業者等と連携した千葉の自然体験の情報集約、発信
  - ▶ 団体への支援
    各団体と連携した大規模事業の実施、各団体の運営基盤の強化、
- ニューツーリズムの開発
  グリーンブルーツーリズムやエコツーリズムなど、地域の資源と人材を活かした千葉ならではのツーリズム開発
- Iターン・定住型の自然体験
  都市住民を交えた環境保全、地域の交流人口の増加
- 長期的継続的な人材の育成研修
  運営者、コーディネーター、指導者の育成

251

パネルディスカッション（第2部）

[パネリスト　広域団体・自然学校]
　　　　坂元　英俊（財団法人阿蘇地域振興デザインセンター　事務局長）
　　　　大武　圭介（ホールアース自然学校）
　　　　飯田　洋　（NPO法人千葉自然学校　理事長）
　　　　大前　純一（NPO法人ECOPLUS　理事・事務局長）
進行：広瀬　敏通（NPO法人日本エコツーリズムセンター　代表理事）

質問1　自然学校が直面する課題について代表的な3つをお答えください。

質問2　自然学校が関わる社会的な役割によって何が生まれますか？

注：発言の前の太字見出しは、各パネリストがその場でフリップボードに書いたものである。

質問1　自然学校が直面する課題について代表的な3つをお答えください。

① **職員の低給与（運営費）**
② **人材不足**

　坂元　①と②は、相互に関係があります。自然学校の職員が生活していけるかが課題。給与が安いことが人材不足を招いてしまうのではないか。今は、若い人たちの熱意で、自然学校が好きでやってくれています。自然学校を国内的にも認めてもらって、価値のある取り組みとして自立し、収益性をもたらす企業になっていくことが、給与アップと人材不足の解消にもなり、継続した魅力ある事業になるためには重要なのではないでしょうか。

③ **体験学習とその他ニーズの多様化**

　坂元　体験キャンプなどだけではなく、今回の発表では、たくさんの自然学校の取り組みがありましたが、地域にどう関わるか、どう地域づくりを進めていくか、そういう面まで考えると、自然学校の取り組みは、ものすごく多様化していっていると思います。そういったニーズの多様化に対して、運営している自然学校がどう対応していくかが、今の一番大きな課題ではないかと考えています。

広瀬　阿蘇や熊本周辺では50を超える自然学校があります。この皆さんはそれぞれ個性的ですから、その特性を活かしたネットワークを構成してあたればうまく多様性が叶うだろうと思います。

① 評価（自然体験　環境教育）

大武　自分たちはいいことをやっていると思っているのですが、それが社会から、参加者から本当に評価されているのだろうか、逆に自分たちが評価できているのだろうか。特に「自然体験は必要だ」という話が出ていましたが、それを自分たちもなかなか評価できていないし、たぶん研究者の方もうまく情報発信できていないし、そこがひとつの課題ですね。

② 安定的な経営

大武　安定的な組織運営をするために事業費を得ながら、スタッフが食べていけることが課題だと思います。

③ 社会ニーズの把握

大武　自分たちの情報をどう発信しようかということに意識がいきがちですが、実は世の中がどのように変わっているのか、社会のニーズは何かということをちゃんと掴んでいないと、世の中の変化に対応できていけないと思います。どう発信しようかというよりも、社会がなにを求めているのか、企業や行政がどう動いているのか、それをどう掴むのか。特に中山間地にあるところが多いために、なかなか都市部の情報が入って来ない中で、そこが課題であると思います。

広瀬　いちばん安定しているといわれているホールアースが安定を求めているんだということですね？

① ぜい弱な経営基盤

飯田　NPOとしての一番の課題は、経営基盤だと思います。かなりの量の仕事をこなしていますが、それをもって職員が安定して生活ができるかというと、非常に不安があります。職員と年2、3回ずつ面接をするのですが、その時によく言われるのが、大学の同窓会に行って、教育部門に入った人と給料の話になると、恥ずかしくて言えな

いという。いつまでそんな世界にいるんだと言われると。こういう話を聞くと実に胸が痛む思いです。来年度からは給与表をつくって、職員に自分たちの働き具合によって給料を払うという保証をしようと思っています。

② **人材の確保**

飯田　良い人材を組織に呼び込むことが一番大切なことだと思います。そのためには安定した経営がないと。安心して結婚して子どもを産んで、一般社会と同じようにやっていくことがなかなか厳しいと思っています。

③ **多様な会員校**

飯田　ネットワークの会員校の中にはボランティア的な団体と、きちんと人を使って経営していきたいという団体とに温度差があり、そこをまとめるのはなかなか難しい実態があります。したがって、事業部会などを立ち上げて、その中できちんと事業としてやっていきたい団体のサポートと、そうでないボランティアの団体のサポートの色分けをしようと取り組んでいます。

広瀬　ネットワーク型ならではの課題ですね。

① mission：何のため？
② money：カネ！
③ management：力量

大前　3つのmということで、missionは多様化するお客様に、世の中がどんどん変わっていく中で、10年おきくらいにゴロゴロ動いていく世の中に、自分たちをどのようにフィットさせ続けられるか。それはなかなか大変なことだなと常に思っています。moneyは、僕は詳しくないので、他の人にお任せします。managementは、小さな組織ですからどこもそうだと思うのですが、採用しても、その人が見習うひな形の先輩の数が企業に比べて圧倒的に少ないわけです。身の回りで起きている物事を見ながら人間は育つわけで、そういうマネジメント経験の少なさをどう補って、若い世代の人に育ってもらうか。自然学校と呼ばれるものを運営している人たちがまと

まって若い人たちを育てるメカニズムを持ったほうがいいのかなと思います。

広瀬　マネジメントね。「自然学校を30年」というように言われていますが、戦後の一般企業の60年を考えてみると、もっともっとシステマチックにしっかりした業界をつくってきているわけですから、我々ももっとがんばらないといけないという感じですね。

質問2　自然学校が関わる社会的な役割によって何が生まれますか？

● 社会を支える人づくり

大前　自然の中で遊んでもらい、楽しく帰ってもらうだけという時代ではなくなってきているはずです。自然は必ず社会と関わりを持って存在している。集落あるいは都会には、すべて自然というものがつながりあって日々の生活がある。その大きなつながりを学んでもらう。社会という大きなものを考えるひとつのきっかけを、日々のある接点として提供する。あるいは長い接点で提供する。そういうことが必要になるだろうと思います。

広瀬　社会の課題に気がつく目をもっているか、いないか。自然学校の人にとっては非常に大きな課題になるのではないかと思います。

● 地域の資源・人材の発掘　→　ビジネス創出・技術伝承
● 地域の環境に気づく

飯田　少子高齢化、過疎化の進んでいる地域にありますが、実は豊かな経験を積んだお年寄りがいらっしゃるわけです。そういったお年寄りをさらに発見して、自然体験の指導者としてお手伝いいただければと考えています。そして、お年寄りをボランティアではなく、ビジネスとして手伝っていただける形をとりたいです。そういった方々の持っている技術の伝承。これも大事なことだと思っています。また、田舎に育って、都会で学校を終えた子どもたちがもう一回、田舎に帰って、仕事に就くということが、自然学校や体験活動の業界が育っていくことにおいて、私は第一ではないかと思っています。

自然にそういうことをやっていく中で、環境の大切さに気づくのではないかと思っています。

広瀬　地域の担い手になるという意識を自然学校がもつことが求められています。

● 異業種理解
● 人と人のつながり

大武　自然学校は、フリーなスタンスで行政・企業・NPOといった垣根を越えて関わることで、異業種理解、相互交流を深めていけると思います。現在、孤立した社会といわれていますが、体験を通して人と人の理解を強められる、仕事を通して業種の違いを越えた交流ができる、人と人のつながりが生み出される。これらは、自然学校がただの体験活動ではない大きな役割であり、機能だと思います。

広瀬　異業種を理解する。垣根をつくることは簡単にできますけど、垣根をはずして理解することは自然学校の特性といっていいでしょう。

① 自然・暮らし・生き方
② 自然（地域）との共生の方向性

坂元　自然を学ぶ、人を学ぶ。地域には人と自然の関わり合いや、自然の空間で生きてきた暮らしというのがあって、こういったことを学んでいるわけですよね。そういう自然が人にとって、生き方や学びの多い場だと考えた時に、自然学校は非常に大きい存在だと思います。自然と自分自身が関わりながらどう生きていくのかということが、自然学校というひとつの学びの場に身を置くことではないかと思います。現実的には、目先の経済活動に振り回されて、自然とのつながり、人とのつながりというものを忘れていっている。自分自身が何のために生まれてきて、これからの地球がどうなっていくのか、その中で自分の役割は何なのかということを考えていくためには、自然学校は地球と必死になって共生していく方向性を最先端で学んでいける場ではないかと思います。そのときにスタッフがそのことを伝えていけるかが大事なので、自然、経済的なものに価値が置か

れていますが、まずはお客様が地域に来るようなものにしていく、そういうものを地元では努力していかないといけませんよね。人が来ることによって、環境景観の取り組みは、次のステージにいくのですね。だからこそ、私たちは自然や与えられた自分たちの住む空間が一番価値のある空間だと考え、価値を上げていくために、地域で何をしていくか。そのためには自然の価値、生き方の価値を地域で芽生えていくことなのですね。そういったことが、結果的に地球と持続的な暮らしをしていくための大きな方向性ではないかと思うので、どんどん自然学校から発信していければと思います。

広瀬 我々は様々な価値の中で暮らしているわけで、どういう価値を自分のものとしていくのかということだと思うのです。もし、自分の周りに都市型の価値観しかないようなら、自分で新しい価値をつくっていくしかないだろう。それが生き方につながっていくのではないか。自然学校は一般企業と違うベクトルの価値を持っているのですね。それがうまく機能すれば、大きな社会的なムーブメントに発展していくだろうと思います。

第3部 自然学校これからの可能性

パネルディスカッション（第3部）

[パネリスト]
　　阿部　治（立教大学社会学部／大学院異文化コミュニケーション研究科教授／ESD研究センター長）
　　広瀬　敏通（NPO法人日本エコツーリズムセンター　代表理事）
　　西村　仁志（同志社大学政策学部政策学科准教授、環境共育事務所カラーズ　代表）
　　佐藤　初雄（自然体験活動推進協議会　代表理事）
　　中西　紹一（プラスサーキュレーションジャパン　代表）
進行：川嶋　直（財団法人キープ協会環境教育事業部　シニアアドバイザー／立教大学ESD研究センターCSRチーム　主幹）

質問1　今日のシンポジウムを聞いて最も印象に残ったことは？
質問2　日本の自然学校の特色はなんでしょう？
質問3　自然学校　次の一手は？

注：発言の前の太字見出しは、各パネリストがその場でフリップボードに書いたものである。

質問1　今日のシンポジウムを聞いて最も印象に残ったことは？

- 社会的企業
- 職員の給与が安い

　阿部　私も皆さんと一緒に自然活動に関わってきましたが、当初から思い描いていた社会的企業になってきたことを嬉しいと思う一方で、職員の給与が安いことを大きな課題に感じています。都市では暮らせないけれど、自然学校があるような地域なら暮らせるという問題も、また逆にあるのですね。自然資本、社会関係資本が地域にあり、生態系サービスや様々な人とのつながり、関わりがあって。だからこそ、低賃金でも暮らせるという状況があるのですが。

- 社会企業
- 人財

　佐藤　「社会企業」は、今回の自然学校宣言のひとつのキーワードになるのではないかと私自身も思っています。そうした中で、自然学校の要素というのは、プログラムや、アピール度、場所、人と様々なも

のがありますが、やはり人なのですね。材料の材ではなく、財産の財と書きますように。意図的にこの文字を使うのは、特に自然学校においてスタッフや関わっている人たちが財産であり商品であるからです。人財のクオリティをいかに高めていくか。そのことにより、給料が安いことも改善できるのではないかと、期待を込めて書きました。

● 『社会的役割は本業だよ』
　広瀬　ピーター・ヒギンス氏（エジンバラ大学）の「社会的役割は本業だよ」という言葉を、私も以前から言いたくて調査を続けているのですが、まだ言い切れない。でも、でもヒギンス氏は言い切ったということが印象に残りました。

● +Social
　西村　社会問題の解決に自然学校が踏み出してきているというのが印象的でした。いわゆる本業と言われてきた自然体験活動の指導と普及だけではなくて、ソーシャルという部分を多くの自然学校が意識し、期待されていることが印象に残りました。

● 　私：消費されるビジネス
　　↑
　　↓
　　皆さん：消費され尽くされないビジネス
　中西　本業が広告屋ですので、情報を消費されるようにする。つまり、今日一日楽しければいい、明日は忘れているというビジネスモデルで仕事をしていますが、消費され尽くされないビジネスモデルに出会ったという感じがしました。徹底して消費型とは確実に違うものがあるという意味では少しショックを受けました。

質問2　日本の自然学校の特色はなんでしょう？

● **地域へのまなざし**

広瀬　地域に目を向けるという視点が、日本の自然学校のカラーをしっかり出している。これが結果的にソーシャルビジネスにしっかりとつながっていることが大きな特色だと思います。

● **自然資本と社会関係資本の融合**

阿部　私が言いたいのは、自然体験だけではないということです。自然資本は自然との関わり、あるいは生態系サービス全部含めてのもの。自然だけではなくて、人との関係。それが日本の自然学校の特徴だと思います。自然に社会的企業に結びつく活動をやってきたのだなと。欧米にも、環境に関心のある人たちが一緒に住んでいるエコビレッジという場所がありますが、私たちの自然学校は、日本型のエコビレッジと言ってもいいかもしれませんね。自然学校がオーガナイズしている。これは新しい考えだと思います。

　補足しますと、日本型の自然学校は欧米にはありません。日本の自然学校は社会的な意義を非常に含んでいます。どなたもESDという言葉を使ってくれませんが、日本の自然学校はまさにESDと呼べる取り組みなのです。そういう意味でも、世界的に発信していく価値のある活動だと思います。

● **飲み会が多い**

佐藤　ふざけているわけではなく、飲みニケーションはコミュニケーションのひとつのツールだと思います。基本的に私は飲めなかったのですが、この分野に入ってから飲めるようになりました。その功罪の中から、功の部分がわかってきました。日本地域社会の中では、「おまえ飲めないのか」という関わりが多くて、そういうシーンから歴史が作られていくのかなと感じていて。それは海外とは違うのかなと。アメリカなどですと仕事が終わるとサッと帰るという文化ですよね。僕がいた冒険学校はそもそも飲んじゃいけないところでした

から、飲めませんでした。そういう意味では、日本の自然学校の特徴はやはりこれかなと思います。

● 正統的周辺参加
　人→共同体
　参加＝学び
中西　最近、アクティブラーニングの研究者と会ったりするのですが、『正統的周辺参加論』という本があります。「コミュニティへの参加の一形態が学びである」という考え方ですね。「共同体への参画＝学びのプロセス」ととらえようという考え方で、自然学校はまさにフィールドそのものだなと思います。確実に日本が最先端であると自信を持って言ってよいのではないか。

川嶋　ここでいう共同体は必ずしも地域共同体だけではないということですか？

中西　そうです。職業集団や職能集団とか、もっと広域のネットワークも含まれます。もしかしたらWEB上でもいいかもしれませんね。WEB上のコミュニティの研究もされているようです。いずれにしても「参加する＝学ぶ」という図式の事業が組み立てられているという事例はすごいことなのではないかと思います。

川嶋　自然学校に数日間行くということも含まれますよね？

中西　そうですね。

● 「二重編み」のネットワーク構築
西村　私の学位論文には、最後に「二重編み」のネットワークモデルがあります。私は本日の参加者の皆さんを見て、いったい何をしているのかを20年間観察してきました。共通するのは、川嶋さんはキープ協会のスタッフでありながら、キープ協会を留守にして東京に出てきていろいろな活動をしている。佐藤さんは国際自然大学校の代表ですが、一方で、野外教育のプロ集団のネットワークである日本アウトドアネットワークの活動をしている。広瀬さんはホールアース自然学校の代表者ですが、日本エコツーリズムセンターをつくっ

たりもしているということ。こういった動きは何なのかということに関心を持ちました。これらの活動は、中西さんがおっしゃった正統的周辺参加や、実践コミュニティといったものにつながっていくと思います。

これらの動きを組み合わせて考えていくと、各地でローカルに展開している自然学校と全国につながる自然学校のネットワーク・自然学校運動が「二重編み」になっているのではないか。つまり、ローカルでやっている活動と全国ネットワークは、糸がぐるぐるとまわりながら二重に編み上げられていくという構造を描いているのではないかと考えています。

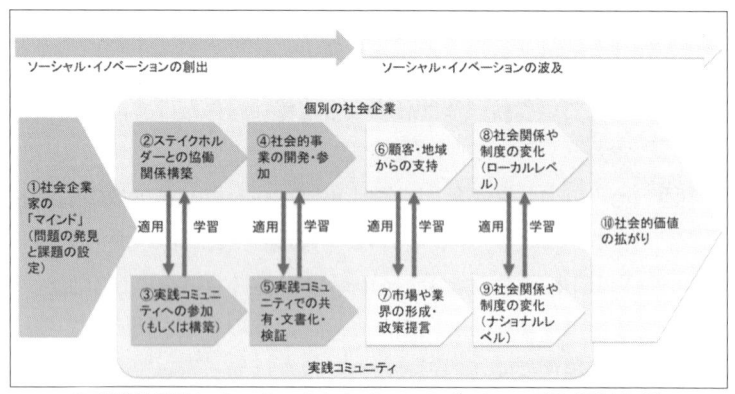

「二重編み型」ソーシャル・イノベーションのプロセスモデル（西村作成）

社会がどのように変わっていくのかをモデル化したものです。これは自然学校に限らず、いろんな領域で適用できると思います。まず、社会起業家が社会における問題を発見して課題を設定する。そして、ローカルにおいてステークホルダーとの協働関係を構築していく。

個々の自然学校は、普通は上だけです。子育て支援でも高齢者支援でもよいのですが、あるテーマが発見されて協力関係ができていきます。そして、新しい事業開発をしようと検討しながら、社会的なサービスを開発しています。それが顧客や地域からの支持を得て、社会関係や制度の変化につながり、社会的価値が広がっていく、これがソーシャル・イノベーションのプロセスモデルです。一橋大学

の谷本寛治先生によるモデルです。

　これに全国のネットワークが二重編みのように関係しているのではないかと思いつくりました。下が全国のネットワークです。実際にコミュニティに参加します。例えば、今日のようなミーティングに出て「京都で自然学校を始めました。」と挨拶して皆さんと出会えば、「西村さん、京都で始めたんだ」と顔見知りになります。私が京都で自然学校をつくる一方で、全国ネットワークで各自然学校が取り組むノウハウなどが共有化されたり、文章化されたり、検証化されたりしていきます。そういう学習と現場での適用が常に組み合わさっていくのです。

　顧客からの支持を得ることで、市場や業界ができ、政策提言などができるようになることもあります。まさに自然学校が力量を形成していくということです。そういったものを通じて、力量をつけた自然学校が社会体制や制度の変化をローカルなレベルでもたらしていく。一方で省庁や企業の方々と連携することで、全国レベルの変化も起こしていけると。そうして新しい社会的価値を広げていく。このようにして広がってきたのが日本の自然学校の特徴といえるとみています。

川嶋　立教大学からはコメントありますか？
阿部　この後、自然学校宣言を川嶋さんに読み上げていただくのですが、まさにこれを文章化したものになります。日本での自然学校の歴史、そして、それがどのように社会化されてきたのか。まさに今、日本という国自体が変わりつつある中で、そこに自然学校の価値・役割があるといえます。こういう学問が正しいかどうかというのは、実際に現実的に合っているかどうかで評価されますので、そういう意味で西村さんの研究は非常に素晴らしいものだと思っています。

質問3　自然学校　次の一手は？

● **都市と農山漁村の人的循環／グッドプラクティスの一般化**

阿部　千葉自然学校の飯田さんがおっしゃっていましたように、自然学校が地域再生に役立つという役割が出ましたが、圧倒的に日本のコミュニティは都市部に集中している現実があります。それが続く限りは地域再生できませんよね。きっと続かない。今、行われている自然活動というのは群れとしてやっているに過ぎないものです。自然活動を一般化していくためには、都市の住民が地方に帰る、まさに地方回帰を進めなければならない。その前に人的循環ですよね。これのシステム化をやらなければならない。さらにその先には都市の住民が地域に分散化していく。それをやっていかないと日本は持続可能ではないと思います。そういう意味で、次の一手は循環をつくりだしていくことだと考えます。

● **表現する場**

中西　自然学校の良い面は、フラットなコミュニケーションがとれる場であることです。私も机の上にiPadを置いていたりしていますが、こういったツールがない場面で自分を表現できることがこれから大事になっていくと思います。人を育てるということは、人から求められる自分を表現できること。社会を表現するとか、地域を表現するとか、自然学校がそういう場になっていけたらいいですね。スタジオになって欲しいというか。

川嶋　地域のいろんなものが自然学校というスタジオから発信されると。

中西　そうですね。そういう広がり方が理想です。

● **♂の導入**

広瀬　私はヤギ飼いなのですよ。ヤギを飼って、ハーレムをつくってやってきたのですが。今、必要なのは新しいオスの導入だと思います。生物学的にも、社会学的にも正しいことなのですが、積極的に異なる分野の人たちと交流をして、そこに生まれるダイナミズムをどん

どん我がものにしていくというような、ダイナミックな自然学校の姿を我々はつくっていかないといけない。知っている人たちで固まるのはまずいと思っていますので、新たなオスを求めていかないといけない時代だと思います。

川嶋　新たなオスのイメージはありますか？

広瀬　新たなオスとして、たとえば中国の社会や福祉や食育など、我々と接点を持っていなかった分野の人たちと交流を進めていこうと仕掛けています。そのことによって、我々の価値観は大きく動いていくかもしれません。それは自分たちのものになっていくだろうと強い思いがあります。

● 「地元」で生きる価値や哲学→担い手づくり

西村　地域の小学校の生徒が10名を切ったら、その10名は全員そこに残ってもらわないといけない子どもたちです。一時的に大学生になって地域を離れたり、外で就職したりするのはいいと思いますが、最終的にはその地域経営を担う人材となって戻ってきてもらわなければならないと思います。そういう意味では、小学生の地元の子どもたちに、きちんと地元で生きる価値や哲学を伝授していくことがとても大事です。長い目で見て、子どもたちが主役になる地域づくりを展望していかなければなりません。次の一手を今やっておかないと、日本の各地域の展望が描けないと思います。

● 都市型自然学校の役割

佐藤　国際自然大学校も山梨、群馬、栃木にありますので、地域における自然学校のありかたについては共有できる部分がありました。しかし、議論を深めるほど、そういえば都市型自然学校もあったよなと考えさせられます。たとえば、国際自然学校は東京にあります。都市部の自然学校はいったい何をしているの？　と思うわけです。社会的な課題に対して、地方の自然学校ではできない都市型自然学校の役割があるのではないか。その先には、地方でがんばっている自然学校と都市部の自然学校が連携していく。もっと密接な関係をつ

くっていく役割が都市型自然学校にはあるのではないかなと考えられるわけです。私たちの仲間も東京周辺にたくさんいるのですが、果たしてそういう連携をきちんとやってくれているのかということを感じまして、このあたりを皆さんと深めていきたいと思います。

● 「白書」類型化とビジネスモデル

佐藤　来年度事業に予定している、「自然学校白書」をつくろうという中で、類型化をしてビジネスモデルをつくっていくことができたらいいのではないかと思います。いろんな調査の結果が出てきていることによって、これから若い人が自然学校を目指すとするならば、一人自然学校もあるし、都市型自然学校もあるし、地方で地域再生型の自然学校もあるというような類型化の時に、このようなビジネスモデルをやれば、持続可能な組織になり、持続可能な自然学校になり、社会に貢献できる自然学校になっていくということを来年度まとめられるといいですね。

自然学校宣言2011
宣言文

　私たちは日本の自然学校運動の只中から、その価値と社会的な成果を見据え、ここに「自然学校宣言2011」を宣言します。

　自然学校というコンセプトは1980年代に入って民間の自律した自然体験活動から生まれてきました。「自然が先生」と呼び、自然が持つ優れた教育力を活かした活動をベースにしながら、自然体験活動や青少年教育の実践をおこなってきました。

　さらに、地域や社会のさまざまな課題に対して、コミュニケーション力を柔軟に駆使しつつ取り組む活動は、自然体験型NGOともいえる社会的企業として育ち、運動体として発展してきました。この意味で、欧米で発展した自然体験主体の自然学校とは性格を異にしています。

　戦後の日本では、社会の公益的な役割は主に行政機能に委ねられてきましたが、現在は民間も共に担う社会に変わりつつあります。自然学校はこれまでの既存の組織やNPOにも見られない特質を持って、効果的に社会的な活動を広げてきました。
　その特質の一つは、高いコミュニケーションスキルを持っていることです。二つには、機動性のあるチームや全国的なネットワークを持っていることです。三つには、自然学校の仕事とスキルを通して、社会の課題に応え、貢献していくミッションを持っていることです。

　こうした積年の取組みの結果、「地域の新しい担い手」「地域の小さな産業」と呼ばれるようになりました。国、自治体などの他、学校、企業、地域のNPO、市民と自然学校とが、手を組み、これまで以上に日本の、

あるいは地域の課題を解決する仕組みを早急につくっていくことが求められています。

　今、私たちの暮らす社会はグローバリゼーションと地球環境問題の同時進行の中で、環境、経済、社会のあらゆる点で持続不可能な状況が進行しています。しかし同時に、大きな時代的な転換点が来ているという予感や実感は市民の多くが共通して持つ認識です。
　市民が主体となったその変化する時代の中で、持続可能な新たな時代を切り拓く担い手として自然学校が果たす役割はより重要になってきています。

　こうした認識と不断の実践により、私たちは日本社会のみならず、世界が共によりよい未来を志向する具体的な行為としての自然学校運動をさらに力強く発展させていくことを宣言します。

■自然学校宣言2011　起草メンバー
　阿部治・岡島成行・川嶋直・桜井義維英・佐々木豊志・佐藤初雄・高木晴光・高木幹夫・中西紹一・西村仁志・平野吉直・広瀬敏通・山口久臣／50音順

2011年3月2日

「自然学校宣言2011 シンポジウム」を振り返って

岡島　成行
（大妻女子大学教授、日本環境教育フォーラム　理事）

自然学校宣言のこれまでと今とこれから

　自然学校宣言は以前から行っているもので、これまでに何度か宣言しています。自然学校のスタッフを中心にやっていた活動をもっと広げようというのがきっかけで、ボーイスカウトやガールスカウトなどの方々と一緒になって、自然体験を広くネットワーク型にしようとして生まれてきたものです。その延長線上にCONE（自然体験活動推進協議会）が生まれてきました。

　自然学校が生まれる以前から青少年教育、野外教育、アウトドアそれぞれの流れがありました。そこに自然学校のような新しいものが入ってきて、流れをひとつにしようということになり、自然学校宣言ができました。今日は自然学校業界の話が中心でしたが、こういった流れも頭の隅に入れておいていただきたいというのが一点です。

　今は大変な変革期です。文部科学省の国立青少年教育推進機構は民主党に要らないと仕分けされて、大変な騒ぎになりました。しかし、私たちは必要だと思っているわけですから、必要だと訴える活動をいろいろ行ってきました。最近は、教育機構を10年くらいかけて大改革をしていこうとしています。現在は必要だという主張だけで終わってしまっていますが、今ある27の施設のうち10くらい残してあとは民営化していこうという流れがあるわけです。そういうことによって、オリンピックセンターを中心とする機構は大改革にこれから取り組もうとしています。

　教育機構は100億円近いお金を使って、自然体験・体験学習をずっとやってきたわけです。その他に、地方公共団体の県立少年自然の家などがありますが、そういった活動が使っているお金は200～300億円あります。膨大な税金が自然体験・体験学習にずっとつぎ込まれてきました。皆さんがやっている自然学校の総予算が合わせて何億円になるかわかりませんが、膨大な金

額の使われ方です。これが変わろうとしています。

　機構が変わっていこうとするときに、例えば、民営化の時にどうするかという問題が出てきます。2億5千万円ほどの予算で、年間20～30人を雇って、学校をきれいに経営できる団体が皆さんの中にいくつあるのか、果たして民営化はできるのか、それだけの力を我々は持っているのかということですね。今の皆さんの力ではきっと無理でしょう。民主党は「すぐに民営化しろ」と言いますが、民営化しようにもできません。人がいないのだから。ですから私は10年の猶予がほしいと言いました。ですが、民営化は進んでいくと思います。現実に、今年の4月から2校、公募で民間人が校長になりました。今までは、大学の事務長などの天下り先のようなものだったのですね。それが変わってきている。例えば、もし皆さんに施設運営をしてくださいとオファーが来た時に、責任をもって受けられるかどうかを考えなければならない時期だと思います。逆に、国立の半分が業務委託などに変わっていった場合、県立はどうなりますか？　県立の半分もそうなりますよね。国立だけで、学校の先生がやっている部分を皆さんがやるとしたら、何人の常駐の専門家が必要なのでしょうか。県立が200校変わったとします。1校に10～15人いるとすると2,500人必要になります。もし民営化するとしたら、それだけの蓄えや準備は我々にはできていません。

　逆に言うと、民営化はひとつのチャンスでもあるわけです。国や県と一緒になってものごとに取り組むチャンスです。すると、自分たちのステータスも上がり、給料も上がるかもしれません。時代はどんどん動いていますので、こうした変化も視野に入れて社会的な責任も考えていってほしいと思います。そして、その動きの中で地域社会との連携もいっぱい生まれてきます。これからは、中国やアジア各国で、環境教育の一つのツールとして、この自然体験がどんどん使われるようになりますから、そのサポートもしていかなければなりません。

　今は非常に大きな節目にあり、これから先、今日お集まりの皆さまの責任が重くなっていくことを自覚していただければと思います。しかし、残念ながらまだまだ力がないことと、もう一点、多くが直感で物事が進んでしまっているということ。学問的な研究を行い、きちんとした形でやっていかないと世間が納得しません。自分の経験からこういうことをやってきたのだとい

うだけでは、予算もつかず、お客さんも不安になってしまうでしょう。そういったことの研究を進めて、ひとつの社会的なシステムとして世の中に位置付けなければならないと思います。

　男性も女性も、人生をかけるに値する仕事だと思いますので、がんばってください。

教育的な体験活動を、専門家の指導の下で組織的に安全に楽しく実施していること。
(3) 【組織形態】
責任者、指導者、連絡先住所、活動プログラム、活動場所、参加者を有していること。

1980年にはゼロでしたが、今では3,700の自然学校があることがわかりました。2011年1月1日現在、全国総計で3,696件あります。沖縄が大変多いですね。驚く数ですね。また日本海側に数が多いという現象があり、中部地方が多いのはわかるのですが、九州北部もとても多いというかたちですね。

年表はESD研究センターの阿部さんと私とで原案をつくり、委員会の皆さんで書かれたものです。野外活動は、100年ほど前から様々なキャンプ活動などが取り組まれてきました。一方、1960年代から公害教育からはじまる自然保護運動、その中の自然観察会などが幅広く行われてきました。そして、野外活動は、1980年に筑波大学に野外教育研究室が生まれて、現在に至ります。

1980年代に自然学校というコンセプトが生まれ、87年に清里ミーティングという全国ネットワークを開催しました。この時に初めて自然学校の全国的なネットワークが形成されました。96年の2月に自然学校宣言を行い、一気に社会に認知される存在になってきました。2000年頃から、CONE自然体験活動推進協議会が生まれた年なのですが、全国的に様々な地域とコラボレーションしたり、地域の小さな産業として過疎地などで活動する自然学校が続々と生まれてきたり、各地の様々なネットワークを構築する活動が生まれてきました。いわゆる社会起業期というもので、現在に至っています。

自然学校は青年団や商工会など、衰えつつある地域の機能に代わって、新しい地域の担い手となっている姿が各地でみられています。また、事業（収益）規模は一般企業よりも小さいのですが、地域の資源を活用した楽しいプログラムと情報発信力を持つユニークな取り組みによって、地域内をつなぐ役割となり、「地域の小さな産業」とも呼ばれるようになってきました。

自然学校は、法的な縛りがないために自由でフットワークの軽い活動をすることが可能です。様々な業界、分野の方々とつながりをもって仕事をして

きた結果、幅広い活動が生まれてきました。自然体験から生まれたことは事実なのですが、地域体験、観察会、古民家修復や、里山・農地の回復、企業CSR支援、人材育成、調査研究、国際協力、災害救援、福祉など多様な活動ができたのは、一つの法人格ではなかったために、定款に縛られずに活動をしてきたことが一因であるといえます。

　自然学校の本業は自然体験活動です。キャンプをしたり、エコツアーをしたり、自然の中で様々な取り組みを行います。ところが、これにとどまらずに、地域や社会で勃発しているさまざまな課題に対して取り組み、解決できるように貢献していこうという活動を始めたのです。1996年の自然学校宣言の時にこうした活動が紹介されつつありました。

　自然体験＋社会課題への取り組みと貢献＝自然学校

　という公式が成り立つと思います。このことを可能にしたのは、自然学校が持つ高いコミュニケーションスキルと、機動力のあるチームのネットワークです。そして、社会課題に対応するミッションを持っていることも挙げられるでしょう。

　第3編第2部でも掘り下げましたが、これまで本業としていた、子どものキャンプや野外活動、森の幼稚園、自然教室、こういうものが社会的に発展していきました。たとえば、地域・異分野コンソーシアムタイプ、様々な分野の方々と組織的、機能的につながって、新しいムーブメントを起こすという阿蘇地域振興デザインセンターや、ねおすのような取り組み、ネットワークを広域的に活用して、一つの大きい効果を生み出す千葉自然学校やエコ幡多、地域再生や農的な暮らしをいかした取り組みの中で自然学校の力を発揮しているECOPLUSとか、くりこま高原自然学校などが非常にがんばっています。そして、社会起業と呼ばれるような新しいジャンルに取り組んでいこうとしているホールアース自然学校や九州のIOE野外教育研究所など、学校教育と連携したり、街づくりNPOと連携したり、ツーリズム産業と連携したりしている学校があります。

　また、地域の便利屋さんタイプというのもあります。過疎地で続々生まれている自然学校ではお金にならないので食べていけないという問題があります。そこで、過疎地の買い物難民になっている高齢者のところに移動販売・便利屋さんとしてお伺いして、その方々の支援をしながら暮らしや知恵を資

源としてプログラムにしていくという自然学校が生まれてきています。これは今後増えるかたちだと思っています。

　こんなことが、今回の自然学校の全国調査の中で様々に見えてきました。この全国調査はトータル102問。これは1日で答えられない数なのです。中には4年前のデータをひっくり返して教えてくださいというのもありました。大変クレームもありました。これをお金が一銭もない中でやるのですから、1万件の郵送ができなかったのです。ですから、全部メールでやりました。アドレスを探すのも大変な作業でした。これを全国の多くの方々に協力いただきました。そこで102問を集計して解析したデータが160余のグラフとしてあります。

　この分析、考察はまだまだ時間のかかる作業です。これをもとに今年、自然学校白書という日本で初めてのものを発行しようと考えています。このデータにつきましては、日本エコツーリズムセンターですべて見られるようにしておりますし、回答をいただいた方々には特別のプレゼントとして、もう少し詳しい元データをお送りする仕組みをつくっておりますので、楽しみにお待ちいただければと思います。

類型に沿った自然学校紹介

1　**地域・異分野コンソーシアムタイプ**
　　交流や相互研究を通して、地域の発展に貢献する
　　－阿蘇地域コンソーシアム

2　**社会起業推進タイプ**
　　社会の活動にシステムをもって取り組んでいく
　　－ホールアース自然学校

3　**ネットワーク活用タイプ**
　　広域な地域のネットワークを中核にしながら、その取りまとめを行い、マネジメントをしている自然学校の姿、いろんな地域のモデルになってきている
　　－NPO法人千葉自然学校

4　**地域再生・農的暮らしタイプ**
　　過疎地などの現場に入って、地域の方々とともに活動に取り組む
　　－NPO法人ECOPLUS

2010自然学校全国調査 分析と考察

20110302
自然学校全国調査委員会
統括責任：広瀬 敏通

自然学校全国調査の歴史

第1回：1999年 自然学校調査
　　　　実施主体：文部省（当時）
　　　　実施団体：野外教育プログラム研究会
　　　　対象：主に民間の野外教育団体
第2回：2001年 自然学校調査
　　　　実施主体：(社)
　　　　実施協力：ホールアース自然学校
　　　　対象：主に民間のプロ団体
第3回：2002年 第3回自然学校全国調査
　　　　実施主体：環境省／(社)日本環境教育フォーラム
　　　　実施協力：ホールアース自然学校
　　　　対象：主に官公庁関連、公的団体
第4回：2006年 第4回自然学校全国調査（今回）
　　　　実施主体：(社)日本環境教育フォーラム
　　　　実施協力：ホールアース自然学校
　　　　対象：主に民間の団体
第5回：2010年 自然学校全国調査
　　　　実施主体：(社)日本環境教育フォーラム
　　　　実施協力⇒日本エコツーリズムセンター・日能研
　　　　対象：全国４７都道府県の官・民自然体験活動、地域交流活動団体

自然学校の定義

(1) 【理念・意義】
　　活動を通して「人と自然」「人と人」「人と社会」を深くつなげ、自然と人間が共生する持続可能な社会づくりに貢献していること。
(2) 【活動】
　　自然体験活動または、地域の生活文化に関わる地域つくり活動その他の教育的な体験活動を、専門家の指導の下で組織的に安全に楽しく実施していること。
(3) 【組織形態】
　　責任者、指導者、連絡先住所、活動プログラム、活動場所、参加者を有していること。

2010自然学校全国調査委員会

資料編　自然学校全国調査2010

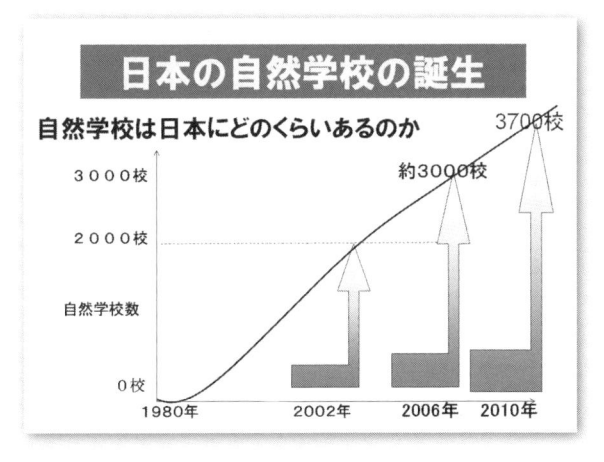

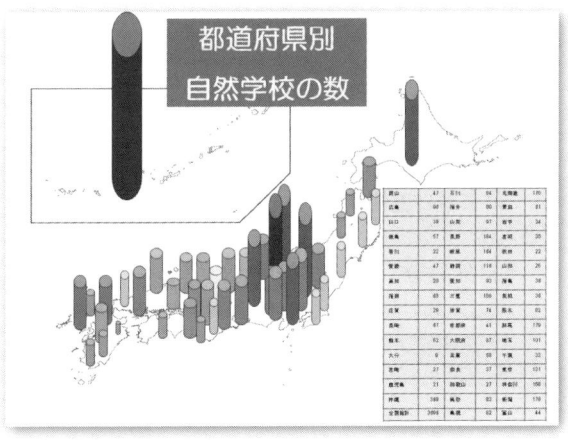

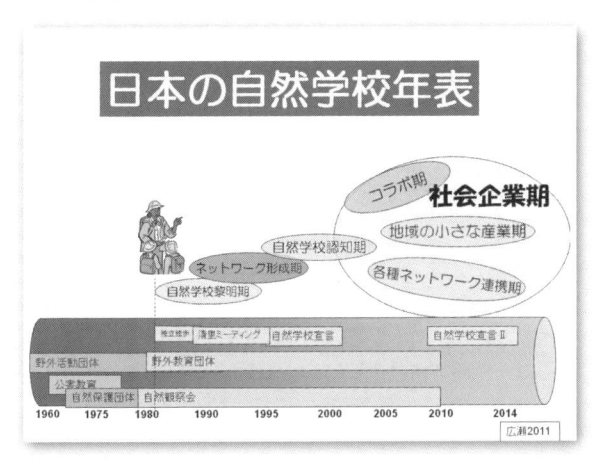

日本の自然学校の誕生

自然学校は日本にどのくらいあるのか

3700校 / 約3000校

1980年　2002年　2006年　2010年

都道府県別 自然学校の数

日本の自然学校年表

コラボ期／社会企業期／地域の小さな産業期／自然学校認知期／各種ネットワーク連携期／ネットワーク形成期／自然学校黎明期

広瀬2011

衰えつつある地域の新たな担い手

- 地域の担い手
  ⇒ 青年団、商工会、観光協会の機能の補完、またはそれに代わる新たな地域の担い手

- 小さな産業
  ⇒ 事業規模は一般企業より小さい。
  地域の資源（人、自然、文化）を活用する
  楽しいプログラムに加工する
  情報発信力がある

自然学校は誰ともつながる

- 異分野とのコラボ、コンソーシアム
  ⇒ 特定の業界にこもらずに多彩な異分野、異業種と協働する ▷ 法的な縛りが無い
- 特定の業態が無い
  ⇒ 自然体験、地域体験、観察会、古民家修復
  里山・農地の回復、企業CSR支援、人材育成
  調査研究、国際協力、災害救援、福祉系…
  　　　　　▷ 法人格も多様

自然学校の強み

自然体験活動（本業）
　＋社会課題への取組みと貢献
　＝自然学校

自然学校は
① 高いコミュニケーションスキルを持つ
② 機動力のあるチームとネットワークを持つ
③ 社会課題に対応するミッションをもつ
→ 地域や社会の課題 取組

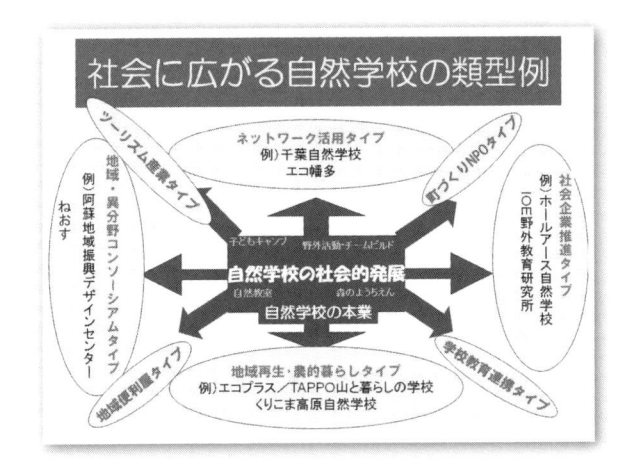

資料編　自然学校全国調査2010

社会に広がる自然学校の類型例

- ネットワーク活用タイプ
  例）千葉自然学校
  エコ幡多
- 町づくりNPOタイプ
- 社会企業推進タイプ
  例）ホールアース自然学校
  IOE野外教育研究所
- 学校教育連携タイプ
- 地域再生・農的暮らしタイプ
  例）エコプラス／TAPPO山と暮らしの学校
  くりこま高原自然学校
- 地域便利屋タイプ
- 地域・異分野コンソーシアムタイプ
  例）阿蘇地域振興デザインセンター
  ねおす
- ツーリズム産業タイプ

自然学校の社会的発展
子どもキャンプ　野外活動・チームビルド
自然教室　森のようちえん
自然学校の本業

第5回
自然学校全国調査２０１０
調査報告書（抜粋）

※ この報告は、2011年3月2日のシンポジウム会場での配布資料から、各種グラフ（約40件）を編集上の都合で削除している。グラフの入った資料は、「立教大学ESD研究所」ならびに「日本エコツーリズムセンター」のホームページからダウンロードできる。

2011年3月発行

発　　　行：公益社団法人　日本環境教育フォーラム
調査・編集：自然学校全国調査委員会
協　　　力：NPO法人　日本エコツーリズムセンター
　　　　　　株式会社日能研

目 次

第Ⅰ章 今調査の概要と意義 …………………………………… 284
  1．自然学校全国調査の経緯 ……………………………… 284
  2．日本の自然学校数 ……………………………………… 285
  3．自然学校の系譜 ………………………………………… 286
  4．自然学校の定義 ………………………………………… 288
  5．自然学校全国調査の意義 ……………………………… 290

第Ⅱ章 自然学校のかたち …………………………………… 291
  1．組織形態と自然学校活動 ……………………………… 291
  2．活動テーマ ……………………………………………… 292
  3．施設、フィールド ……………………………………… 292
  4．活動する地域の規模と関わり ………………………… 292

第Ⅲ章 自然学校の財政 ……………………………………… 293
  1．自然学校の年商 ………………………………………… 293
  2．自然学校の収入源 ……………………………………… 293
  3．年商規模別常勤職員の勤続年数 ……………………… 294
  4．年商規模別の施設所有・管理 ………………………… 294
  5．年商規模別の地元行政、産業とのつながり ………… 295
  6．年商規模別の社会的な公益性 ………………………… 295

第Ⅳ章 自然学校の人材 ……………………………………… 296
  1．組織全体の常勤・非常勤スタッフ数 ………………… 296
  2．常勤スタッフの勤続年数と年齢層 …………………… 296
  3．自然学校スタッフの男女比 …………………………… 297
  4．自然学校の人材育成制度 ……………………………… 297
  5．他団体からの研修生等の受け入れ …………………… 298
  6．ボランティアなどの活用 ……………………………… 298

第Ⅴ章 自然学校のプログラム ……………………………… 299
  1．官民別の自然学校プログラム ………………………… 299
  2．野外活動と生活体験プログラム ……………………… 300

第Ⅵ章 参加者 ………………………………………………… 301
  1．利用者(参加者)のための会員組織の有無 …………… 301
  2．利用者(参加者)の主な属性 …………………………… 301

第Ⅶ章 社会貢献する組織としての自然学校 ……………… 302
  1．社会貢献する組織としての自然学校 ………………… 302
  2．地域への貢献 …………………………………………… 302
  3．地域と活動テーマ ……………………………………… 303
  4．企業の自然学校活動の取り組み ……………………… 304
  5．エコツーリズム ………………………………………… 304
  6．国際交流・協力 ………………………………………… 304
  7．災害救援活動 …………………………………………… 305
  8．社会起業・社会企業としての「自然学校」 ………… 305

第Ⅰ章　今調査の概要と意義

1、自然学校全国調査の経緯

　今調査は過去4回の自然学校全国調査に続く、第5回目の全国調査で、2002年（第3回）の調査から4年ごとに実施しており、2010年が第5回目の調査年となった。（図Ⅰ－1）

　2010年3月には立教大学で【自然学校は地域を救う】と題してシンポジウム※が開かれ、このときに5校の地域密着型自然学校の詳細調査を行った。
（※立教大学2009年度EcoOpera事業）

　その後、あらためて全国調査の準備がなされ、過去3回の調査を担当してきた広瀬が主担当になって調査委員会を構成して、2010年9月より調査を開始した。

```
第1回：1999年　自然学校調査
              実施主体：文部省（当時）
              実施団体：野外教育プログラム研究会
              対象：主に民間の野外教育団体
              調査回答母数：62団体
第2回：2001年　第2回自然学校調査
              実施主体：(社)日本環境教育フォーラム
              実施協力：ホールアース自然学校
              対象：主に民間のプロ団体
              調査回答母数：299団体
第3回：2002年　第3回自然学校全国調査
              実施主体：環境省／(社)日本環境教育フォーラム
              実施協力：ホールアース自然学校
              対象：主に官公庁関連、公的団体
              調査回答母数：2,350団体
第4回：2006年　第4回自然学校全国調査
              実施主体：(社)日本環境教育フォーラム
              実施協力：ホールアース自然学校
              対象：主に民間の団体
              調査回答母数：494団体
第5回：2010年　第5回自然学校全国調査
              実施主体：(社)日本環境教育フォーラム
              実施協力⇒日本エコツーリズムセンター・日能研
              対象：全国47都道府県の官・民自然体験活動、地域交流活動団体
              調査回答母数：735団体
```

図Ⅰ－1、自然学校調査の経緯

今調査では初めて、全国47都道府県ごとの調査協力者・団体に調査協力を依頼し、民間の自然学校やその関係団体自身の手によって、都道府県ごとの調査対象団体の詳細なリストアップ作業を行った。
　それによると、全国で自然体験活動や地域交流活動を継続的、組織的に実施している団体や活動はおおよそ1万件に及んだ。このリストのうち、webやメールアドレスの公開されている団体を対象に6,023団体に一斉アンケートを開始し、735団体が回答を寄せた。

　図Ⅰ－1に照らして見てみると、1999、2001、2006の3回は民間主体のプロ団体が多く、傾向的には専業化に比重が置かれた結果となったが、2002年（第3回）は12省庁（当時）と47都道府県、および、全国的な環境教育、野外教育団体の協力を得て実施したため、4,600の母数で2,350の回答を得られ、回答団体の過半数が公的な青少年教育機関や交流団体および、非専業的なボランティア団体が多く、結果もそれを反映したものとなった。
　今回（2010年第5回）は過去の調査の団体リストには依存せず、あらためてすべての対象団体の洗い出しを行った。その結果、従来の各種ネットワークには接点のない団体が多く回答を寄せた。

2、日本の自然学校数

　1996年の第1回「自然学校宣言」では既知のネットワーク団体から76校の自然学校が報告された。2002年の調査ではおよそ2,000校の自然学校が報告され、今回2010年調査では3,696校の自然学校が稼働中と算出された。
　全国の都道府県からノミネートされた1万件の団体のうち、体験活動を継続的に実施しているにせよ、行政機関は除き、ビジターセンター、博物館、図書館など来訪者へのインタープリテーションが行われていてもイベント的な単発実施の施設も除いた。また、ホテル、観光施設などで継続的に集客手段として取り組まれている活動も専門団体に委託している場合はその団体を対象とした。

岡山	47	石川	84	北海道	170		
広島	96	福井	80	青森	61		
山口	39	山梨	97	岩手	34		
徳島	57	長野	184	宮城	30		
香川	22	岐阜	164	秋田	22		
愛媛	47	静岡	116	山形	25		
高知	20	愛知	93	福島	36		
福岡	68	三重	100	茨城	36		
佐賀	29	滋賀	74	栃木	82		
長崎	67	京都府	41	群馬	179		
熊本	52	大阪府	87	埼玉	101		
大分	9	兵庫	58	千葉	32		
宮崎	27	奈良	37	東京	131		
鹿児島	21	和歌山	27	神奈川	158		
沖縄	369	鳥取	83	新潟	178		
全国総計	3696	島根	82	富山	44		

図Ⅰ-2、都道府県別自然学校数

3、自然学校の系譜

　日本に自然学校というコンセプトが誕生したのは1980年代初頭である。それまで我が国においても1960年代の公害運動～自然保護運動の系譜から生まれた自然観察会や、19世紀末から始まる青少年教育の系譜から広がっていた野外活動の幅広い潮流のなかで、野外＝自然界を活動のベースにしたさまざまな組織的取組みが行われてきた。

　「1890年に東京YMCAが出来、1909年に日本YMCA、日本山岳会が出来ている。1916年にはボーイスカウトのキャンプが行われ、1920年にはガールスカウトのキャンプが始まった。そして1922年にはボーイスカウト日本連盟が設立され、1946年にガールスカウト日本連盟が出来た。1948年には日本レクリエーション協会が生まれている。」(岡島成行『自然学校をつくろう』山と渓谷社2001)

　1970年代にはいると青少年だけでなく、各世代を対象にしたアウトドアブームの押し上げにより、さまざまなキャンプ団体が設立され、各地には公設、民設のキャンプ場も作られてきた。

このような中、自然学校というコンセプトは1980年代に入って民間の自立した自然体験活動から生まれてきた。自然を先生と呼び、自然が持つ優れた教育力を活かした活動をベースにしながら、自然体験活動（本業）の実施だけでなく、地域や社会のさまざまな課題に対して、コミュニケーション力を柔軟に駆使しつつ取り組む活動は、青少年教育団体というよりも自然体験型NGOともいえる社会起業の要素を持つ運動体として育ってきた。

　日本の自然学校が初期のころから持つ独特のこのスタイルは、これまでの自然界での鍛錬や人間形成を目的にした野外活動、従来の組織キャンプやレク活動、あるいはレジャー志向の強いアウトドアブーム、知識に偏る観察会といった多くの自然系の活動の傾向や課題を一新する新しいタイプの運動体として登場してきたと言ってよい。

　「こうした自然学校の役割は、かつては青少年や自然愛好者のため、あるいはアウトドアレジャーであると見られていたが、現在は中山間地域が直面する諸課題、ニートやひきこもりなど青少年世代のかかえる問題の解決、持続可能な地域づくりなどにも解決策を提示しており、市民による社会（公益）起業、地域づくりや都市農村交流、被災地支援などの総合的な役割と機能を持った学習と実践の拠点として、地域社会において重要な役割を担いつつある。」（西村仁志2006）

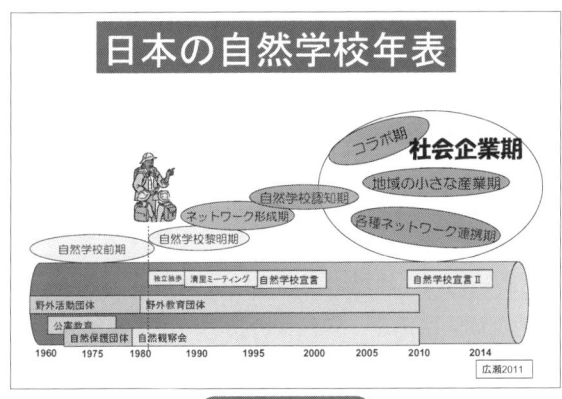

図Ⅰ-3、年表

　左記の「自然学校年表」図は広瀬、阿部*により、1980年を結節点として、それ以前を「自然学校前期」、以降を「自然学校期」とした。

　1987年の清里ミーティング開始を「ネットワーク形成期」、1996年第1回自然学校宣言シンポジウムを「認知期」、2000年以降を「社会企業期」とそれぞれ位置づけ、現在の「社会企業期」のなかには、「異分野、異業種との活発なコラボレーション期」、「過疎を含む地域社会における新たな担い手たる小さな産業期」、「広域、全国規模の各種ネットワーク連携期」とした。（※広瀬敏通：日本エコツーリズムセンター代表理事、阿部治：立教大学）

今調査ではとくに、自然体験活動（本業）プラスの地域的、社会的課題への真摯な取り組みがなされている事実と、これがすぐれて21世紀的な環境教育のあり方を示しているという点に着目した。戦前戦後を通じ、日本の地域社会を支えてきた青年団、商工会、観光協会などに代わり得る、あるいはそれの支え手となりうる「地域の担い手」「地域の小さな産業」と呼ばれる自然学校の今日的な意義を、調査を通して明らかにしたいという設定で2010年度全国調査は取り組まれた。

4、自然学校の定義

自然学校の定義は1999年に発足した日本環境教育フォーラム内の専門委員会である「自然学校センター」において検討を行い、2002年に実施された自然学校全国調査（第3回）では最初の定義を行った。さらに2005年に定義の改訂を行い、今調査では日本環境教育フォーラムに設置した全国調査の諮問会議および、「これからの日本を考える会」※の討議を経て、自然学校に関する定義の再構築を行い、2010年7月に以下の文言で確定した。

（※自然学校代表者たちをおもな構成員とする任意の会議）

┌─────────────────┐
│ 自然学校の定義　2010 │
└─────────────────┘

① 「自然学校」とは
　（1）【理念・意義】活動を通して「人と自然」「人と人」「人と社会」を深くつなげ、自然と人間が共生する持続可能な社会づくりに貢献していること。
　（2）【活動】自然体験活動または、地域の生活文化に関わる地域つくり活動その他の教育的な体験活動を、専門家の指導の下で組織的に安全に楽しく実施していること。
　（3）【組織形態】責任者、指導者、連絡先住所、活動プログラム、活動場所、参加者を有していること。

　※　上記の要件を満たす組織活動の例として『学童クラブ、エコツアーガイド、森のようちえん、田んぼの学校、ビジターセンター』等、『自然学校』という名称を日頃使っていない場合も自然学校の活動とする。

② 「自然体験活動」について
・自然体験活動は、野外で自然と関わる体験的な教育活動全般を指す。自然体験活動を、組織的、継続的に参加者を得て行っている場合は自然学校とする。
③ 「地域の生活文化に関わる地域つくり活動」について
・地域の生活文化や伝統的な生業の保全に有益な取り組みを指し、このような地域つくり活動を、組織的、継続的に参加者を得て行っている場合は自然学校とする。

以下、参考までに、2002年定義、2005年定義をそれぞれ掲載する。

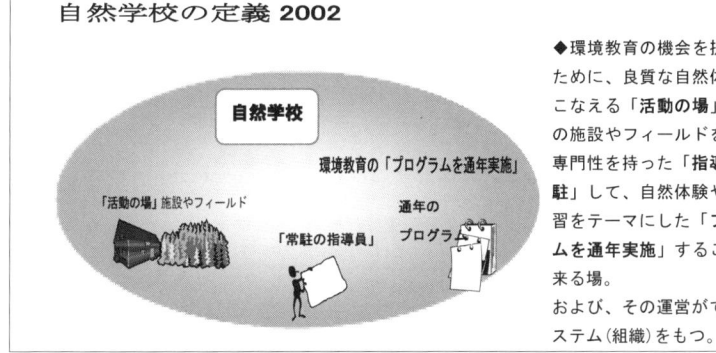

自然学校の定義2002

◆環境教育の機会を提供するために、良質な自然体験がおこなえる「活動の場」としての施設やフィールドをもち、専門性を持った「指導員が常駐」して、自然体験や環境学習をテーマにした「プログラムを通年実施」することの出来る場。
および、その運営ができるシステム（組織）をもつ。

図Ⅰ－4　自然学校の定義2002

自然学校定義2005

●自然学校に必要な6つの機能

①場：年間を通して行う様々なプログラムを実施するために必要な施設やフィールドがある。
②人：プログラムの実施や企画、運営、安全管理や人材養成、経理・財務などを行うためにマネージャー、デレクター、インストラクターの3つの役割（職務）を担う専門性を持った人材がいる。
③プログラム：フィールドや場、または対象者に応じて、通年を通して実施する環境教育をねらいとした様々な活動があること。
④プロデュース：社会との関係性をもち、公益に資する自然学校のミッションと、それを具現化するビジョンをもち、組織運営していくための仕組みを制作すること。
⑤安全性：プログラム実施上の安全管理はもとより、自然学校組織を健全に維持・運営するために必要なあらゆるリスクに対する安全管理と危機管理システムが構築されていること。
⑥システム：上記①〜⑤を総合的にマネジメントし、社会的信用を得て健全に運営できるための機能（組織）をもつ。((社)日本環境教育フォーラム「自然学校センター」2005)

図Ⅰ－5　自然学校定義2005

5、自然学校全国調査の意義

　自然学校の全国調査は、自然学校の社会的な役割と意義を明らかにするための志しをもった調査チームによって、基本的には無償で献身的な作業として行われてきた。

　2001年の第2回以降はすべて主催は（社）日本環境教育フォーラムとし、実務を独立した調査チームが担当した。

　2002年以前の2回の調査は、調査手法や全国的なバックアップ体制も十分でなく、いわゆる「顔の見える範囲」の調査に留まった。第3回の2002年調査でようやく、全国調査の体制が確立し、日本の自然学校の全容が明らかになった。

　この2002年調査は環境省、農水省の委託を受ける形で行われ、調査資金も得られて実施したが、それ以外は、2010年調査も含めて、資金的な手当てはゼロで実施してきた。

　2001年、2006年調査はホールアース研究所（ホールアース自然学校）が調査を担当した。※（※2002年の国の委託調査は日本環境教育フォーラムが受託し、調査の担当はホールアース自然学校が行った。）

　今回2010年調査実施チームは日本エコツーリズムセンターが担当し、全国47都道府県に展開する自然学校や研究者等のボランティア的な協力を得て実施し、㈱日能研が集計作業に関して人的、技術的サポートをしてくれた。

　なお、2010年調査の回答数は734団体だが、全102問の数字的データを求めるアンケートへの回答は短時間では回答できず、過去の資料を参照しつつ答える設問もあり、回答には多くの時間とエネルギーを要する調査だった。そのために、回答する意思をもって作業しかけつつも、最終回答完了に至らなかった団体が多数あったことも記しておく。

　こうしたボランティア的な取り組みによって積み重ねられてきた全国調査の過去の成果は、以下のWeb上で閲覧できるようにした。
http://www.ecotourism-center.jp/staticpages/index.php/shizengakko
　2010年度の調査結果については2011年3月2日「自然学校宣言2011」シンポジウムで報告書配布されるほか、日本エコツーリズムセンターのホームページ上で閲覧できる予定である。

第Ⅱ章　自然学校のかたち

1、組織形態と自然学校活動

　図Ⅱ-1は、組織形態について、アンケートの選択肢から回答を得たものである。自然学校的な活動の母体としては、各種法人から任意団体まで多様な組織から回答があった。

組織形態	団体数(割合%)
国や自治体(直営・指定管理及び委託管理)	96(13.1%)
独立行政法人・特殊法人	78(10.6%)
一般・公益社団法人	13(1.8%)
一般・公益財団法人	21(2.9%)
NPO法人	180(24.5%)
学校法人	6(0.1%)
宗教法人	0(0 %)
株式会社・有限会社	67(9.1%)
任意団体	170(23.1%)
個人経営	76(10.3%)
その他の法人	特例民法法人4、合同会社2ほか
合計	735

図Ⅱ-1　組織形態

　NPO法（特定非営利活動法人法）施行後10年を経て、自然学校の組織のかたちとしてはNPO法人が突出している。2003年の指定管理者制度の導入に伴い、国や自治体運営の公的施設をNPOなどの民間非営利団体が指定管理者となって受託し運営することが増え、同様に行政などによるさまざまな補助事業や請負事業もNPO法人を優遇する措置がとられて来たことが背景にある。一方、法人格を持たない任意団体も23.1％ある。

　組織の全業務における自然学校活動の割合については、もともと異分野の本来業務を持つ組織が自然学校活動を始めたケースと、自然学校自体が異分野の活動に手を広げていったケースの二つが考えられる。35.5％が「自然学校の活動が中心」で、61％は「一部が自然学校の活動」であった。今後、企業による自然学校事業への進出が進むと見られ、「一部が自然学校の活動」のケースがより増えていくとみられる。

2、活動テーマ

自然学校の活動テーマについて、組織形態を官（官・公益法人）と民（NPO・任意団体・個人経営）とに分けてクロス集計した。（官＝官・公益法人、民＝NPO・会社・任意団体・個人経営）

過去調査では一貫して①環境教育、②自然保護・保全、③青少年育成の3大テーマが突出していた＊が（※2006年調査＝環境教育72.2％、自然保護保全58.6％、青少年育成58％。地域振興42％、人材育成32.3％、里山保全29％、1次産業の理解促進15％）、2010年調査では、地域振興が大きく進出し、民においては里山保全、一次産業の理解促進とも大きく伸びた。地域が課題という近年の傾向が大きく影響していると見られる。民ではさらに、町つくり、子育て、SD／ESD（持続可能な発展／のための教育）が顕著に伸びており、喫緊の社会的課題に取組みを強める自然学校の姿が見てとれる。

3、施設、フィールド

自然学校が所有または管理している占有施設について聞いた。施設の保有率は行政、法人が多く、主に研修会場、宿泊施設、キャンプ場などである。NPO・任意団体等では施設の保有は少ないが、フィールドとして占有できる森や里山があるとの回答＊が多い。（※森や林を所有または管理していると回答したのは官で49％、民で36％にのぼった。農場、牧場など他施設の同様の質問では低い占有率なので、ここでは「プログラム等で使用している森や林がある」という理解で回答したことが推測される。）会社では研修室等の施設所有・管理が47.9％にのぼる一方、個人経営ではペンションなど宿泊施設45.2％と農場35.5％の所有が高い率で見られた。

4、活動する地域の規模と関わり

自然学校が活動する地域の人口規模について聞いた。この地域規模は行政区単位での人口規模ではなく、活動対象地域＊（※自然学校が日常的な活動を行うホームグラウンド）の人口規模を指す。全体的にこの設問による有意な傾向は見られなかったが、10,000人～50,000人では、会社が多く分布し、1,000人未満の人口の小さな地域では任意団体や個人経営が多い。小さな人口規模の地域では組織的活動よりも任意で少数の経営が比較的取り組みやすいと見られる。

地域社会とつながりを持った活動を行っているとの回答は、すべての組織形態で過半数以上を占めている。

第Ⅲ章　自然学校の財政

1、自然学校の年商

　自然学校の過去1年間の年商について聞いた。自然学校活動が組織の一部の場合は自然学校分野に限って回答を求め、官民別に集計した。民間団体は500万円未満が7割近くあるのに対し、官では半分弱にとどまり、3,000万円以上の割合も高い。国や地方自治体から配賦される運営予算が収入を押し上げているものと考えられる。2006年調査では比較的有力な団体の回答が多く、民間の74％が100万円以上年商で3,000万円の山が大きかったが、今回調査は、それよりも収益型ではない各種非営利団体が多く回答をした結果、100万円以上年商は57.2％に留まっている。

　同じく組織形態別に集計したところ、任意団体において100万円未満の比率が際立っているほか、個人経営でも500万円未満年商が79％である一方、会社では3,000万円以上が24.1％あり、6類型の中で最も年商の規模が大きい。1億円以上年商が官では15％、民は3％となった。

2、自然学校の収入源

　次に収入源について見てみる。各団体が収入源として挙げた項目を組織形態別にカウントした。収入源の項目としては以下のとおりである。

国や自治体の運営予算	プログラム参加費等	宿泊・飲食
運営費以外の事業受託	会費・寄付金	他分野の事業からの繰り入れ
助成金や補助金	入場・物販	その他

　プログラム参加費は官を除く5類型で高いが、会社55.7％と個人経営型57.3％で突出している。NPO法人と任意団体には類似の傾向があり、プログラム参加費、助成金が大きな柱となっている。

　近年話題になっている寄付金を含む会費収入の割合は最大割合の任意団体で20.5％、民全体では8.8％に過ぎず、過去調査と同様、会費収入が組織運営に占める比率は大幅に低下している状況が見られる。

官と公益法人では国・自治体からの運営予算がトップ。特に官ではその割合が80％を超えている。この運営予算に支えられてプログラム参加費を安く抑えた事業展開が可能となっているが、国・自治体の厳しい財政状況や指定管理者制度の導入が加速している現状を鑑みると、今後もこれまでと同等の運営予算を獲得することは難しいと見られ、官の自然学校においても体験部門においては、少なくとも有料プログラム等の収益事業を運営し、採算がとれるよう努力することが必須な時期に来ているのではないか。特に財団系の団体ではプログラムを集客のサービス的扱いにして無料ないし実費にとどめているところが多いが、これもプログラム単体で収益を得られる体質にしていかなければ先細りが避けられないだろう。

3、年商規模別常勤職員の勤続年数

　年商と常勤スタッフ数には前回調査と同様、両者にはほぼ正の相関があり、スタッフ数が増えるにしたがって年商も増加している。常勤スタッフの勤続年数別割合を年収別に集計した。いずれの区分でも1～3年未満のスタッフが占める割合が大きいが、1億円以上では20年以上勤めているスタッフの割合が他と比較してかなり高い。組織の理念を十分理解し経験を積んだスタッフの存在が、安定した事業運営と年商の確保に貢献していると考えられる。

4、年商規模別の施設所有・管理

　自然学校が所有または管理する施設を聞いた。施設の項目としては以下のとおりである。

ビジターセンター	キャンプ場	その他自然体験活動が実施
図書館	レストラン・食堂	できるフィールド
博物館	牧場	
研修会議室・ホール	農場	
宿泊施設	森や林	

　施設についても年商が増えるに伴って所有・管理する割合が高くなっている。特に宿泊・飲食が可能な施設は、年商1億円以上では7割以上が有している。これらの施設はある程度の初期投資が必要となるため年商の少ない団体ではリスクを伴うが、経営が軌道に乗れば安定した収入源となる可能性は高く、年商への貢献度も大きい。ただし、第Ⅱ章－3で述べたように、小規

模な運営の個人経営ではペンション、農場などを所有して自然学校を運営しているケースが多く見られる。

5、年商規模別の地元行政、産業とのつながり

地元の行政や産業とのつながりを聞いた。回答選択項目としては以下のとおりである。

地元行政からの事業受託	観光産業(交通・宿泊・食事)の活性化に貢献	その他
地元の産物の優先的な購入		
地元の宿泊施設を活用したプログラムなどの実施	地元行政・産業と協働して、地域社会の持つ課題に取り組む	

年商が大きいほど、地元との経済的な関わりは増えてきているが、特に1億円以上になると、地元産品の購入や宿泊施設等の利用を通して、地域経済の発展にも寄与している。年商の小さな組織では、行政からの事業受託や協働実施の割合が高い。人的な貢献を行いつつ、組織の収入の確保を図っているものと思われる。

6、年商規模別の社会的な公益性

組織の公益性に関する質問への回答を年商別に整理した。年商が大きくなるほど公益性への自覚も高くなる正の関係が明瞭に見られた。同時に組織理念の基礎となるテーマを以下の項目の中から3つ選んでもらった。

地域コミュニティ・まちづくり	伝統文化・生活・遺産の継承	地域情報の受発信による課題の普及
社会問題の発見と解決	自然体験・アウトドア活動の普及	
地域の地場産業創出、特産品(メニュー)開発	自然保護・保全、生態系の維持、地域資源保全の推進	新たな社会システムの創出ネットワーク(各地域・分野等)の拠点
従来の事業の継続・発展		
新たな雇用の創出	社会の課題解決に向けた人材の育成(スタッフ・参加者)	その他
新たな教育手法・活動の推進		
生涯学習の場		

自然体験等の普及や自然保護といった従来からよく見られるテーマに加え、年商の小さな組織ではまちづくりが、年商の大きな組織では生涯学習や新たな教育手法の推進が挙げられている。年商が大きくなるにつれて、「公益」の範囲の捉え方も、組織の所在する地域からより広いエリアへと拡大している。

第Ⅳ章　自然学校の人材

1、組織全体の常勤・非常勤スタッフ数

　自然学校（または自然学校部門）での業務に従事する常勤スタッフがいない団体は、全体の20.8％を占める。また、常勤スタッフ5名以下の団体は全体の76.5％に達しており、自然学校としての活動に取組む組織体の多くは少人数の常勤スタッフで構成されていることがわかる。

常勤人数	0名	1名	2名	3～5名	6～10名	11～20名	21～30名	31名～
%	20.8	16.6	17.6	21.5	12.4	5.2	1.2	1.4

図Ⅳ－1　自然学校の常勤職員数1

　組織形態別にみると、常勤スタッフが2名以下の団体は、NPO60.5％、任意団体75.9％、個人経営80.2％となっている。これらNPOや任意団体、個人経営では、規模の極めて小さい団体が大多数であるといえる。一方で、会社、官、公益法人を見ると、3名以上の常勤スタッフがいるのは、会社53.5％、官63.7％、公益法人73.1％である。6名以上では、会社38.0％、官30.2％、公益法人40.4％となっており、これら3つの組織形態は他の組織形態に比べると人数配置が手厚く、自然学校団体の中では、財政基盤が比較的しっかりしている団体が多い。

　自然学校活動で従事する非常勤スタッフが3名以上いる団体は、全体の42.5％である。一方、非常勤スタッフがいない団体は全体の21.0％で、内訳を見ると、任意団体66.0％、NPO65.6％、会社62.0％、公益法人55.8％、官44.4％、個人経営39.5％である。特に、常勤スタッフが少ないNPOと任意団体の自然学校活動では、非常勤スタッフは欠かせない存在となっているようだ。

　非常勤スタッフを複数抱える団体が多いひとつの理由として、自然学校活動が十分開拓されていないために通常の観光業と同様の季節的な格差があることが考えられる。このほか、専門性をもつ地域人材（名人、達人）等の協力を得ながら自然学校の運営がなされていることも、関係していると考えられる。

2、常勤スタッフの勤続年数と年齢層

　自然学校は若い業態であり、全国的に見ても20～30代が主力戦力である

ことは周知のことだが、2010年度調査で初めて、スタッフの年齢について聞いたところ、勤続年数は、2年～10年が全体の69％、年齢は、20代が13％、30代22.1％、40代23.8％、50代23.3％、60代15.4％、10代＋70代以上が2.5％であった。この要因としては、官の青少年教育施設や公益法人施設などが全回答数の中で最大の28％の回答者となっていることから全体の年齢を押し上げていることに加え、民間の自然学校などでも近年は50～60歳代の人材が活躍し始めており、そうした傾向を反映していると考えられる。

3、自然学校スタッフの男女比

　自然学校のスタッフ男女比は今回、男性66％、女性34％となった。2006年度調査では官が74:26、NPOと会社が60:40、任意団体が7:3、個人経営が76:24で、全組織の総計で68:32だった。

　4年後の今回、女性の自然学校分野への進出が少し進んだといえるが、一般企業の女性進出率男女比60:40にも満たない数値だ。今後も女性の進出[※]が促進されねばならないだろう。（※OECD2008によると日本女性の学歴は世界トップレベルだが就業率は67.4％で先進国中でも下位に留まっている。）

4、自然学校の人材育成制度

　自然学校の人材は団体によって、その業務の特殊性、専門性に大きくバラつきがあり、かつ、座学よりも実技や現場での学びに重点が置かれるために、高等教育機関で自然学校人材の養成を行っているところはまだ少ない。そのために、2000年以前に設立された自然学校のうち、比較的実力のある団体がそれまで自団体だけの独自の実習生（研修生）制度を持ちより、研究して2001年に日本環境教育フォーラム自然学校センター主管で自然学校指導者養成制度を作った[※]。

　今調査では団体ごとの常勤スタッフの人数が大きくなるほど、自前のスタッフ養成制度をもっている割合が高くなる傾向が見られた。しかし、常勤スタッフの人数が多い官の団体では逆に、自前の人材養成制度をもっているところは6.6％とごくわずかである。これは、数年単位の人事異動があることで、人材養成のためのノウハウ蓄積が難しいためと、体験活動を指導するプロパー

の職員を置きづらい組織構造的理由によると考えられる。 また、組織規模の小さい任意団体でも自前の人材養成制度をもっている団体はわずかである。

公益法人と会社は、共に20％強～30％弱の団体で自前の人材養成制度をもっている。人材養成制度の有無と常勤スタッフ人数との相関が認められることから、ある程度の事業予算をもっており、なおかつノウハウ蓄積のできる団体が、自前の人材養成制度をもっている傾向が強い。全体としては自前の人材育成制度をもっている団体は13.8％に留まる。（※JEEF自然学校センター「自然学校指導者養成事業」は6カ月の自然学校OJTと3カ月の集中座学のコースで年1回、募集している。）

5、他団体からの研修生等の受け入れ

他団体からの派遣やフリーの研修生、インターン生の有無については、公益法人が最多で30％弱。全体としては受け入れをしている団体は少ない。自前の人材育成制度をもっている率は、会社組織が一番高かったが、他団体からの研修生受け入れは15％前後に半減する。また、個人経営の組織でも受け入れの割合は半減している。研修生やインターン生の受け入れは、金銭のやり取りがないか、もしくは受け入れ団体が研修生への給与や生活補助費の支給を行っているケースが25％あることから、育成能力があっても、積極的には受け入れていない傾向があるようだ。 一方、官・公益法人・NPO・任意団体では、受け入れ率は自前の人材育成制度をもつ率と同水準、もしくはそれよりも高くなっている。

他団体から研修生等を受け入れする理由は、他団体スタッフの育成に協力することだが、当然、自組織だけの論理ではなく、他団体側のニーズに応えなければならず、それにはある程度の調整力や対応力が必要となる。現在、これに応えている団体は民間ではやはり、スタッフ養成制度を持っているところが多いと見られる。

6、ボランティアなどの活用

官、公益法人、NPO、任意団体でのボランティア導入率は50％以上だが、会社や個人経営でもボランティアの導入率は30％を超えており、ボランティアを導入するのに非営利的な立場を必ずしも必要としていない。

ボランティア活用団体では必要に応じて、ボランティアが活動に参加できるしくみを組織内に作っている。ボランティア導入の理由は、夏休みなど期間的な人手不足を補うほか、ボランティア活動そのものが次世代の人材育成の一環として位置づけられていることが考えられる。

第Ⅴ章　自然学校のプログラム

　自然学校が提供するプログラムは、おもに野外での参加体験型が基本で、室内でのスクール形式で学ぶスタイルは一般的ではない。自然学校の初期には自然体験プログラムが代表的で、その他の活動は稀だったが、現在では自然学校自体の活動分野が多彩、多様に広がり、それに伴って、プログラムも自然体験だけではない状況が一般的になった。

1、官民別の自然学校プログラム

　自然学校が提供するプログラムについて官民別に集計した。プログラムの項目としては以下のとおりである。

〈スポーツ活動〉
登山	サイクリング
トレッキング	スキー
ウォーキング・ハイキング	ネイチャースキー
オリエンテーリング	山スキー
ウォークラリー	スノーシュー
フィールドアスレチック	カヌー
ケービング	ラフティング・Eボート
乗馬	カッター
犬ぞり	シーカヤック
ツリークライミング	ダイビング
ロッククライミング	スノーケリング（スポーツ）
沢登り・シャワークライミング	釣り（競技としての）

〈一般的な野外活動〉
川遊び	植物（陸上・水中）の観察
釣り（競技以外の一般的な）	動物や昆虫（陸上・水中）の観察
キャンプ	バードウォッチング
野外炊事・野外料理	スターウォッチング
潮干狩り	スノーケリング（自然観察）
雪上活動	ビーチコーミング
磯の活動	イルカ・クジラウォッチング
森の活動	その他の自然観察
自然観察	

〈感受体験・表現活動〉	
ナイトハイク	音楽会
写真・絵画教室	アースアート
俳句・短歌教室	各種ネイチャークラフト

〈環境保護・保全活動〉	
ごみ拾い	ビオトープ作り
植林など植生回復	魚介類の稚魚等の放流
生息地の保護	水質改善

〈一次産業や生活体験にかかわる活動〉	
農業の体験(田植え、稲刈り、草取り、脱穀、野菜づくり、収穫等)	漁業の体験(網起こし、釣り、地引網、干物づくり)
畜産業・養鶏の体験(畜舎の清掃、乳搾り、ソーセージ・チーズ・バターづくり等)	職人体験(紙漉き、木工、機織り等) 食育体験(伝統食調理、蕎麦うち、食体験)
屠畜体験(鶏・合鴨等の屠殺、調理等)	その他の生活体験(みそづくり、漬けづくり、干物づくり、山菜取り、雪下ろし、地吹雪体験、雪遊び)
林業の体験(林道整備、下草刈り、枝打ち、植林、炭焼き、薪づくり等)	

　官民ともに一般的な野外活動プログラムの実施割合がその他に比べて高い。
　官はキャンプや野外炊事、工作室でのクラフト等従来から多く行われてきた活動が過去調査同様に多く、スポーツ活動においては、オリエンテーリングやウォークラリーのような一度に多人数を対象に実施できるプログラムの割合が高い。川遊びのような安全管理が重要となる活動や、自然保護系の活動や一次産業系の活動は民よりも全体的に少ない。
　民では、カヌーやスノーシューなどの特別な機材や装備が必要なものの割合が高く、普段なかなかできない活動の機会を提供することで、独自性を発揮しようとする傾向がうかがえる。また、ごみ拾いや動植物の生息地保護等、環境保全活動を積極的にプログラムに取り入れているほか、農林漁業体験プログラムの実施割合も高い。

2、野外活動と生活体験プログラム

　ここでは、自然体験を中心とするいわゆる野外活動と、一次産業・生活体験に関わる活動について見てみたい。
　まずは、組織の設立年別に野外教育と生活体験プログラムの割合を見た。1980年代までに設立された伝統的な組織では、キャンプや野外炊事といった野外活動の代表的なメニューが盛んに行われている一方、1980年代以降の自然学校が発展していく過程で設立された団体では、農林業、食育等のプ

ログラムは、よく行われている。過疎化・高齢化による一次産業の衰退が社会問題となって久しいが、こうした体験を通じて自分たちの暮らしを足元から見直すことが解決の第一歩となる、という考え方が徐々に浸透していることを反映しているのではないだろうか。

次に、自然学校が立地する地域の人口規模別に野外教育と生活体験プログラムの割合を見た。一次産業系のプログラムは人口が少ない地域で実施される割合が高く、指導ができる専門家（実際に一次産業に従事している人々）やフィールドに恵まれていることが要因と考えられ、これらの資源を更に有効活用し、地域の活性化に結びつけることが期待される。

第Ⅵ章　参加者

1、利用者（参加者）のための会員組織の有無

利用者（参加者）のための会員組織を持っている割合が高いのは、NPO（31.1%）と任意団体（27.1%）である。また、公益法人（19.2%）、会社（16.9%）、個人経営（11.8%）、官（8.2%）の順で、会員組織をもっている割合は少なくなる。

最も会員組織をもっている割合が少ないのは官であるが、官の場合、公益性だけでなく公平性を確保するという視点で考えると、特定の利用者とのつながりを強化する会員制度は、組織が持つ性格と親和性が低いと推察できる。また、個人経営では、規模が小さいことから会員組織を維持するための労力を割けない点が、会員組織を作る上での制限要因になっていると考えられる。

2、利用者（参加者）の主な属性

利用者（参加者）の主な属性について、4年前（2006年）、現在、今後（増えて欲しい層）を比較した。

4年前と現在を比較すると、子連れの家族が9.3%増加している。また、大人の親子（3.9%増）、夫婦・カップル（3.9%増）、幼児～小学校低学年（3.1%増）は共に数%の増加。小学校高学年～中学生グループは、1.3%増で安定している。今後増えて欲しい層では、高校生～成人グループ（17.1%増）および企業・一般団体（14.1%増）の伸び率が大きい。

次に、以下の7つの選択肢（幼児、小学生、中学生、高校生、成人、中高年、高齢者）から最大5つまでを選ぶ問い（現状と今後増えてほしい層）に対しては、中年層の参加が現状、2位に浮上しており、今後増えて欲しい層でも健闘している。しかし高齢者団体および障がい者を含む団体については、4年前、現在、ともに低調であり、今後の対象者層としても注目度は低い。

上記に見られるこどもや若い層志向は前回2006年調査分析で指摘したように、伝統的な青少年教育の影響が強いことに加え、自然学校の運営者自身が一般的にはまだ若く、自身の経験していない世代を対象とする活動を組みづらいという要因も存在すると考えられる。しかし、日本が他国に先駆けて急速に高齢化しつつある中で、自然学校もこうした社会状況と無縁でいてはならないだろう。多くの自然学校が高齢化に向けたプログラム開発や活動に取り組むことを期待したい。

第Ⅶ章　社会貢献する組織としての自然学校

1、社会貢献する組織としての自然学校

本項目は、2010年の調査で初めて重点を置いて取り扱うテーマである。

2000年以降、顕著に、自然学校を「好きだからやる」時代から、「社会に役立つからやる」時代に活動内容が変化しつつあるといわれてきた。そうした状況を探るための設問を、社会起業・社会企業※というテーマで質問を行った。
（※ボランティア的起業でも使われる「社会起業」に対して、より事業性を重視しつつ、社会的課題への取組みを持続的に行う組織をここでは「社会企業」とよぶ。）

2、地域への貢献

大半の自然学校で地域との関わりが大きくなっており、地域とのつながりを持つ必要がない、もしくは持てないと答えた組織は数パーセントに留まった。組織別に見ると、官や公益法人および会社では「地元雇用」が意識され、どの組織形態でも積極的なのは「地域行事への参加」や「学校活動への参加」である。特筆すべきは「地域の自然保護・保全への取り組みと還元」の項目で、官を除く全ての形態ではトップとなっており、地域の自然環境の課題について自然学校が深く関わっている。また、地域振興に関する「地元行事に

企画参加」、「地域活性化組織に加盟」が高い回答率であり、自然学校の地域への積極的な関与が見てとれる。

3、地域と活動テーマ

自然学校と活動テーマについては第Ⅱ章－2を参照いただきたい。
下記の表は地域規模別の活動テーマの違いである。

地域規模（人口）	1,000人未満	1,000～5,000人未満	5,000～10,000人未満	10,000～50,000人未満	50,000～100,000人未満	100,000～300,000人未満	300,000人以上
環境教育	70.2	72.4	73.2	81.9	80.2	75.0	86.0
青少年の健全育成	60.6	53.9	46.5	60.9	57.0	60.3	58.1
フリーター・ニート支援	6.4	9.2	1.4	7.2	11.6	2.9	5.4
人材養成	29.8	40.8	25.4	40.6	32.6	44.1	35.5
人材活用（団塊の世代等）	18.1	15.8	21.1	16.7	20.9	26.5	17.2
地域振興	72.3	67.1	64.8	61.6	48.8	58.8	38.7
里山保全	54.3	39.5	32.4	41.3	38.4	48.5	48.4
自然保護・保全・調査研究	54.3	48.7	47.9	52.9	47.7	55.9	51.6
一次産業の理解促進	25.5	31.6	18.3	29.7	11.6	27.9	12.9
国際協力	7.4	7.9	5.6	10.1	10.5	4.4	11.8
災害救援	4.3	2.6	1.4	3.6	7.0	4.4	2.2
子育て	14.9	25.0	22.5	26.8	22.1	25.0	29.0
まちづくり	34.0	28.9	36.6	36.2	31.4	33.8	19.4
平等社会の実現	6.4	9.2	7.0	5.1	8.1	8.8	3.2
持続可能な社会の実現	22.3	23.7	15.5	26.1	25.6	30.9	30.1
その他	6.4	9.2	4.2	10.1	10.5	16.2	3.2
無回答	1.1	1.3	1.4	0.0	2.3	1.5	1.1

※1位、2位、3位、4位、5位と、パーセンテージの高いものを色分け

図Ⅶ－1　地域規模と活動テーマ

従来の自然学校調査では、環境教育、青少年育成、自然保護が3大テーマだったが、今回2010年では、「地域振興」が上位3位以内に入っている。特に人口規模の小さい地域では「地域振興」は1位・2位を占めており、地域の衰退という切実な状況をどうにかしたいという思いが伝わる。集落単位、村町単位に立地する自然学校の運営は、ミクロな課題である地域の産業や生活に具体的に強く関連している状況がある。

中小都市部の自然学校では、社会の課題をマクロに捉えた環境教育、青少年教育、自然保護・保全、里山の保全などの他、まちづくりも比較的コンパクトなサイズの都市では取り組みやすいテーマとなっている。

都市部の自然学校では環境教育や青少年育成、自然保護のほか、ESDなど広範囲にわたるテーマや人材育成や子育て、国際協力にも関心が高い。

4、企業の自然学校活動の取り組み

　企業が自然学校活動に取り組むケースには①企業直轄で自然学校を運営、②専門団体と協働で自然学校を運営、③専門団体に委託して自然学校を運営、④社有林など企業のリソースを自然学校に開放する、などがあり、自然学校活動の参加対象も、自社の社員や家族の福利や教育、顧客や周辺住民へのサービス、一般向けにオープンという累計が見られる。

　次に、企業と連携・協働の有無、および頻度について尋ねた。官や任意団体は企業との連携が少なく、会社、公益法人、NPO、個人経営では多くなっている。企業との連携における活動頻度が高い会社組織は、企業自身にとってもビジネスライクな思考法が通用するために協働しやすい相手だと見られていることが考えられる。

5、エコツーリズム

　エコツアーを実施していると回答したのは41％。比較的専業団体が多く回答した2006年調査では、自然学校の7割がエコツーリズムに取り組んでいると答えており、その落差は注目に値する。エコツーリズムやエコツアーへの理解度が今回の調査で回答した多くの団体にとって耳に馴染んでいない用語だったことも考えられる[※]。(※首都圏に住む住民の内、エコツアーに参加したのは3.4%（JES2006）。同時期にJATA＝日本旅行業協会＝の調べでは、自然豊かな場所で体験的に知的好奇心を満たす旅には80％が参加したことがあると回答。) 自然学校が行う活動は野外での参加体験型で自然体験や地域文化体験がメニューであり、移動距離の長短に関わらず、多くの活動が「旅行」の形態をとる。当然、自然学校では環境負荷への配慮を行うので、論理的には自然学校の活動の大半はエコツーリズムやエコツアーである[※]。(※エコツーリズムは考え方や社会的な取組みを指し、エコツアーはエコツーリズムの考え方に沿った旅行)

6、国際交流・協力

　自然学校の国際交流・協力ではフェアトレードや海外エコツアーの実施から、JICAなどとの連携による海外からの研修生受け入れ、海外での研修実施など幅広い取り組みが見られる。しかし、そうした活動に取り組んでいると回答した団体は16.5％に留まっており、まだまだ一般的ではない。今調

査での国際協力の内容について聞いたところ、海外からの研修生受け入れが最も多い。

　一方、日本の自然学校が海外の自然学校と最も異なる点は、海外の自然学校の多くがアウトドアスクールや自然観察的活動を主にしているのに対して、日本では地域社会や社会全般の課題に対して取り組む社会企業的な色彩を色濃く持っている点にある。こうした取り組みを可能にしている日本の自然学校の高いコミュニケーション力や機動性のあるチーム力、社会的役割の認識は、今後の世界の自然学校全体の中できわめてユニークなポジションを占めていることを考えると、今後はこうした点にも留意したより多彩な交流を進めることが求められる分野である。

7、災害救援活動

　阪神・淡路大震災では市民による多彩で細やかな支援が展開され、NPOが生まれる契機になったが、同時に、自然学校関係者も大いに活躍した※。その後の連続した中越地震や宮城岩手内陸地震、またインドネシア津波災害や各国での災害まで、日本の自然学校関係者が活躍した事例は多く紹介されている。回答では9.4%が救援活動に参加しているが、この分野も自然学校のもつチーム力、機動力はこれまでの災害現場で高く評価されてきたところであり、より多くの自然学校関係者の参加を求めたいところだ。(※阪神・淡路大震災では自然学校のネットワークであるJON(ジャパン・アウトドア・ネットワーク)などが、中越でもホールアース自然学校や日本ネイチャーゲーム協会などが、長期に亘り現地でコーディネート機能を含む救援活動の要で活躍した。)

8、社会起業・社会企業としての「自然学校」

　自然学校を「社会起業」・「社会企業」と捉える背景には、総数3,700におよぶ大きな潮流に成長してきたこと自然学校の経済効果がそれなりの規模に達している現実がある※。日本社会に自然や環境を体験的かつ、貢献的に享受する需要と供給が生まれ、自然学校がそれを事業体として仕組みを作り出し、さらには大きな市場へとネットワークを広げつつ着実に応えてきた結果といえる。(※2002 ホールアース自然学校の富士山エリア＝本校＝での経済効果は8〜9億円。参加者の旅行総費用のうち、自然学校には3〜7%、宿泊、飲食、買い物で50%、交通で40%の地

域への経済効果。)

　戦後社会では社会の公益的な役割は主に行政機能に委ねられてきたが、現在は民間も共に担う社会に変わりつつある※。(※「新しき公共」の考え方に代表される。)

　自然学校はこれまでの既存の組織にはない、自由な発想と軽いフットワークを持ち、立地する地域に根差した課題を拾いながら、具体的かつ、機動的に活動を広げてきた。こうした活動が「地域の新しい担い手」「地域の小さな産業」と呼ばれるゆえんである。

　いっぽうで自然学校の課題は人（スタッフ）、金（財政）、市場、パートナー（協働）である。自然学校人材はこれまでそれぞれの自然学校が自分たちのスタイルで養成して来たが、これからはより機能的で効果の高い養成システムが求められており、それはネットワークの力で実現していく課題である。

　「自然学校では食えない」という言葉は20数年前からあり、それを解消するために多くの努力が重ねられ、その成果は有力な自然学校ではすでに実現している段階といえる。結婚も子育ても安心してできる就労環境が徐々にだが生まれている。一方で、まだ専業にも出来ない自然学校も多い。官はもとより、民間でも「財政」の項で見たように、助成金、補助金頼りの運営では先細りであり、自前の健全な事業活動を持つことが不可欠である。

　そのためには、良質で時代と社会にきちんと応えた活動を作り出す努力が欠かせない。

　「うちの地域ではマーケットにならない」という嘆きも当たっていない。なぜなら多くの先達の自然学校が自分で市場を切り開き、作ってきたからだ。自然学校という業態すらない世界で仕事を作ることは「食えるため」だけでは無いモチベーションが必要となる。

　2007年から「つなぐ人フォーラム」が開催され、自然学校や環境教育分野以外の交流とネットワークが生まれた。こうした異分野、異業種とのより活発な協働が今後の自然学校活動の発展には欠かせない。すでに地域コンソーシアムや各種の異分野をつなぐネットワークも生まれつつある。今後は自然学校自身がもっと開かれた運営と発信を実現する必要がある。

　国、自治体などの他、学校、企業、地域のNPO、市民と自然学校とが、これまで以上に日本の、あるいは地域の課題にたいして手を組む仕組みを早急に作っていくことが求められている。大きな時代的な転換点が来ていると

いう実感や予感は国民の多くが共通してもつ認識だ。その変化する時代の役者として、自然学校が果たす役割はとても大きいと思われる。

　ご協力いただいた多くの方々、自然学校活動に期待を寄せるさらに多くの皆さんに、本報告書が日本の自然学校の存在と役割を考えるための一助となれば幸いである。

あとがき

　1996年2月22日、日本環境教育フォーラム主催でシンポジウム「自然学校宣言」が東京・新宿で開催されました。300人が集まったこのシンポジウムは、自然学校の実態を調査し、我が国にふさわしい自然学校の在り方を模索した研究会の成果発表会でもありました。この研究会は1995年度に地球環境基金からの助成を受けて1年間にわたって開催されたものです。研究会のメンバーは1980年代から育まれてきた日本環境教育フォーラムの会員を核に、ボーイスカウト・ガールスカウトなどの青少年教育団体、さらに環境庁・文部省・林野庁などの行政や、経団連自然保護基金の方々にも加わっていただきました。

　それから15年たった2011年3月2日、立教大学ESD研究センターは「自然学校宣言2011」を開催しました。このシンポジウムは前年（2010年）に開催された「自然学校は地域を救う」というシンポジウムの続編として開催されたものです。この2度のシンポジウムで報告された自然学校のほとんどは1996年には全く姿がなかった自然学校でした。1996年には考えられなかったこと、それは企業が自然学校に取り組みはじめ、広域での連合型自然学校が生まれ、限界集落にいくつもの自然学校が生まれていることでした。

　そして2011年3月11日。東日本大震災直後にこの間に培われた自然学校のネットワークが動きました。「RQ市民災害救援センター」（RQはレスキューの意）がすぐに立ち上がり、全国の自然学校のスタッフたちがいち早く現地で各地で救援の動きを始めました。野外教育の専門家であると同時に、コミュニケーションの専門家であり、さらに自主自立で動くのが当たり前の自然学校スタッフたちは、新たにRQに集まった人たちも巻き込んで、次々と新しい役割を見出しながら被災地支援に走りました。

　この本は2012年春時点の日本の自然学校の記録です。本文中にもあるように、自然学校の役割は社会状況の変化とともに次々と変化しています。自然学校の姿が次の15年にふりかえった時どのように変化しているのかは、15年前に今の姿を想像出来なかったと同様にとても困難です。時代の要求にダイナミックに応えて行く自然学校に今後とも注目していただきたいと願います。

この出版にあたって、立教大学ESD研究センターの櫃本真美代さんと、みくに出版の安修平さんには編集作業を最後まで根気強くやっていただきました。この場を借りて深く御礼申し上げます。

2012年1月29日
立教大学ESD研究センター　CSRチーム主幹　川嶋　直

編者・第1編執筆者紹介

阿部　治（編者・第1編「ESD拠点としての自然学校」）
立教大学ESD研究センター長/社会学部・大学院異文化コミュニケーション研究科教授。専門分野は環境教育とESD。現在、千葉大学客員教授、日本環境教育学会長、ESDの10年世界の祭典推進フォーラム代表理事、政府ESDの10年円卓会議委員、ESD-J顧問などを通じて国内外の環境教育とESDの実践的研究に従事している。

川嶋　直（編者・第1編「CSR×ESDから見た自然学校」）
立教大学ESD研究センターCSRチーム主幹、大学院異文化コミュニケーション研究科・元特任教授。1980年より山梨県北杜市の（財）キープ協会に勤務、環境教育・野外教育・森林環境教育の指導者やインタープリターの養成事業の企画・運営をしている。最近では企業との環境コミュニケーションの協働の機会が多い。

岡島成行（第1編「自然学校とは」）
1944年横浜生まれ。上智大学卒。読売新聞社会部記者を経て環境専門記者を20年務める。1999年より青森大学大学院教授、2002年より大妻女子大学教授。現在、日本環境教育フォーラム理事長、自然体験活動推進協議会副会長、安藤百福センター長。中央教育審議会委員。中央環境審議会臨時委員。

佐々木豊志（第1編「自然学校における教育と学びの手法」）
1957年岩手県生まれ。筑波大学で野外運動を専攻、1996年「くりこま高原自然学校」開校。2000年から不登校・ひきこもり・ニートのための寄宿制度を開始し、冒険的活動の自然体験と農的な暮らし生活体験を展開。2008年岩手宮城内陸地震で被災、2011年東日本大震災でも被災しながらも支援活動に奔走している。

佐藤初雄（第1編「都市型自然学校の現状と展望」）
特定非営利活動法人国際自然大学校理事長。1956年東京生まれ。1983年国際自然大学校設立。東京、山梨、栃木、沖縄で活動展開。自然体験活動推進協議会代表理事、日本野外教育学会理事。著書「社会問題を解決する自然学校の使命」。共著書「日本型環境教育の知恵」「自然学校運営マニュアル」「野外教育入門」等。

西村仁志（第1編「社会的企業としての自然学校」）
環境共育事務所カラーズ代表。個人商店型の自然学校を経営する傍ら、同志社大学大学院総合政策科学研究科准教授（2006－2011）を経て、広島修道大学人間環境学部准教授（2012－）。専門分野は環境教育とソーシャル・イノベーション。アメリカ・ヨセミテ国立公園でのキャンプツアーも毎年開催している。

高木晴光（第1編「地域のスモールビジネスとしての自然学校」）
千葉県船橋市生れ。NPO法人ねおす理事長。北海道大学農学部農業工学科卒業。貿易商社勤務を経て、1980年代後半より環境・自然・社会教育事業に興味を抱き91年に「北海道自然体験学校NEOS」を設立。現在は「自然と人、人と人、社会と自然のつながりづくり」をテーマに自然学校経営、起業研修などを行っている。

山口久臣（第1編「「自然学校」事業の推進と地域づくり」）
1954年熊本県人吉市生まれ。東海大学海洋学部卒。野外教育、環境教育、国際教育の民間の専門事業所として、野外教育研究所IOEを1986年に設立。現在は、九州を主なフィールドとして「自然学校」と「ツーリズム」のコミュニティ・ビジネス（CB）化の中間支援事業や地域づくり事業のコーディネーターとして奔走している。

広瀬敏通（第1編「災害に向き合う自然学校」）
ホールアース自然学校創設者。国内に3700校ある自然学校の第一人者として、各地で自然学校の仕組み作りに関わり、とくにエコツーリズム分野の実践者、専門家。日本エコツーリズムセンター代表理事。東日本大震災では2日後にRQ市民災害救援センターを立ち上げ、現在、一般社団法人RQ災害教育センターの代表理事。